全国重要会议、活动

全国"互联网+"现代农业工作会议暨新农民创业创新大会于 2016 年在苏州召开

首届全国新农民新技术创业创新博览会于 2017 年在苏州举行

农业现代化的 苏州故事

全国农村创业创新项目创意大赛总决赛于2017年在苏州举行

吴江区同里优质水稻生产基地

吴中区临湖现代渔业园区标准化养殖鱼池

张家港市凤凰水蜜桃生产基地

农业现代化的 苏州故事

①

②

①	③
②	④

① 太仓市广东温氏标准化养鸡场
② 吴中区甪直"水八仙"生产基地种植的芡实(鸡头米)
③ 昆山市大唐生态园设施花卉
④ 常熟市勤川合作农场——佐竹稻米加工设备

① 张家港市南丰镇无人机农田管理
② 太仓市水稻工厂化育秧
③ 太仓市现代农业园区高效设施农业

① 第十届国际湿地大会于2016年在常熟市召开

② 吴中区太湖湖滨国家湿地公园

农业现代化的苏州故事

① 吴江区"水稻精确定量栽培技术"推广示范区

② 吴中区横泾街道上林村农田林网

苏州市水稻机插秧技能竞赛于 2013 年 6 月在张家港市举行

苏州市第二届(2015 年)农产品质量安全检测技能竞赛现场

昆山市开展新型职业农民培养认证工作

吴江区同里

现代休闲观光农业

农业现代化的苏州故事

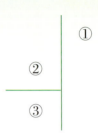

① 相城区"荷塘月色"采莲现场
② 吴中区太湖边茶园
③ 相城区月季公园

农业现代化的苏州故事

Nongye Xiandaihua De Suzhou Gushi

主编 孟焕民

苏州市农业委员会
苏州市农村经济研究会 编

苏州大学出版社
Soochow University Press

《农业现代化的苏州故事》编委会

主任委员：朱　民

副主任委员：蒋来清　吴文祥

委　　　员：(按姓氏笔画为序)

马　刚　朱　民　吴文祥　吴正贵

何建华　宋　浩　张济康　陆志荣

陈桂娟　周为友　孟焕民　俞广建

施金元　秦建国　倪春鑫　陶若伦

黄志强　韩永林　蒋来清

主　　　编：孟焕民

副　主　编：秦建国　倪春鑫

目 录

导 语 ……………………………………………………………… (1)

第一篇 苏州农业现代化的现状展示

第一章 璀璨的苏州传统农业 ……………………………………… (9)
第二章 农业现代化的概念和基本标准 ………………………… (12)
 一、现代化的概念及内涵 ………………………………… (12)
 二、农业现代化的概念及内涵 …………………………… (13)
 三、农业现代化的几种模式 ……………………………… (15)
 四、发达国家农业现代化的规律及经验教训 …………… (17)
第三章 中国特色农业现代化道路的探索 ……………………… (22)
 一、党和国家高度重视农业现代化 ……………………… (22)
 二、中国推进农业现代化的特殊国情 …………………… (23)
 三、坚持走中国特色农业现代化道路 …………………… (24)
第四章 苏州推进农业现代化的基本定位和路径选择 ………… (25)
 一、基本定位 ……………………………………………… (25)
 二、路径选择 ……………………………………………… (26)
第五章 苏州农业现代化的发展水平 …………………………… (28)
 一、农业呈现出新形态 …………………………………… (28)
 二、苏州农业现代化的阶段性成果 ……………………… (30)
第六章 苏州农业的发展阶段 …………………………………… (35)
 一、主攻粮食生产阶段（1978—1985 年） ……………… (35)

二、大力发展多种经营阶段（1985—20世纪90年代中期） …… (37)
　　三、注重优质高效、推进市场农业阶段（20世纪90年代中期—
　　　　21世纪初） ……………………………………………… (45)
　　四、彰显农业的多功能阶段（21世纪以来） ……………… (48)
第七章　大变革背景下的六大关系处理 …………………………… (53)
　　一、政府与市场的关系 ……………………………………… (53)
　　二、分工与协同的关系 ……………………………………… (57)
　　三、供给与需求的关系 ……………………………………… (58)
　　四、产业融合发展的关系 …………………………………… (59)
　　五、城镇化与农业现代化的关系 …………………………… (60)
　　六、小农与大农的关系 ……………………………………… (62)

第二篇　苏州农业现代化的重要节点突破

第八章　土地流转和规模经营 ……………………………………… (67)
　　一、第一次土地流转催生了规模经营 ……………………… (67)
　　二、第二次土地流转提升了规模经营 ……………………… (68)
第九章　家庭承包与社会化服务 …………………………………… (88)
　　一、统一实施全市水稻良种供购补贴 ……………………… (90)
　　二、统一采购农药、零差价销售 …………………………… (98)
　　三、统一农机装备、统一服务管理 ………………………… (105)
　　四、统一水稻育秧、统一机械插秧 ………………………… (108)
　　五、统一打造品牌、统一产品销售 ………………………… (112)
　　六、统一建设为农服务社、农民"六个不出村" ………… (114)
　　七、统一服务标准、提升基地水平 ………………………… (115)
第十章　插上信息化技术的翅膀 …………………………………… (119)
　　一、资源保护可视化 ………………………………………… (120)
　　二、农业生产智能化 ………………………………………… (120)
　　三、行业监管精准化 ………………………………………… (124)
　　四、特色产业电商化 ………………………………………… (125)
　　五、信息服务便捷化 ………………………………………… (137)
　　六、决策支持数字化 ………………………………………… (140)

第十一章　建设现代农业园区 … (141)
　　一、现代农业园区的发展定位 … (142)
　　二、现代农业园区建设成效 … (145)
　　三、现代农业园区发展方向 … (163)

第十二章　用法规守护"鱼米之乡" … (166)
　　一、走"四规融合"的规划改革之路 … (166)
　　二、制定并落实"四个百万亩"空间布局 … (168)
　　三、开展实施"三优三保"行动 … (173)

第十三章　实施农业生态补偿 … (176)
　　一、探索建立生态补偿机制 … (177)
　　二、调整完善生态补偿政策 … (179)
　　三、立法固化生态补偿条例 … (181)
　　四、生态补偿机制成效显著 … (182)

第十四章　培育新型职业农民 … (184)
　　一、明确目标导向 … (184)
　　二、加强制度设计 … (185)
　　三、选择三种途径 … (185)
　　四、出台配套政策 … (186)
　　五、各方统筹协调 … (187)
　　六、形成苏州特色 … (187)

第十五章　坚持"三生"功能定位 … (199)
　　一、优化农业生产功能 … (200)
　　二、拓展农业生活功能 … (206)
　　三、凸现农业生态功能 … (210)

第十六章　擦亮地方名特农产品的牌子 … (217)
　　一、阳澄湖大闸蟹及特色水产 … (217)
　　二、洞庭碧螺春茶 … (220)
　　三、苏太猪肉 … (224)
　　四、太湖雪丝绸 … (228)

第十七章　财政支农"四两拨千斤" … (232)
　　一、加大财政投入，为"三农"发展提供有力的资金支持 … (232)
　　二、新形势下加大财政投入的重点 … (236)

第十八章　实施乡村振兴精准发力 …………………………………………（238）

第三篇　未来苏州农业现代化的愿景展望

第十九章　发展目标 ……………………………………………………（245）
　　一、优质高效的农业 …………………………………………………（246）
　　二、科技创新的农业 …………………………………………………（246）
　　三、服务都市的农业 …………………………………………………（247）
　　四、富农惠民的农业 …………………………………………………（247）
　　五、传承文明的农业 …………………………………………………（248）

第二十章　彰显特征 ……………………………………………………（249）
　　一、生态优美 …………………………………………………………（249）
　　二、生物集聚 …………………………………………………………（249）
　　三、产业融合 …………………………………………………………（249）
　　四、营销现代 …………………………………………………………（250）
　　五、文化休闲 …………………………………………………………（250）

第二十一章　新的挑战 …………………………………………………（251）
　　一、党和国家对做好"三农"工作要求更高 …………………………（251）
　　二、苏州农业农村现代化还有很长的路要走 ………………………（252）
　　三、农业高质量发展亟待解决的问题 ………………………………（252）
　　四、农业现代化发展的保障机制还需要进一步完善 ………………（253）

第二十二章　新的举措 …………………………………………………（255）
　　一、加强基础设施建设，提高农业的综合生产能力 ………………（255）
　　二、加大供给侧结构性改革力度，提高农业综合功能 ……………（258）
　　三、加快培育现代农业经营主体，提高农业经营管理水平 ………（261）
　　四、加强农产品质量安全建设，提升农产品质量管控能力 ………（263）
　　五、加大生态农业建设力度，提高绿色可持续发展能力 …………（264）
　　六、加大体制机制创新力度，增加农业现代化新动能 ……………（266）

参考文献 …………………………………………………………………（269）

后　　记 …………………………………………………………………（271）

导　语

现代化是近代以来波及全球的一股不可抗拒的时代潮流。

回顾世界发展历史，现代化最早起源于西欧，是伴随地理大发现、文艺复兴、宗教改革、启蒙运动和工业革命所聚积的强大内动力而兴起的。英国、法国和德国是西欧最早启动现代化的国家，并取得了相对高的成就；美国是19世纪世界经典现代化的成功追赶者，已成为当今世界现代化程度最高的国家。这些国家的现代化进程表明，现代化并不囿于某种固定的模式，而是彰显出发展道路的多样性或多元化，它作为一种过程而不是某些指标的堆积，是一种与前现代社会发展相比独具特色、为人民生活幸福不断奋进的发展过程。继西欧以后，世界上的其他国家和地区也积极效仿，从推动经济社会全面发展的高度出发，纷纷迈入了现代化的发展行列。历史上，中东地区曾经轮番出现过诸多彪炳于史册的庞大帝国和盛世王朝，它们曾为人类创造了璀璨的文化，亦曾在科学技术上独领风骚。但自近代以来，在内外合力的挤压和冲击下，中东国家全面式微，最终成为现代化运动的后来者。但不管国际形势如何变幻，现代化都是世界各国为之努力奋斗的目标。同时，对于世界上任何一个国家或社会来说，既不存在绝对的"传统"与"现代"之分野，更没有一劳永逸的现代化。

从1840年第一次鸦片战争起，中国经历了前所未有的社会大变动，国家屡遭西方列强的欺凌宰割，山河破碎，民不聊生。在这受尽屈辱的百年时间里，中国人一直都有一个真诚的梦想，即民富国强、民族复兴。无数中华儿女、仁人志士为了抵御外侮、挽救民族危亡、实现国家现代化，不惜抛头颅洒热血，前仆后继寻求民族兴旺和国家强盛的道路。林则徐将缴获的鸦片在虎门滩全部当众销毁，打击了外国侵略者的气焰，鼓舞了中国人民的斗志，表明了维护民族尊严和反抗外国侵略的决心。第二次鸦片战争以后，清政府洋务派掀起了一场洋务运动，引进西方国家先进的现代化科技，刺激了中国资本主义的产生和发展，为中国的近代化开辟了道路。中日甲午战争后，以康有为、梁启超为代表的改良派（又称维新派）发动了具有爱国救亡意义的变法维新运动，虽然最终变法失败，但它促进了思想解放，对社会进步、思想文化发展和推进中国近代社会进步起了重要推动作用。20世纪初，在孙中山的倡议下，兴中会与华兴会、光复会等革命团体的一些成员在日本东京组成中国同盟会，辛亥革命开创了中国历史的新纪元，推翻了在中国沿袭了两千多年的封建君主专制制度，是中国社会的大转变、大进步，为以后新的革命斗争的发展开辟了道路。

新中国成立后，我们党、国家和全国各族人民一直都把实现现代化作为奋斗目标，是非常重要的动力之源。以毛泽东为核心的第一代领导集体把实现"国家的社会主义工业化"确定为新中国的第一个现代化目标，周恩来在第一届全国人大一次会议政府工作报告中提出"现代化的工业、现代化的农业、现代化的交通运输业和现代化的国防"的概念，并在第四届全国人大一次会议政府工作报告中第一次正式提出了"工业、农业、国防和科学技术"的四个现代化战略目标。以邓小平为核心的党的第二代领导集体深化了对现代化内涵的认识，提出了"富强、民主、文明""三位一体"的现代化目标体系。1987年党的十三大制定的初级阶段基本路线进一步明确提出"把我国建设成为富强、民主、文明的社会主义现代化国家"的奋斗目标，突破了过去偏重于从经济和物质层面来理解现代化建设目标的局限，同时提出了"三步走"的现代化战略部署，克服了过去急于求成的错误倾向，把现代化建设置于长期、稳定、渐进的发展轨道。党的十六大报告提出了全面建设小康社会的宏伟目标，使得党对我国社会主义现代化建设目标体系的认识更为全面、更为深刻。党的十九大又进一步细化了"两个一百年"目标的阶段性要求，明确提出既要到2020年全面建成小康社会、实现第一个百年奋斗目标，又要乘势而上开启全面建设社会主义现代化国家新征程，到2035年基本实现社会主义现代化；到本世纪中叶建成富强、民主、文明、和谐、美丽的社会主义现代化强国，完成第二个百年奋斗目标。

农为邦本。农业现代化是国家现代化建设的重要内容，是整个现代化建设大厦的基础和支撑，农业现代化的状况如何，很大程度上决定着整个国家现代化的进程和质量，没有农业的现代化，就不可能有整个国家的现代化。习近平总书记多次强调，"没有农业现代化，没有农村繁荣富强，没有农民安居乐业，国家现代化是不完整、不全面、不牢固的"。由于受自然条件影响大，又要从外部导入现代要素，农业现代化的制约因素更多、过程更复杂，是现代化中的"慢变量"，更是"关键变量"。这些年我国农业现代化虽有长足发展，但与迅速推进的工业化、城镇化相比仍然滞后，成为现代化建设的突出"短板"，与国际先进水平相比，我国农业现代化还有很大差距。为此，党的十八大提出了"四化同步"发展战略，该战略对加快补齐农业现代化这块"短板"，促进乡村全面振兴，建成社会主义现代化强国具有十分重要的意义。

2018年是我国改革开放40周年。自1978年十一届三中全会启动改革开放以来，中国共产党团结带领全党、全国各族人民，承前启后，继往开来，着力推进改革开放和社会主义现代化建设的伟大事业，谱写了中华民族自强不息、顽强奋进的新的壮丽史诗。改革开放以来的近40年间，中国国民经济高速腾飞，年均GDP（国内生产总值）增速约为9%，远远高于同时期世界经济平均3%左右的增长速度，达到同期世界第一，大大超过德、日、美等国在其崛起甚至"黄金时期"的增长速度。目前，中国经济总量排名世界第二、外汇储备排名世界第一。"神舟"系列载人宇宙飞船发射成功、"嫦娥"探月工程、高铁、天河计算机、北斗导航等一张张"中国名片"，成为"中国奇迹"的有力见证，标志着我国综合国力和国际地位居于世界前列。我国人均GDP已达8000多美元，人民生活接近由温饱到全面小康的历史性跨越。与此同时，我国在民主政治、文化繁荣、社会建设、国防和外交等方面也都取得了显著成就。

在党的改革开放政策的指引下，作为沿海改革开放前沿的苏州，始终坚持以经济建设为中心，紧紧咬住率先发展不放松，坚持争先进位的意识，不断实现自我突破，开辟出了一条又好又快发展的成功之路。在这40年里，苏州经济社会保持了快速健康发展。经济综合实力大大增强，各项社会事业全面进步，城乡面貌发生巨大变化，人民生活水平显著提高。2017年，全市实现国内生产总值17300亿元，按常住人口计算，人均国民生产总值超过16万元；全市地方财政一般收入1908亿元，全市进出口贸易总额3160亿美元，科技进步对经济增长的贡献率达到63%，高新技术产值占规模以上工业总产值的47.8%。全市教育、科技、文化、卫生、环境保护、社会治安综合治理等各项社会事业的发展都走在了全省甚至全国的前列，先后荣获"全国文明城市""国家卫生城市""历史文化名城""国家风景旅游城市""国家环境保护模范城市""国家园林城市""全国文化模范市""全国社会治安综合治理优秀地区""双拥模范城市""最佳宜居城市""美丽山水城市"等先进称号。2017年，全市城镇居民人均可支配收入58800元，全市农村居民人均可支配收入29900元；到2017年底，全市城市居民人均住房建筑面积43平方米，农村居民人均生活用房66平方米，城乡居民平均每百户拥有家庭汽车超过70辆，全市人均预期寿命82.9岁。

这40年里，涉及农村、农业、农民的变革、变化、变迁从来没有停止过。人民公社解体了，土地实行家庭联产承包了；农村搞农业、城市搞工业的禁锢解除了，乡镇工业蓬勃发展；统购统销的计划经济体制改革了，农产品作为商品进入了市场；农民不再与土地、与农村捆绑在一起，而是可以自由流动，可以自主选择自己的职业；改革了户籍制度，城乡一体化建设全面推进，城市与农村相对封闭的壁垒被拆除，从农村到城市、从城市到农村的双向变革渠道逐步建立和完善……同40年前相比，农村的经济格局变了，政治格局变了，社会格局变了，人们的生活方式也变了。

在体制大变革、结构大调整、文化大嬗变的40年里，苏州干部群众对农业如何走向现代化进行了积极、有效的探索实践，并与其他行业一样取得了令人瞩目的成就，书写了一幅华丽的时代篇章。苏州农业的土地产出率处在全省乃至全国先进水平，苏州农业的劳动生产率走在全省乃至全国前列，苏州农业的种质资源保护利用和湿地保护利用水平在全国处在领先地位，苏州农业的规模经营比重大大高于全国水平，苏州现代农业园区建设在国家、省考核中名列前茅，苏州农业的高标准农田比重、农业机械化水平、农田水利现代化程度、农业科技进步贡献率、农业信息化覆盖率等，都达到或基本达到了江苏省农业基本现代化进程的考核指标。进入21世纪，苏州大力实施农业科技化、外向化、标准化、产业化、生态化和法制化"六化"战略，全市农业的生产布局结构、高效技术结构、多种功能结构得到了全面优化，以生产功能为主的传统农业向融生产、生活、生态"三生"功能于一体的现代都市型农业转变的步伐明显加快，全市农业初步形成了沿太湖沿阳澄湖的水产生态养殖区、丘陵山区的花果苗木区、沿长江的创汇蔬菜种植区和阳澄淀泖地区的优质水稻区"四大生产布局区域"，基本形成了优质水稻、特色园艺、特种水产、生态畜禽"四大主导产业"，外向农业、农产品质量建设、农村绿化、适用农机具发展、生态休闲观光农业等都取得了显著成效，农业现代化发展水平从2010年开始连续5年位居江苏省首位。

社会学理论认为，每一个民族，每一个社会，人们生活在一定的地域，具有一定的意识形态，就有一定的价值观念的引导和约束，人们的行为会自觉或不自觉地遵循一定的规则。每一个地区的地理及其文化都有它的独特之处，这种独特之处在地区发展的每一个阶段都会顽强地彰显出来，并往往发挥着主导作用。苏州地处沿海沿江经济发达地区，地少人多，自然禀赋优越，四季分明，雨量充沛，土地肥沃，素有"鱼米之乡""丝绸之府""人间天堂"等美誉。这方水土养育的人民普遍具有"勤劳、精细、包容、灵活"的思维方式和行为传统。改革开放40年来，苏州的农业现代化道路，既反映了时代特征，反映了中国特色，又有着鲜明的苏州特质。

改革开放以来，苏州农业在现代化的进程中确有故事好讲，尤其是从理性的角度，从辩证思维的角度，更有许多值得回顾总结的地方，有许多耐人寻味的东西。诸如在不断变化的政治、经济、社会格局的背景下，推进农业现代化将一直面临着如何正确处理政府与市场的关系，分工与协同的关系，供给与需求的关系，一、二、三产业融合发展的关系，农业现代化与城镇化的关系，大农与小农的关系等问题，苏州在处理这些关系方面确有其独到之处，展示了特有的苏州智慧。

回顾历程，苏州农业现代化的成功机理可概括为"四个坚持"：

一是坚持实事求是，一切从苏州的实际出发，不走极端，不搞绝对化。

二是坚持"统分结合"的平衡之道，鼓励舒张个性、专业分工，又加强并提升协同合作、整体融合。

三是坚持发挥政府的主导作用，不断地为市场、为社会搭平台、建环境、给政策、定规则。

四是坚持尊重基层和群众的创造性实践，善于学习和借鉴外地、外国的成功经验。

在改革开放40年这个节点上，在向第二个百年目标奋进之际，我们很有必要讲好农业现代化的"苏州故事",对过去40年农业现代化所走的道路、发展模式、发展战略进行评估,对苏州农业现代化已经走到了哪里进行评判,对当下存在的问题、困难进行分析,对以后的现代化进程进行预测和展望,并将历史的经验升华到理论高度,为下一步深化改革开放凝聚共识,指导实际,更好地开创苏州农业现代化的新局面。

第一篇

苏州农业现代化的现状展示

传统农业向现代农业转变，既是实现农业现代化的必然要求，也是一个需要长期积累、厚积薄发的过程。

苏州的农业，历史悠久、文化底蕴深厚，有着良好的发展基础。改革开放后，苏州抓住"主攻粮食增产、发展多种经营、推进市场农业、彰显农业多种功能、深化农业供给侧结构性改革"等一次又一次推动农业发展的机遇，紧密结合当时当地的实际，勇于探索实践，不断创新发展，优化农业结构，拓展农业功能，创新农业发展体制机制，转变农业发展方式，使苏州农业在各个不同时期都能得到既快又好的发展，在全省乃至全国始终保持领先水平。

"十一五"以来的10多年时间，是苏州农业变化最大、发展最快的时期，"四个百万亩"保护力度不断加大、农业发展空间得到有效保护，农业主导产业不断优化、新型业态呈现良好发展态势，农业经营体系不断创新、发展方式全面转变，资源环境保护不断加强、农村农田面貌明显改善，强农惠农体制机制不断健全、农业可持续发展能力进一步增强。

从目前苏州农业的形态和现代农业发展的主要指标来看，苏州已经进入农业基本现代化阶段。

第一章　璀璨的苏州传统农业

苏州市位于长江三角洲中部、太湖流域腹部，东临上海，南接浙江，西抱太湖，北依长江，是江苏省最东南部的省辖市。全市总面积 8657.32① 平方公里，其中，平原占 54.83%，低山丘陵占 2.65%，水域占 42.52%，是著名的江南水乡。至 2016 年底，全市总户数 222.44 万户，户籍人口 678.19 万人，其中农村人口 207.2 万人，直接务农劳动者 42.3 万人。下辖张家港、常熟、太仓、昆山 4 个县级市和吴江、姑苏、吴中、相城、高新（虎丘）、工业园区 6 个区。

苏州地处温带，属典型亚热带季风海洋性气候，四季分明，气候温和，雨水充沛，土地肥沃，平野稻香，碧波鱼跃，农耕先进，物产富饶。苏州是吴文化的重要发祥地，更是我国农事生产的起源地，富有深厚的农业文化底蕴，"鱼文化＋稻文化＋蚕文化＋茶文化"造就了精耕细作、精益求精的农业生产特色。

苏州地区经济自古以农为本，农业生产历史悠久，渔樵耕读，渔猎先于农耕，捕鱼早于养鱼。7000 多年前，原始居民在蛮荒之地筚路蓝缕，垦荒屯田，采用"火耕水耨"方法种植水稻。6000 多年前，这里的先民除使用石斧、石刀等石器来刀耕火种、撂荒耕作外，亦用石锛、骨耜等农具来翻土，由此萌发了粗耕农业。春秋战国时期，丛林地带的采伐业、猪牛羊狗等牲畜和家禽的饲养业以及"以船为家、以鱼为食"的渔业都有着较好的发展。蔬菜种植有数十个品种。东汉后期，铁工具被广泛应用于农业，生产工具的改良推动畜力普遍替代人力，粗放耕作开始转变。农业生产内容较

---

① 全市土地面积为根据第二次全国土地调查结果调整数。

多，男耕女织的经营方式初步形成。汉末至隋期间，大批北人南迁，带来先进农具、耕作技术以及北方种植麦类等旱地作物的经验，由此改变了吴地地广人稀和粗放耕作的原始面貌。三国时，有"象耕鸟耘"之说，出现了"耕耘"的概念。西晋时，吴地出现了双季稻，枇杷、柿、杨梅、石榴等果树的栽培开始兴起。南朝时，吴地先民采用犁耕田，用耨除草相当普遍，精细农耕生产具备雏形，原始农业较为发达，包括苏州在内的江南地区成为全国著名的富庶粮仓，据《宋书》记载，江南"地广野丰，民勤本业，一岁或稔，则数郡忘饥"。

隋唐时，伴随着农业技术的提高、生产工具的改进、水利设施的完善、水稻品种的改良、稻麦二熟的轮作等，吴地在水稻良种的培育、精耕细作技术、单位面积产量等方面位居全国最高水平，苏州所产稻米不仅供应京师，还转运辽东，苏州因此而成为全国最重要的农业区和粮食供应地。宋代，吴地的稻作技艺和农具不断改进，稻米规模越来越大，而且品种多、产量高、质量优，在满足区域需求外，还富足有余地供应其他各府，民谚有"苏湖熟，天下足"之说。除粮食生产外，苏州经济作物数量增多，制茶、种花、种菜等副业日趋发达，尤以洞庭山茶叶闻名全国，"小青茶""水月茶"入选进贡；油菜、果树和花木栽培十分普及。宋末，棉花种植、家庭作坊的棉织业传入苏州。元代，棉、麦、粟、豆等旱地作物的新品种在太湖流域试引成功，苏州发展成为全国重要棉区。

明清时期，由于兴修水利、改进农具和耕作制度，粮食亩产量明显提高，经济作物有很大发展，由此催生出了门类众多的家庭手工业生产，孕育了商品经济的萌芽，促进了农村集市贸易的兴旺、小城镇的兴起。植桑、种棉等经济作物效益可观，利于解决民众日常费用，因此受到广泛重视。当地居民在沿江局部区域大量种植棉花，替代粮食作物，棉花于是成为主要农作物。桑树是仅次于棉花的商业性农作物，苏州农村到处是碧绿的桑田，栽桑养蚕、纺丝织绸更为兴旺，是农家主要的副业。吴县洞庭东西山、光福一带，基本上形成了专业生产的茶果之乡，那里果树种类林立，生产发达。碧螺春茶叶以色、香、味、形俱佳被称为绿茶上品。清末，常熟、昆山、吴县等地成为全省产米最多的县之一。

苏州水域资源充足，淡水面积占总面积的42.52%，河港纵横，湖荡密布，苏州因此素有"水乡泽国"之称。这里的渔业生产有7000多年的历史，古代曾渔樵耕读，渔猎先于农耕，捕鱼早于养鱼。渔业资源蕴藏极为丰富，有鱼类137种以及其他水生动植物数百种，野鸭等禽类23种，有底栖生物螺、蚬、蚌60余种。改革开放前，苏州在全国首启了"四大家鱼"人工繁殖和淡水珍珠养殖。

作为闻名遐迩的"丝绸之府",栽桑养蚕也是苏州市的传统特色产业,至今已历经5000年之久,积淀了厚重的蚕文化底蕴。据专家对1959年冬吴江县梅堰袁家埭出土陶器上蚕纹装饰的考证,苏州市蚕桑生产起源于新石器时代晚期,距今已有5000多年历史。汉代以来,凭借宜桑宜蚕的自然条件、利于缫织的水质优势和地处要冲的便捷交通,苏州渐为全国蚕桑丝绸生产和贸易中心之一,并在明清时期达到鼎盛。当时苏州年产丝绸30万匹,号称"日出万绸、衣被天下",引来"四方商贾云集交易",蚕丝业发展进入鼎盛时期,形成了"出乎胥口,以临震泽"的茫茫桑海和"处处倚蚕箔,家家下渔筌"的农村景象。

苏州人多地少,土地资源金贵,苏州农耕文化底蕴深厚,素有精耕细作的传统。经过历代先民的精耕细作,苏州赢得了"鱼米之乡、丝绸之府"的美誉。20世纪70年代全国曾掀起"水稻学龙桥,三麦学塘桥"的热潮,是因为当时吴县长桥公社龙桥大队的双季稻亩产和沙洲县塘桥公社的三麦亩产夺得了全国冠军(塘桥公社的三麦亩产是南方13省、市、自治区的冠军)。苏州的水产养殖也是源远流长,早在2500年前陶朱公(范蠡)就在苏州郊区养鱼致富,是中国最早的养鱼状元。改革开放初期,水产养殖水平不高,产量低,水产品供不应求,苏州的内塘、外塘养鱼水平却在全国冒尖,1984年农业部在苏州召开"全国大水面养殖增殖现场会",学习推广苏州的经验。淡水养殖珍珠也源出苏州,在技术和产量方面也是全国状元。苏州人这种做一行、专一行、冒尖一行的人文内因,在发展现代农业中同样被发挥到了极致。

第二章 农业现代化的概念和基本标准

20世纪,现代化浪潮席卷全球,人类新文明走向辉煌。现代化成为世界上许多国家和地区追求的奋斗目标,特别是20世纪50年代以来,随着现代化理论的传播,现代化几乎家喻户晓。

一、现代化的概念及内涵

"现代化"一词开始在我国各种媒体上出现大概是在20世纪30年代。"现代化"一词的英译是"modernization",英语单词"modernization"产生于18世纪,是一个衍生词,是从"modern"和"modernize"衍生出来的。

根据《韦氏辞典》,英语单词"modern"是形容词,产生于16世纪,其含义有二——表示性质:现代的、新近的、时髦的;表示时间:现代的,大约指公元1500年到当前这段时期。"modern"的含义是:表示性质,只有时间限制,没有领域限制,所以它泛指人类活动各个方面的特点;表示时间,只有时间上限,没有时间下限,所以"现代"是可以无限延伸的。

"modernize"是动词,产生于18世纪,其含义是:使现代化,使适合现代需要。"modernization"是"modernize"的名词形式,其含义是:实现现代化的过程;实现现代化后的一种状态。

由此可以看出,"现代化"的基本词义有二:一是成为现代的、适合现代需要的;二是大约公元1500年以来出现的新特点、新变化。

"现代化"的基本词义昭示,"现代化"有着极为丰富的内涵,不仅包括大约公元1500年以来出现的新特点,还包括将来发生的多种多样的变化;"现代化"既可以表达一个历史过程，又可以表达一种最新的发展状态。

中国现代化研究专家、北京大学教授罗荣渠先生在其《现代化新论》一书中归纳了世界各国学者关于现代化的解释，并对"现代化"作了定义，他认为："从历史的角度来透视，广义而言，现代化作为一个世界性的历史过程，是指人类社会从工业革命以来所经历的一场急剧变革，这一变革以工业化为推动力，导致传统的农业社会向现代工业社会的全球性的大转变过程；它使工业主义渗透到经济、政治、文化、思想各个领域，引起深刻的相应变化；狭义而言，现代化又不是一个自然的社会演变过程，它是落后国家采取高效率的途径（其中包括可利用的传统因素），通过有计划地技术改造和学习世界先进，带动广泛的社会变革，以迅速赶上发达国家和适应现代世界环境的发展过程。""现代化是指18世纪后期工业革命开始以来一直到现在这样一个新时代，这是人类历史发展进程中的一个特定阶段。这个新时代的中心内容是在现代生产力引导下人类社会从农业世界（社会）向现代工业世界（社会）的大过渡。"

二、农业现代化的概念及内涵

农业现代化是农业发展的方向，也是国家现代化的重要内容。在经济发展过程中，农业对国民经济具有不可替代的贡献。农业是国民经济增长的基础和波动的起点，农业的增长或衰退对经济扩张具有强烈的引诱或制动。著名经济学家西奥多·W. 舒尔茨在对经济增长进行分析后指出，发展中国家的经济成长，有赖于农业的迅速稳定增长；而传统农业不具备迅速稳定增长的能力，要使农业发展，就必须将农业改造成为现代化农业，即实现农业现代化。

究竟什么是农业现代化，农业现代化的内涵是什么？对此，历来争议较多，但有一点是必须肯定的，那就是对农业现代化的界定，不能从某一个方面、某一个角度、某一个层次来把握，农业现代化内容丰富，具有综合性特征，应从其共性和个性、一般性和特殊性两个方面加以把握。一方面，农业现代化要以国际水平为标准，要达到世界公认的现代一般的先进水平，这是农业现代化的一般含义；另一方面，农业现代化的具体实现形式，也就是说农业现代化在不同的国家或地区具有不同的特征，这是农业现代化的特殊含义。

如果要给农业现代化下一个定义的话，那就是，农业现代化是指从传统农业向现代农业的转变过程以及实现现代农业后的一种状态。其内容包括生产手段的现代化、劳动者的现代化、组织管理的现代化、运行机制的现代化、资源环境的优良化以及在开放经济条件下的国际化。

农业现代化是用现代工业装备农业、用现代科学技术改造农业、用现代管理方法管理农业、用现代科学文化知识提高农民素质的过程；是建立高产优质高效农业生产体系，把农业建成具有经济效益、社会效益和生态效益的可持续发展的农业的过程；也是大幅度提高农业综合生产能力、不断增加农产品有效供给和农民收入的过程。

农业现代化是一个相对性比较强的概念，其内涵随着科技、经济和社会的进步而变化，即不同时期有不同的内涵。从这个意义上讲，农业现代化只有阶段性目标，而没有终极目标，即在不同时期应当选择不同的阶段性目标，并且它在不同的国民经济水平层面上有不同的表现形式和特征。根据发达国家现代农业的历史进程，一般可将农业现代化分为四个阶段：即"初步现代化、基本现代化、全面现代化、高度现代化"，也有把农业现代化划分为"起步阶段、基本实现阶段和调整阶段"的。

1. 农业机械化是农业现代化的基础

农业机械化，是指运用先进设备代替人力的手工劳动，在产前、产中、产后各环节大面积采用机械化作业，从而降低劳动者的体力强度，提高劳动效率，实现规模经营，提高规模效益。

2. 生产技术科学化是农业现代化的动力源泉

农业生产技术科学化，其含义是指把先进的科学技术广泛应用于农业，从而提高产品产量、提升产品质量、降低生产成本、保证食品安全。实现农业现代化的过程，其实就是不断将先进的农业生产技术应用于农业生产过程，不断提高科技对农业增产的贡献率的过程。新技术、新材料、新能源的出现，将使农业现状发生巨大的变化，农业增长方式从粗放经营转变为集约经营。科技将在对传统农业的改造过程中发挥至关重要的作用。

3. 农业产业化是农业现代化的重要形态

农业产业化是指农业生产单位或生产地区根据自然条件和社会经济条件的特点，以市场为导向，以农户为基础，以龙头企业或合作经济组织为依托，以经济效益为中心，以系列化服务为手段，通过实现种养加、产供销、农工商一条龙综合经营，将农业再生产过程的产前、产中、产后诸环节联结为一个完整的产业系统的过程。可以说，农业产业化的发展过程就是农业现代化的建设过程。一方面，农业产业化促进了农业专业化和规模经营的发展；另一方面，反过来，农业专业化和规模经营又促进了农业先进技术和设施装备的推广应用，促进了农业现代化的进程。当然，农业产业化模式不是万能的，不同区域采取农业产业化模式时，需要对该模式产生的历史背景、运作机制、绩效评价等进行评估，防止盲目引进外界模式导致失败的发生。

4. 农业信息化是农业现代化的重要标志

利用现代信息技术和信息系统为农业产供销及相关的管理和服务提供有效的信息支持，能大幅度提高农业的综合生产能力和经营管理效率。只有用信息化的方式改造传统农业，才能把农业发展不断推进到更高阶段，实现信息时代高水平的农业现代化。

5. 劳动者素质是实现农业现代化的决定因素

农业现代化必须由高素质的农民这一主体来推进，没有农民自身素质的现代化，要实现农业的现代化是不可能的，因为农业不仅要依靠现代的工业装备及先进的科学技术，而且还要依靠先进的管理手段在农业上的应用。总之，在农业生产经营过程中，先进的生产工具靠人去创造，先进的科学技术靠人去摸索，先进的管理经验靠人去总结推广，先进的经营体制和运行机制靠人去应用。无论是增长方式的转变，还是生产绩效的提高，都是在人的主观能动作用下得以实现的。离开了人，现代化是不复存在的。从这个意义上说，我们要实现的农业现代化，是以人为本的现代化。

6. 农业发展可持续化是农业现代化的必由之路

从可持续发展的观点看，农业现代化既是人类顺应自然和改造自然能力的反映，是人与自然和谐发展程度的反映。农业现代化的一个显著特点就是人工生态系统的产生及普遍存在。这种系统具有双层含义：一方面要求尽可能多地生产满足人类生存、生活的必需品，确保食物安全；另一方面要坚持生态良性循环的指导思想，维持一个良好的农业生态环境，不滥用自然资源，兼顾目前利益和长远利益，合理地利用和保护自然环境，实现资源的永续利用。

三、农业现代化的几种模式

一个国家或地区实现农业现代化，究竟采用哪种起步方式，一般来说，主要是由当时的土地、劳动力和工业化水平决定的。人少地多的国家，首先从生产工具上进行改革，发展机械化，以节约劳动力；人多地少的国家，则从多投入劳动力，充分利用土地以提高单产入手。就目前来看，在世界范围内，农业现代化的起步方式主要有三种模式代表，即美国模式、日本模式和西欧模式。

1. 美国模式

美国的特点是地广人稀，人均土地资源丰富。这一资源禀赋特征，使得美国的土地和机械相对价格长期下降，而劳动力相对价格不断上升，从而促使农场主不得不用土地和机械动力替代人力。这种替代包含着农业机械技术的不断改进。

美国农业现代化的发展历程,按照机械化发展的进程可划分为三个阶段:第一阶段是半机械化阶段,这是以人力和畜力驱动、按机械原理设计制造的改良农机具取代传统农具的过程,是农业机械化的初始阶段。从18世纪末起,农业技术人员先后发明、改良了许多重要农机具,如轧棉机、铁犁、耘田机、割草机、收割机、脱粒机、联合收割机、钢犁、打捆机、玉米割捆机等。第二阶段是主要田间作业机械化阶段,这是以电力驱动的大型现代农机具代替非机械动力农机具的过程,是农业机械化的发展阶段。在19世纪中期开始的第二次科技革命带动下,农业开始了内燃机(拖拉机、汽车)和电力代替畜力,以机引(或电动)的大型农业机器代替改良的农机具的过程,从而开始了主要田间作业机械化的进程。从1910年到1940年,美国农场的拖拉机总数从1000台猛增到154.5万台,载重汽车从2000辆增加到104.7万辆,谷物联合收割机从1920年的4000台增加到19万台,机械动力有了大幅度的提高。第三阶段是全盘机械化阶段,是农业机械化的成熟阶段,开始于20世纪四五十年代,完成于七八十年代。在这一阶段,不仅农机具的数量增加,而且性能不断提高,农业技术人员设计和制造出了适应精细作业要求的农业机械。如谷物联合收割机由牵引式改为自走式,在拖拉机和其他机械上采用发动机涡轮增压、液压传动、快速挂接、电子监控、自动控制等新技术。

在美国农业现代化起步的过程中,机械技术占了主导地位。类似美国那样地广人稀的国家还有加拿大、澳大利亚、俄罗斯等国,它们也采用了从机械技术的推广应用起步的农业现代化模式。

2. 日本模式

日本的资源禀赋特征与美国正好相反,1880年日本每个男性农场工人的平均农业土地面积只有美国的1/36,到1960年则只有美国的1/97,可耕地是美国的1/47。由于资源禀赋的差异,日本土地和劳动力的比价也与美国不同。

日本的农业现代化大体上经历了四个时期:第一个时期是从明治维新到1900年,是学习西欧先进农业技术以提高农业生产力时期。第二个时期是从1900年到第二次世界大战结束。这一阶段出现了以劳动对象为中心的技术改良高潮,呈现出以多施肥料为主的劳动密集型趋势。第三个时期是第二次世界大战以后到20世纪70年代初。这一阶段日本通过农村民主化改革,促进现代农业技术的开发和推广应用,建立起了农业现代化的基本框架。第四个时期是20世纪70年代以后。这一阶段日本开发和推广应用高性能的农业机械,大量推广应用化学技术和生物技术。

在农业现代化过程中，日本以生物技术为农业技术创新的重点，以缓解土地资源不足，提高单产，增加农产品供给。与日本人地比紧张状况相类似的荷兰，也由于采用生物技术提高畜牧业、花卉业的单产和品质，成为世界上出口农产品的重要国家。

3. 西欧模式

西欧的一些国家，既不像美国那样劳动力短缺，也不像日本那样耕地短缺，因此在农业现代化过程中机械技术与生物技术并进，把农业生产技术现代化和农业生产手段现代化放在同等重要的地位，实行"物力投资"和"智力投资"同时并举，实现农业机械化、电气化、水利化、园林化，既提高了土地生产率，也提高了劳动生产率。这类国家以英国、法国、德国、意大利等为典型。

美国经济学家弗农·拉坦用实证资料证明了以上的模式划分，即劳均土地在30公顷以上的国家走的是机械技术型；劳均土地在3～30公顷之间的国家，走的是生物技术—机械技术交错型；而劳均土地不足3公顷的国家，走的是生物技术型。

但是，以上的划分仅是从农业现代化过程的起步方式上看的。实际上，农业现代化是通过多元技术变革实现的，而不仅仅是单一技术变革。因此，农业现代化的进程是要靠多元技术变革来共同推动的。

四、发达国家农业现代化的规律及经验教训

发达国家大规模发展现代化农业已经走过了一个多世纪，大多数发达国家和地区，如美国、欧盟、日本、以色列等，都把传统农业发展成了现代农业，一些新兴工业化国家，如韩国，现代农业建设也取得了不菲的成就。纵观世界发达国家实现农业现代化的历程，其大致经历了两个阶段：第一阶段，18世纪中叶至20世纪70年代，美国等发达国家和地区实现了由传统农业向初级现代农业的过渡。农业劳动力比重大幅下降，农业劳动生产率、土地产出率和农民收入大幅上升，农业资源环境压力不断加大，农业呈现出市场化、集约化、工业化、制度化的显著特征。第二阶段，20世纪70年代至今，美国、西欧等部分发达国家和地区实现了初级现代农业向高级现代农业的过渡。农业劳动力比例和农业增加值比重继续下降，农业综合效益、农产品质量和农民生活质量进一步提高，农业贸易冲突和食物风险日渐凸显。农业呈现出信息化、生态化、订单化、工厂化和生物技术广泛应用的显著特征。

世界农业现代化的发展历史表明，发达国家在实现农业现代化过程中，都非常注重立足本国国情和发展阶段，积极探索各具特色的发展道路。各国在资源禀赋、经济基础、文化背景等方面的差异决定了各国实现农业现代化的道路各具特色。

尽管发达国家国情不同，资源禀赋、社会经济条件等方面存在差异，所选择的农业现代化的道路各异，农业现代化的道路和特点也不尽相同，但发达国家在实现农业现代化的过程中都体现出一些普遍规律，这些共同规律及一些共同的经验教训可供我们借鉴。

1. 从政府对农业的支持来看

经济发展的过程实际上就是工业化的过程，在此期间，如何正确处理工业和农业之间的关系，是农业能否迅速发展、农业现代化能否迅速实现的最重要影响因素。发达国家在实现工业化和现代化的过程中表现出的一个共同规律是，当工业化进程发展到一定阶段时，工业和其他产业便开始反哺农业，支持和促进农业的发展，进而消除二元经济结构，实现各产业之间的融合。日、韩等国在迅速实现工业化、城镇化过程中，也出现过由于过分剥夺农民利益而导致农业萎缩的情况，但这两个国家在工业化达到一定水平后，分别于20世纪60年代中期和70年代初期实行了对农业的反哺政策，从而使农业迅速强大起来。日、韩两国农业支持政策的共同点是：政府对农业的反哺分为初级和高级两个阶段，初级阶段以硬件为主，重点是提高农业生产基础设施和固定资产装备水平、加速农村公共物品建设等，政策导向是为扩大再生产、改善生产和生活条件打下坚实的基础；高级阶段则采取硬件、软件相结合，以软件为主的方针，政策导向放在结构调整、扩大经营规模、提高农业村级组织水平和农民素质等方面。可以说，没有政府对农业的全方位支持，日、韩两国的农业不可能在这么短的时间内达到世界先进水平。当然，日、韩由于在价格上过分保护农业，使两国的主要农产品价格大大超过国际市场价格，从而失去了与国外农产品竞争的能力，这一教训也是值得我们吸取的。

2. 从资源优势的充分发挥来看

不管农业的地位多么特殊，它总是一个产业，应该按照产业的特性来发展它，即以市场为导向，以资源优势为基础，这是各国农业现代化最基本的经验之一。韩国自20世纪70年代开始的"新村运动"也逐渐按照市场需求把农业划分为粮食、水果、蔬菜、饲养经济作物四大专业化区，这是使该国农业现代化水平迅速提高的最重要措施之一。荷兰的经验也极具典型意义。早在19世纪后期由于新大陆廉价谷物的大量涌进引起欧洲的大范围农业危机时，荷兰就利用这一机会大量进口廉价谷物饲料,并将其农业转化为畜牧业,从而实现了农业生产结构的方向性转变。1962 年,欧共体推行共同农业政策,进行经济分工,荷兰又借此机会重点发展畜牧业和园艺作物。到 20 世纪 70 年代末荷兰的养牛业得到了迅速发展,进入 80 年代后,荷兰的畜牧产品相对过剩。为此,政府采取了控制牛肉和奶牛生产的措施,并开拓新的市场,着重发展有新的市场需求的高附加值产业。80 年代初期以来,荷兰的养猪业和家禽业有了较大发展,花卉的发展更加迅速。尤其值得一提的是,作为牛奶生产大国,荷兰每年还要大量进口鲜牛奶,并经加工增值后出口。荷兰的农业总产值只占国民生产总值的 4%左右,而农业出口和外汇收入却占出口总额和外汇总额的 1/4 以上,荷兰的粮食供给也主要依靠国际市场,粮食自给率只有 30% 左右,这种面向国际市场、大进大出的农业体制,使荷兰农业成为典型的高效农业,荷兰每个劳动力创造的农业增加值和净创汇是世界上最高的。

3. 从农业合作体系的建立来看

发达国家农业现代化进程表明,一个有效的农业合作体系的建立,对于加快传统农业向现代农业的转变起着决定性的作用。农业合作的体系最完善、运作最规范、对农民和农业生产发挥作用最大的当数日本。从第二次世界大战结束到 20 世纪 70 年代中期基本实现农业现代化,日本用了不到 30 年的时间,其中最主要的原因就是日本在充分吸收西方国家农业发展经验的基础上独创了一套适合本国国情的农协制度。这一制度形成于第二次世界大战以后,其范围包括农业生产资料供应、农业技术推广、农产品销售、农村金融、农村保险等各个方面,甚至发展出了代表农民政治利益的准政治团体,并且自上而下形成了独立而完整的体系。韩国的农协制度系从日本借鉴而来,其运作方式与日本近似。农协在日、韩两国的农业现代化过程中起到了不可替代的作用,其主要有二:一是代表分散的小农的利益与政府和大工业进行谈判,使农民的利益得到保障;二是有效地解决小农户与大市场之间的矛盾,充分满足小农户在生产要素供给和农产品销售等方面的需求。以出口创汇为特色的荷兰农业,其产前、产中、产后的各种社会化服务也主要是由合作组织来完成的。农业的各个领域,包括谷物、蔬菜、禽蛋、家畜、花卉等都有合作组织,业务涉及农业生产的各个环节,从种子、肥料、饲料的供应,到各种农产品的出售,以及大型农业机械的使用,甚至农民生产和生活所需的贷款,都来自合作组织。

4. 从完整的农业技术推广体系来看

日本的农业技术推广由政府的农业改良普及事业和农协共同完成,从国家到地方形成了一套完整的体系。为了加强农业技术推广工作，日本还于1991年对《协同农业普及指南》进行了全面的修改，把加强推广组织的建设和提高推广人员的素质放在首位。政府的"地域农业改良普及中心"拥有数百个经过国家考试的专门技术员以及1万多名经过地方考试的改良普及员，他们与农协系统的近2万名营农指导员密切配合，构成了战后日本农业技术推广的基本体系，也是战后日本农业现代化得以迅速实现的基本保障。韩国的农业技术推广模式与日本相近似，墨西哥和南非采取的是政府、科研机构（高校）和私人农场相结合的推广模式，荷兰则主要依靠农业、渔业及自然管理部的技术推广局下设的分布于全国的农业技术推广站来完成这一工作。

5. 从农业的经营发展方式来看

发达国家都先后经历了由以单个家庭为主向以公司、合作组织为主的转变。第二次世界大战后，在农业现代化过程中，发达国家不仅重视农业技术现代化，也十分重视农业组织管理现代化，都大力推行农业专业化、一体化、社会化，其专业化形式主要有三种：地区专业化、部门专业化、作业专业化。以美国为例，到1969年，美国经营一种产品为主的专业化农场已达全国农场总数的90%以上。据美国专家计算，仅此一项就使美国农产品大约增产40%，而成本降低50%～80%。发达国家的农业一体化、社会化是在专业化基础上形成的，主要形式有农业工商综合体和农业合作组织。1967年，法国参加农业合作社的农户已占总农户的83%，在农产品销售、农资供应、农业贷款方面，合作社分别占30%、40%、70%左右。另外，以日本和以色列为代表的一些国家，都在土地适当分散经营的基础上建立起了农民合作组织，走上了专业化、一体化和社会化的农业发展道路。

6. 从农业生产力发展进程来看

发达国家都先后经历了从以手工劳动为主的传统农业向以机械化、产业化为主的现代农业转变，再向以生物化、信息化为主的知识农业转变的过程，农业基本实现现代化的标志都是机械化、生物化和信息化。在推进农业现代化的进程中，都经历了由小规模、分散经营向适度规模经营的转变，再到土地规模相对稳定甚至缩小的转变。不同国家由于人均占有土地数量不同，其土地适度经营规模的大小也不同，美、加、澳等国土地适度经营规模最大，欧洲一些国家次之，日、韩等国土地适度规模较小。农业的现代化进程实质上也是农业生产技术集约化和农业劳动集约化的进程。在实现现代化的进程中，现代农业技术的使用成为第一因素，土地集中的重要性下降，甚至劳动密集型农产品的生产所使用的土地规模反而下降。如以色列、荷兰等国的特色农业就体现了这一规律。

7. 从农村人口就业特点和农村经济结构变化来看

发达国家农村人口都经历了一个由单一从事农业向就业多样化和农民兼业化的转变。农业工业化和现代化的结果始终是农业劳动生产率的提高，始终要伴随农村人口和农业劳动力的转移。其主要趋势是从农村向城市和城镇转移，从农业向工业和第三产业转移，从落后地区向发达和次发达地区转移。在农民转移的过程中，更多的是农民的兼业化趋势，有以从事农业生产为主、以从事其他产业为辅和以从事其他产业为主、以从事农业为辅这两种情况。农业现代化的核心问题是提高农民的收入，发达国家农村经济结构的变化趋势是农业生产产业化、经济结构多样化和复杂化以及农业产品高质高效化。提高农民收入的途径主要是三条：第一，实现农业生产的产业化，向规模要效益，这在工业化阶段表现得比较明显；第二，农村产业向农业的产前、产后延伸，向提高农业附加值要效益，这在工业化后期和现代化初期表现得比较明显；第三，农产品高质高效化，通过提高农产品本身的价值来提高农业的效益，这在现代化中后期表现得比较明显。

第三章　中国特色农业现代化道路的探索

一、党和国家高度重视农业现代化

新中国成立不久，我们党就把促进"农业和交通运输业的现代化""建立巩固的现代化国防"写入党在过渡时期的总路线。1954年，周恩来同志在第一届全国人民代表大会上首次提出了包括现代化的工业、农业、交通运输业和国防在内的四个现代化目标。1956年，党的八大将这一任务写入了大会通过的党章。1961年3月20日，周恩来同志在广州中央工作会议上指出，必须各方面支持农业，有步骤地实现农业机械化、农业化学化、农业水利化、农业电气化，这是第一次将此"四化"作为农业现代化的内涵。1964年，周恩来同志在第三届全国人民代表大会上提出，"在不太长的历史时期内，把我国建设成为具有现代农业、现代工业、现代国防和现代科学技术的社会主义强国"。1975年，周恩来同志在第四届全国人大政府工作报告中提出，要在20世纪末把我国建成工业、农业、国防和科学技术"四个现代化"的强国。1979年，改革开放初始，党的十一届四中全会对实现农业现代化进行了全面部署，并特别强调"走出一条适合我国情况的农业现代化的道路"。时隔30年后的2007年，党的十七大又立足我国国情，借鉴国际经验，鲜明地提出了走中国特色农业现代化道路的战略思想。随后，2008年党的十七届三中全会做出了我国总体上已经进入加快改造传统农业、走中国特色农业现代化道路关键时刻的重大论断。2012年，党的十八大提出要坚持走中国特色新型工业化、信息化、城镇化、农业现代化道路，加快发展现代农业，进一步明确了现代农业建设的目标与任务。在十八大精神的指引下，2014年后连续三年发了3个中央1号文件，都是推进农业现代化的。2015年召开的十八届五中全会明确提出，要大力推进农业现代化，加快转变农业发展方式，走产出高效、产品安全、资源节约、环境友好的农业现代化道路。2016年国务院又颁布了《全国农业现代化规划（2016—2020年）》，这是我国制定的第一个农业现代化规划，该规划指出，"农业的根本出路在于现代化，农业现代化是国家现代化的基础和支撑。没有农业现代化，国家现代化是不完整、不全面、不牢固的。在新型工业化、信息化、城镇化、农业现代化中，农业现代化是基础，不能拖后腿"。2017年习近平总书记在党的十九大报告中提出了实施乡村振兴战略，要求"坚持农业农村优先发展，按照产业兴旺、生态宜居、乡风文明、治理有效、生活富裕的总要求，建立健全城乡融合发展体制机制和政策体系，加快推进农业农村现代化"。这既是对"三农"工作做出的一个新的战略部署，也是对"三农"工作提出的一个新的要求，是新时期做好"三农"工作的重要遵循。

二、中国推进农业现代化的特殊国情

在推进农业现代化的过程中，与世界其他国家相比，我国国情的特殊性主要表现在以下几个方面：

1. **中国是世界上人口最多的国家，农产品消费需求巨大**

我国大陆有13多亿人口，占全球人口的18%以上，农产品消费需求量大。据有关部门测算，我国粮食、肉类、水产品的常年消费量分别占世界相关产品总产量的27.2%、27.3%和45.2%。巨大的消费需求决定了我国保障粮食安全和主要农产品的有效供给，必须立足于自给，绝不能寄托于国际市场。

2. **中国农业生产经营规模小而分散，农业劳动力多但素质不高**

我国农民户均经营耕地面积不足10亩，相当于欧盟的1/40，美国的1/400，日、韩的1/3。农业劳动力总量约为2.26亿人，占全社会劳动力的比重达到35%。此外，我国农村劳动力的素质不高，农民平均受教育年限不到7年，而发达国家则为12～14年。

3. **中国人均资源稀缺，生态环境脆弱**

我国是世界上农业资源较为匮乏的国家之一。全国耕地总量约为18.2亿亩，占全球210亿亩耕地的8.67%，人均耕地面积仅为世界平均水平的40%。人均水资源仅为世界平均水平的25%。

4. **中国农业比较效益偏低，城乡差距较大**

受生产经营规模小、成本偏高、农产品价格偏低等多方面因素影响，我国农业生产比较效益偏低，城乡居民收入差距大的问题一直较为突出。

5. 中国农村地域广阔，各地农业发展水平参差不齐

我国有着960万平方千米的国土面积，气候、光照、土壤、水资源、地形地貌等与农业生产联系紧密的自然资源和地理环境复杂多样，农业生产呈现出明显的地域性特征，这就决定了我国各地农业的发展必定要走多元化、多样化的发展道路。

三、坚持走中国特色农业现代化道路

改革开放以来，我国农业发展大致经历了三个阶段。第一阶段，1978—1998年，确立了以家庭经营为基础、统分结合的双层经营体制，极大地解放了生产力，实现了农产品供给从绝对短缺到总量基本平衡、丰年有余的历史性突破。第二阶段，1998—2004年，着力进行农业结构性调整，优化资源配置，大力推进农业产业化经营，农产品品种更加丰富，农业质量和效益明显提升。第三阶段，2004年至今，党中央提出了"重中之重"的战略思想，做出了"两个趋向"的重大论断，出台了取消农业税、实行"四补贴"等一系列重大强农、惠农、富农的政策措施，基本建立了农业支持保护政策体系。党的十八届三中全会提出，必须健全体制机制，形成以工促农、以城带乡、工农互惠、城乡一体的新型工农城乡关系，让广大农民平等参与现代化进程、共同分享现代化成果。

2015年召开的十八届五中全会从2020年全面建成小康社会和实现"两个一百年"奋斗目标出发，指明了"十三五"期间现代农业的发展方向，即"大力推进农业现代化，加快转变农业发展方式，走产出高效、产品安全、资源节约、环境友好的现代化道路"。

结合我国的国情，中国特色农业现代化道路的总体思路是：以转变农业发展方式为主线，以保障粮食等主要农产品有效供给和促进农民持续较快增收为主要目标，以提高农业综合生产能力、抗风险能力和市场竞争能力为主攻方向，着力促进农业生产经营专业化、标准化、规模化、集约化，着力强化政策、科技、设施装备、人才和体制支撑。

从发展目标看，"十三五"期间，现代农业建设应该取得突破性进展，基本形成技术装备先进、组织方式优化、产业体系完善、供给保障有力、综合效益明显的新格局，东部沿海发达地区、大城市郊区、国有垦区和国家现代农业示范区基本实现农业现代化，为全面建成小康社会和国家基本现代化提供重要的基础支撑。

第四章　苏州推进农业现代化的基本定位和路径选择

> 苏州处于改革发展的前沿阵地，面临着建设苏南现代化示范区[①]的新机遇，农业肩负的生产保供、致富农民、保障生态的责任更加重大、意义更加深远。苏州推进农业现代化发展，应该牢固树立创新、协调、绿色、开放、共享发展新理念，既要学习借鉴美国的创新、日本的高效经验，更要借鉴欧洲均衡发展的理念和产业优化升级、城乡优化布局、环境优化发展的做法，力求符合中国国情、体现江苏特点、富有苏南特色。

一、基本定位

从苏州市的经济社会条件出发，苏州农业现代化发展应该立足于：

1. 特色鲜明

充分利用和挖掘具有江南水乡特色的名特优种质资源，做强传统产业，做大特色产业，做响品牌农业，形成"四个百万亩"的优势主导产业格局。

2. 功能新颖

在巩固和提升种养业水平的基础上，不断培育和壮大农产品加工业规模，努力开发和拓展生态休闲观光等农业服务功能，形成农业内部一、二、三产业融合发展的农业功能格局。

[①] 2013年4月经国务院同意，国家发展改革委正式印发《苏南现代化建设示范区规划》，规划范围包括南京、无锡、常州、苏州和镇江五市。规划明确，围绕到2020年建成全国现代化建设示范区，到2030年全面实现区域现代化、经济发展和社会事业达到主要发达国家水平的目标，重点推进经济现代化、城乡现代化、社会现代化和生态文明、政治文明建设，促进人的全面发展，将苏南地区建成自主创新先导区、现代产业集聚区、城乡发展一体化先行区、开放合作引领区、富裕文明宜居区，为我国实现社会主义现代化积累经验、提供示范。

3. 装备现代

用先进适用的农业机械等物质条件装备农业，先进的科学技术改造农业，先进的信息技术提升农业，形成劳动生产率高、科技含量高、抗风险能力高的农业生产格局。

4. 管理先进

用先进的管理理念规划农业，先进的工业理念指导农业，先进的组织形式运作农业，形成组织化程度高、规模化程度高、产业化程度高的农业经营格局。

5. 效益显著

提高农产品保供能力，提升农产品质量安全水平，改善农业生态环境，形成"生产、生活、生态""三生"并举、综合效益高的农业发展格局。

二、路径选择

1. 人多地少——节约集约型

苏州人口、环境、资源的现状，决定了农业必须以设施、技术、资本的投入替代土地和劳动力投入，发展规模经营，增加农业设施，高效利用土地，种植高附加值农产品，走资本集聚型、资源占用少、利用效率高的发展路子。如设施农业，一般钢管大棚一次性投入1.5万元/亩、连栋大棚15万元/亩、高档智能温室30万元/亩左右，但产量和产值成倍增长，大棚蔬菜年种收比露天高出2~3茬，产量更加可控，设施农业年效益普遍在1万~2万元/亩，生产高档花卉、种苗的年效益可达10万元/亩左右。可彻底改变过去单纯依赖自然要素的粗放式生产方式，实现农业生产要素的优化配置和组合，开展集约式生产，使农业生产从过去完全顺从自然的低级阶段向改造自然、摆脱约束的高级阶段发展，成为具有综合优势的现代农业产业体系。

2. 量质并重——科技创新型

苏州农业除了一定的市场保供功能外，更注重生产品质优、质量好、附加值高的特色农产品，以满足人民群众对美好生活向往的新需求。科技创新是弥补资源不足、实现量质齐升的关键举措。世界现代农业发展的实践证明，随着农业科研领域和范围的不断扩大，农业生产的深度和广度不断拓展，农业的可控程度将大大提高，农业增产的80%以上可以依靠科技进步来实现。同时，21世纪以来生物技术和信息技术的发展，越来越成为推动现代农业发展的强大动力，正逐步渗透到农业的各个领域。苏州农业必须跳出传统"靠天、靠经验、靠补贴"的发展理念，转向靠科技兴农、信息兴农、服务兴农，用现代农业科学技术改造农业，用现代物质条件装备农业，用现代经营形式推进农业，使研发、生产、加工、服务等环节的现代农业新群体逐渐形成规模，实现与信息化、服务化和品牌化的成功嫁接，加快形成具有苏州特色、地方优势、功能多元、业态新型、附加值高的现代农业新体系。

3. 产业延伸——城乡一体型

在苏州加快形成城乡一体化发展格局的大背景下，农业作为国民经济的基础产业，突破产加销脱节、部门分割、城乡界限凸显等局限性，促进农业产业链的延伸和加粗是苏州农业发展的必然途径。发展苏州特色现代农业，就必须实现农产品的产、加、销等环节走向一体化，农业与工业、商业、金融、科技等不同领域相互融合，城乡经济社会协调发展，农业产业链条不断延伸，农产品市场不断拓展，探索建立农业综合信息中心、农业国际国内合作交流中心、城乡一体服务中心、农业投融资中心、农产品物流中心等高端农业服务集聚区，以逐步形成农业专业化生产、企业化经营、社会化服务、一体化发展的新格局。

4. 生态宜居——环境友好型

实现人与自然、经济与环境的协调发展，是现代农业发展追求的根本目标。随着城市人口的不断增加，苏州生态环境容量越来越小，农业是自然的、有生命的动植物，对于改善环境、保持生态平衡具有不可替代的作用。世界各国农业的发展历史表明，"石油农业"在大幅度提高单位面积产量和农业经济效益的同时，也在大量地消耗着不可再生资源，同时又带来日趋严重的生态环境问题，降低了农业的生态效益。苏州经济社会发展到目前阶段，发展"生态农业""绿色农业"、循环农业，注重环境与资源的保护利用，实现农业的可持续发展，是苏州现代农业发展的必由之路。

5. 政策推动——机制创新型

在政策和制度创新上凸现优势，加快形成工业反哺农业、城市支持农村的格局，是苏州发展现代农业的最坚实基础和最根本保障。要树立全局观念，强化大局意识，更加积极主动地支持现代农业建设。在维持农村基本经济制度不变的基础上，按照现代农业发展的内在要求，将"狭义的传统农业"转变成"广义的现代农业"，坚持发挥市场在资源配置中的决定性作用和更好发挥政府作用相结合，当前工作与长远目标统筹兼顾，重点突破与整体推进相得益彰，形成一套政策创新、体制创新、管理创新的制度设计与安排，切实维护和保障农民权益，保持农业农村长期繁荣、和谐稳定。

第五章 苏州农业现代化的发展水平

今天的苏州农业,在以精耕细作而著名的传统农业基础上,经过改革开放40年的调整发展,形成了现代农业新格局、新形态。主要特征是:

稳定合理的农业结构和产业布局,水稻、水产、林果、蔬菜、畜禽等主导产业区域优势明显、质量效益稳定提升;完善配套的农业设施装备,高标准农田建设、标准化鱼池改造、农业全程机械化服务、农业信息化装备水平全省领先,粮食生产基本实现了机械化;加快转变农业发展方式,精致农业、生态农业、休闲观光农业等新的业态正在形成,农业一、二、三产业呈现融合发展之势;不断创新农业经营体制机制,土地流转全面规范有序,合作农场、家庭农场、专业大户、农业企业多种经营主体竞相发展,新型职业农民队伍不断壮大;持续改善的农业农村生态环境,农产品质量安全处于可控状态,农业种质资源、湿地保护利用水平在全国处于领先地位;建立健全农业发展保障机制,支农惠农的政策法规不断完善,生态补偿、园区建设等重大工程顺利推进。

综观改革开放后的苏州农业,其出现了很大的变化,有些方面甚至是颠覆性的。在以精耕细作而著名的传统农业基础上,形成了现代农业新的格局、新的形态。

一、农业呈现出新形态

1. 城乡一体的农业

形成了以城带乡、以工补农的体制机制,城市为农业农村提供人才、资金、科技和市场;农业农村为城市提供优质安全的农产品、优美的生态环境和优雅的休闲场所。太仓提出了建设"田园城市",田在城中,城在田中。实现了城乡"养老、医疗、低保"三大并轨。

2. 精致高效的农业

苏州的农业规模总量不算很大,农业结构和产业布局比较稳定。从历史的经验看,产业结构调整是需要的,但一定要从大的定位来考虑,也就是要战略性调整,防止只看眼前,哪个赚钱搞哪个,因为那样就会出现多的多了、少的少了,对农业的稳定发展、对农民的利益都是大的伤害。苏州根据自身的优势、市场需求的发展趋势,决定本地的农业结构和产业布局。苏州市现在种植110万亩水稻,近100万亩水产养殖,35万亩常年蔬菜,20万亩苗木花卉,20万亩水果、茶叶、桑树的农业布局安排,既考虑到保持鱼米之乡、江南水乡特色优势的需要,又考虑到农民的收入,还考虑到主要农产品的市场供应,更考虑到区域的生态环境安全。水稻、水产是水乡的特色和优势。种植110万亩水稻还考虑到其生态功能,水稻的生长季节正好是前期梅雨、中期高温、后期台风,梅雨和台风季节可以蓄水,高温季节可以通过水稻的蒸腾作用和水稻田的蒸发达到降温的效果。林果茶、花卉苗木、蚕桑、水产是效益比较高的产业。目前,苏州市粮食生产占需求的40%,蔬菜占需求的80%,水产品总量平衡,品种间有进有出。从而走出了一条农业结构稳定、生产方式先进、产品特色明显、产出效益较高的精致高效农业之路。

3. 规模经营的农业

苏州人多地少,农业资源紧缺,政府相关部门经过较长时间的摸索和学习借鉴,引导农民土地有序流转、开展适度规模经营,目前苏州土地流转、规模经营比例均在90%以上,合作农场、村办农场已成为苏州农业规模经营的特色和亮点。

4. 融合发展的农业

农业的一、二、三产业融合发展,农产品加工业集聚发展,2017年全市农业龙头企业实现销售1310亿元。农业旅游和农业服务业加快发展,2017年实现农业旅游收入34亿元,农业产前、产中、产后专业化社会化服务水平大幅度提升。

5. 设施装备精良的农业

高标准农田、标准化鱼池、高效设施农业的发展速度加快,农机装备及其使用管理水平不断提高,信息技术在农业上的应用日新月异。农村劳动力90%以上转移到二、三产业稳定就业,农业综合机械化率88.5%,列全省第一,粮食生产基本实现了全程机械化。

6. 体制机制不断创新的农业

不断创新农业经营体制机制，土地流转全面规范有序，合作农场、家庭农场、专业大户、农业企业多种经营主体竞相发展，新型职业农民队伍不断壮大；出台培育、管理新型职业农民的政策意见；依法制定生态补偿条例；持续加大惠农服务力度。建立健全农业发展保障机制，支农惠农的政策法规不断完善，生态补偿、农业保险、农业担保、新型职业农民养老补助、耕地轮作休耕补贴等机制不断完善。

7. 生态环境持续改善的农业

农产品质量安全处于可控状态，农业种质资源、湿地保护利用水平在全国处于领先地位。生态循环农业建设有效开展，推广了一批种养结合、生态循环模式，建设了一批池塘循环水清洁养殖工程、氮磷流失生态拦截工程、乡村生活污水生态治理工程、农业面源污染连片综合治理工程，农业面源污染得到有效控制，吴中区被列为国家级生态保护与建设示范区。

二、苏州农业现代化的阶段性成果

苏州农业现代化的探索已走在全国、全省的前列。随着工业化、城镇化、市场化的推进，特别是20世纪80年代中期苏州乡镇企业的快速发展，苏州农村年轻力壮的劳动力大量转移到二、三产业就业，农业经营出现了副业化、兼业化、老龄化趋势；苏州人多地少，人均耕地面积不足1亩，农业组织化程度较低、市场主体竞争力不强的问题越来越突出。同时，农业土地资源逐年减少、基础设施薄弱、资金投入不足、生产能耗和成本不断上升等问题，困扰着苏州农业的发展。要解决这些问题，就要加快转变农业增长方式，创新农业发展模式，探索一条既能发挥苏州比较优势又能克服传统农业发展难题、实现农业又好又快发展的道路。于是苏州从自身的优势特点出发，坚持以新型工业化理念引领农业、以新型工业化成果反哺农业，加快把传统农业改造成为有市场竞争力、能带动农民致富、可持续发展的高效生态农业，走新型农业现代化道路。经过几十年的努力，苏州的农业现代化取得了明显的阶段性成果。

1. 从江苏省农业基本现代化进程考评体系指标监测情况来看

农业基本现代化进程监测是由"江苏省统计局、江苏省农业委员会、中共江苏省委农工办、中共江苏省委研究室、国家统计局江苏调查总队"等单位会同相关部门，从2010年开始对全省各市、县（市），分别从"农业产出效益、新型农业经营主体、现代农业产业体系、农业设施装备和技术水平、农业生态环境、农业支持保障"等6个方面、22项指标，系统地对农业现代化发展水平进行动态评价的一项工作，监测结果每年公布一次。苏州市在全省农业现代化进程监测中，连续5年综合得分全省第一。

2010—2014年江苏省农业现代化进程综合得分排序表

位次	2010年		2011年		2012年		2013年		2014年	
	市	得分	市	得分	市	得分	市	得分	市	得分
1	苏州	72.48	苏州	80.46	苏州	84.46	苏州	83.30	苏州	85.40
2	无锡	70.79	无锡	77.09	无锡	83.61	无锡	82.10	无锡	85.10
3	南京	67.87	南京	76.61	南京	81.52	南京	79.80	南京	84.00
4	常州	67.56	常州	75.47	常州	81.43	常州	79.80	常州	83.80
5	南通	67.30	南通	75.44	南通	77.74	镇江	76.10	镇江	80.80
6	镇江	65.68	徐州	75.20	镇江	77.72	南通	74.00	南通	78.20
7	扬州	65.46	扬州	74.07	徐州	76.01	扬州	72.90	扬州	77.90
8	徐州	64.06	镇江	73.47	扬州	74.82	徐州	71.80	泰州	77.80
9	盐城	62.12	淮安	73.29	泰州	73.53	盐城	71.70	盐城	77.30
10	泰州	60.69	盐城	68.96	盐城	73.49	泰州	71.70	徐州	75.50
11	连云港	60.50	宿迁	68.88	淮安	73.46	淮安	71.30	连云港	75.40
12	宿迁	59.78	泰州	68.21	宿迁	73.43	连云港	71.20	淮安	74.60
13	淮安	58.50	连云港	67.46	连云港	73.42	宿迁	70.00	宿迁	74.50

注：2013年由于对指标体系及计算口径进行调整，监测进程得分普遍低于上年。

据江苏省公布的2015年度农业现代化进程监测数据，苏州市在"农业产出效益、新型农业经营主体、现代农业产业体系、农业设施装备和技术水平、农业生态环境、农业支持保障"6大类22项指标中，综合得分89.3分（90分为实现基本现代化），农业现代化指标的实现程度达到99.2%。

在全部22项指标中，实现度在100%以上的有6项指标：一是规模以上农产品加工值与农业总产值之比达4.78，实现目标值的149%。二是农产品出口指数达10.09，实现目标值的126%。三是高标准农田比重达66.74%，实现目标值的111.2%。四是设施渔业比例达26%，实现目标值的111.1%。五是农户参加农民专业合作社比重达80%，实现目标值的100%。六是农田水利现代化水平达93.5%，实现目标值的100%。

实现目标值在95%以上的有6项指标：一是农村居民可支配收入22140元，

实现目标值的96.3%；2017年农村居民收入达到29900元，实现目标值的130%。二是粮食亩产488.08公斤，实现目标值的98.2%。三是农业机械化水平达87%，实现目标值的96.7%；2017年农业机械化水平88.5%，实现目标值的98.1%。四是粮食收储现代化水平达88%，实现目标值的97.8%。五是农业科技进步贡献率达67.5%，实现目标值的96.4%。六是农业废弃物综合利用率达91.01%，实现目标值的95.8%。

实现目标值在90%以上的有4项指标：一是单位农用地农林牧渔业增加值达3258.5元，实现目标值的93.1%。二是乡镇或区域农业公共服务体系健全率达89.87%，实现目标值的94.6%。三是农业信息化覆盖率达59.07%，实现目标值的90.9%。四是高效、低毒、低残留农药使用面积占比达80.48%，实现目标值的94.7%。

苏州市2015年农业现代化指标实现程度

指标名称		权重	2020年目标值	2015年实现值	实现程度%
一、农业产出效益					
1. 单位农用地农林牧渔增加值（元）		6	3500	3258.5	93.1
2. 农民收入	农村居民人均可支配收入（元）	4	23000	22140	96.3
	农村居民收入达标人口比重（%）	2	50	48.66	97.3
二、新型农业经营主体					
3. 农户参加农民专业合作社比重（%）		4	80	80	100
4. 家庭农场经营比重（%）		5	50	41.58	83.2
5. 新型职业农民培育程度（%）		5	50	41.4	83.68
三、现代农业产业体系					
6. 粮食亩产（公斤）		5	520	488.08	98.2
7. 高效设施农业	设施园艺比重（%）	3	20	16.55	82.8
	生猪大中型规模养殖比重（%）	2	80	58.06	72.6
	设施渔业比重（%）	2	26	28.19	100
8. 规模以上农产品加工产值与农业总产值之比（倍）		2	3.2	4.78	100
9. 农产品出口指数（%）		2	8	10.09	100
10. 种植（渔业）"三品"比重	种植业"三品"比重（%）	3	55	25.5	46.3
	渔业"三品"比重（%）	1	90	68.41	76

续表

指标名称	权重	2020年目标值	2015年实现值	实现程度%
四、农业设施装备和技术水平				
11. 高标准农田比重（%）	5	60	66.74	100
12. 农业机械化水平（%）	5	90	87	96.7
13. 农田水利现代化水平（%）	5	90	93.5	100
14. 粮食收储现代化水平（%）	4	90	88	97.8
15. 农业科技进步贡献率（%）	5	70	67.5	96.4
16. 乡镇或区域农业公共服务体系健全率（%）	4	95	89.87	94.6
17. 农业信息化覆盖率（%）	4	65	59.07	90.9
五、农业生态环境				
18. 高效低毒低残留农药使用面积占比（%）	3	85	80.48	94.7
19. 农业废弃物综合利用率（%）	4	95	91.01	95.8
20. 林木覆盖率（%）	5	24	20.6	85.8
六、农业支持保障				
21. 农业贷款增长幅度与贷款总额增长幅度之比（倍）	5	1	0.72	72
22. 农业保险覆盖面（%）	5	72	63.21	87.8
农业基本现代化综合分数（分）	100	90	89.3	99.2

2. 对照《全国农业现代化规划（2016—2020年)》的指标来看

国务院发布的《全国农业现代化规划（2016—2020年)》规划到2020年，确定了实现农业现代化的"七个方面31项指标"，我们对其中的六个方面23项指标（有一个方面和8项指标是国家层面或苏州市没有的种养殖产业）进行了测算，大部分指标已达到或基本达到。

（1）农业结构方面

肉类、奶类、水产品产量基本稳定；畜牧业产值占农业总产值比重要求超过30%，渔业总产值占农业总产值比重要求超过10%。2017年，苏州市畜牧业、渔业总产值占农业总产值比重超过40%，达到了指标值；农产品加工业与农业总产值比要求达到2.40，2015年苏州市已达到4.78，是指标值的2倍。

（2）质量效益方面

农业劳动生产率要求超过4.7万元/人，2015年苏州市农业劳动生产率10.4

万元/人，是指标值的 2.2 倍；农村居民可支配收入年均增幅要求超过 6.5%，2008—2017 年苏州市连续年增幅均超过 7%；农产品质量安全例行监测总体合格率要求超过 97%，2010 年以来苏州市农产品总体检测合格率均在 97% 以上，2017 年由部、省、市三级抽检的 2953 批次农产品，检测合格率为 99.85%。

(3) 可持续发展方面

农田灌溉水有效利用系数要求大于 0.55，主要农作物化肥利用率要求达到 40%、主要农作物农药利用率要求达到 40%，2015 年苏州市均达到了上述指标要求；农膜回收率要求达到 80%，养殖废弃物综合利用率要求达到 75%，2015 年苏州市农业废弃物综合利用率达到了 95%。

(4) 技术装备方面

农业科技贡献率要求达到 60%，2015 年苏州市农业科技贡献率达到 67.5%；农作物耕种收综合机械化率要求达到 70%，2015 年苏州市农作物综合机械化率达到 87%，2017 年提高到 88.5%，农作物耕种收综合机械化率达到 100%，居全省前列。

(5) 规模经营方面

多种形式土地适度规模经营占比要求达到 40%，2015 年苏州市已达到了 90%；畜禽养殖规模化率要求达到 65%，2010 年苏州市生猪、肉禽和奶牛的规模化率分别达到 89.8%、97.7% 和 99.9%；水产健康养殖示范面积比重要求达到 65%，2015 年苏州市已达到 68%。

(6) 支持保护方面

农业保险深度（%）要求达到 0.9，2016 年苏州市农业保险已形成国险、省险、市险、县（市）区险四个层次，开单险种 33 个。2006 年至 2016 年累计投保农户 488 万户次，各级财政投入保费补贴 6.5 亿元，承担农业生产风险保障 232 亿元。

综合以上分析，着眼于当下苏州农业发展的实际形态，无论是从江苏省农业现代化进程监测指标的实现程度来看，还是对照《全国农业现代化规划(2016—2010 年)》的主要指标来看，苏州农业均已完成了从传统农业向现代农业的历史性转变，基本实现了农业现代化。

第六章 苏州农业的发展阶段

苏州农业发展到今天,有历史传承、自然禀赋、传统文化、经济社会发展等多种因素的综合影响。苏州农业的发展历程也遵循着农业发展的一般规律:在温饱问题没有解决之前,农业的主要任务是发展粮食生产,目标是追求高产、增加农产品的产量,也就是主要发挥农业的生产功能;在温饱问题解决之后奔向小康阶段,农业的主要任务是调整农业结构,目标是主攻经济效益、增加农民收入,这个阶段主要是发挥农业的经济功能;在实现小康以后,农业的主要任务是满足人民群众对美好生活向往的需求,主要目标是供给安全优质的农产品,营造优美洁净的生态环境,提供优雅舒适的休闲观光场所,追求蓝天碧水、空气清新,这个阶段把农业的生态功能放到了突出位置。苏州农业的发展经历了四个阶段:

一、主攻粮食生产阶段(1978—1985年)

这一时期的特点是:土地产出率高,劳动生产率低,经济效益差,资源过度利用。主要是依靠土地、劳动力高度集聚,凸显农业的生产功能,兼顾经济功能和生态功能,解决温饱问题。

新中国成立后,苏州农村历经土地改革、农业合作化和落实"调整、巩固、充实、提高"八字方针,农业生产力得到了空前发展,农业总产值得到了快速提升,农民也逐步过上了丰衣足食的生活。然而,受"大跃进"、人民公社化运动和"以粮为纲"等因素的制约,苏州农业生产发展受到挫折,粮食虽然增产了,但经济效益不高,出现了"高产穷队"现象。20世纪70年代中期,苏州主要农作物每年播种980万亩左右,生产粮食250万吨、皮棉3.4万吨、油菜籽

5.2万吨，农业总产值始终徘徊在15亿元上下，农民人均年纯收入一直停滞在200元以下。

1978年以来，在党的十一届三中全会精神的鼓舞和指引下，苏州地委按照有利于农业生产力发展的总要求，采取整体推进、重点突破的方法，不断加大农村改革的力度，积极探索符合苏州农村实际的经济体制和经营方式，给农业发展注入了前所未有的强劲活力。

1983年，全市全面推行以家庭承包经营为基础、统分结合的双层经营制度，从根本上打破了"一大二公"的经营模式，在坚持土地等基本生产资料归集体所有的基础上，把土地承包给农民，由农民自主经营，扩大了农民的经营自主权，调动了农民的生产积极性。同时发挥集体统一经营、协调管理作用，加大生产服务力度，注重集体资产积累，走有统有分、统分结合、以分为主的生产经营之路，极大地解放和发展了农业生产力，有力地推动了农业生产的发展。

双季稻在苏州具有悠久的种植历史。从20世纪70年代末开始，针对当时"双三制"存在的农时季节紧、抗灾能力弱、稻谷品质差、劳动强度高、产量变幅大等内在缺陷，全市围绕"三三得九，还是二五得十"，要不要变更耕作制度，进行了历时两三年的大讨论。80年代初，全市对农业耕作制度进行深度改革，恢复水稻单季布局，主攻单产，增加总产，劳动效率显著提高，粮食生产实现了历史性飞跃。1982年单季稻亩产突破400公斤，1984年突破450公斤，1990年亩产高达490公斤，在全省领先。1993年，苏州全面恢复了稻麦两熟的耕作制度，双季稻退出历史舞台。

随着家庭联产承包责任制的不断完善和推进，一方面农民投资投劳农业的积极性空前高涨，另一方面，农村集体经营层次有组织的、较为集中的、有一定规模的长期建设性投入却十分有限，成为影响农业增长的一个突出问题。1986年，苏州建立了农业合作发展基金制度，全市当年就筹集农业合作发展基金1.17亿元，用于农业投入的资金达到7124万元，相当于当年国家对农业投入的4倍多，从而有效地增加了农业建设性投入，发挥了集体统一服务和组织的作用，促进了农业基本建设，恢复和发展了农业生产力，同时也缓解了农村资金矛盾，受到广大农村干部和农民群众的欢迎。实践证明，这是与"统分结合、双层经营"体制相适应的一种新的投入机制，是探索拓展农业投入渠道的第一次有效尝试。十一届三中全会后的近10年时间里，苏州农业围绕主攻粮食生产，建设商品粮基地，粮、棉、油生产快速增长。1985年，全市粮食生产面积达到750.74万亩，总产量达238.49万吨，其中单季晚稻种植面积361.8万亩，比

1978年增加了257.9万亩。棉花种植面积66.75万亩，总产量4.26万吨；油菜135.17万亩，总产量14.1万吨。粮食总产的增加，较好地解决了人们的温饱问题，克服了供应短缺的困难。苏州以人均不足8分的耕地，在实现自给平衡的同时，每年向国家交售商品粮20多亿斤，跻身全国重点商品粮基地行列，为粮食供给做出了巨大贡献。

二、大力发展多种经营阶段（1985—20世纪90年代中期）

这一时期的特点是：劳动生产率提高，农业经济效益提高。主要是依靠土地、技术的高度集聚，凸现农业的经济功能，兼顾社会功能和生态功能，解决农民增收和市场保供问题。

1985年，中央出台1号文件，制定了10项经济政策，重点加快改革农产品统派购制度，取消粮食、棉花统购，实行合同定购和市场收购的双轨制，并逐步开放了水产品、水果、茶叶等农产品的价格，发出了"决不放松粮食生产，积极发展多种经营"的号召。苏州市委以此为契机，深入贯彻中央文件要求，结合耕作制度改革，积极调整农业产业结构，在坚持稳定发展粮棉油生产的基础上，逐步调减粮食播种面积，扩大经济作物种植面积，加快水产养殖业、畜牧业、蚕桑业等的发展，实施"菜篮子"工程，改革农产品流通制度，大力发展多种经营，全市农业呈现出崭新的发展面貌，焕发出前所未有的生机与活力。

在1978年到1997年的20年间，全市多种经营总收入从5.31亿元增加到180亿元，增长了33倍多，年均递增19.3%；农民人均纯收入来自多种经营的部分从76元增加到2200元，增长了28倍多，年均递增18.3%，占农民年纯收入的45%以上。到1997年，全市肉类产量已达14.27万吨，牛奶1.66万吨，水产品30.13万吨，分别比1978年增长48.6%、6倍和2.7倍；种植业内部，高效经济作物比重不断增加，包括蔬菜和其他高效经济作物在内面积达到50万亩，粮经结构比例达到7∶3左右；农副产品中，名特优品种生产份额不断加大，高效农业的结构框架初步建立。稳定的粮食生产和发达的多种经营，极大地丰富了农副产品市场供应，农业生产告别了短缺经济时代，农副产品"凭票"供应成为历史。

1. 种植业快速发展，粮食生产呈现出新的发展面貌

在这个时期，全市种植业继续快速发展，粮食生产在政府的大力支持下，围绕"保粮稳产，主攻单产"，掀起了新一轮建设高潮，呈现出崭新的发展面貌。

(1) 高产竞赛活动如火如荼

随着多种经营的不断发展，土地资源的矛盾逐步显现出来，如何提高土地产出率、提高单位面积粮食产量，已成为苏州增加粮食总产量的关键。从20世纪80年代末到90年代初，全市掀起了市抓农业中心示范方、县抓万亩丰产方、乡抓千亩丰产方、村抓百亩丰产方的生产高潮，抓粮食高产成为各级政府和相关部门的重要工作。1989年，全市开展"五杯"竞赛活动，农业的"丰收杯""吨粮杯"成为主要内容，涌现了一大批先进典型。吴江市八坼镇农创村、吴县市渭塘镇渭南村、昆山市花桥镇顺杨村、太仓市直塘镇泰西村、常熟市辛庄镇东塘村、张家港杨舍镇城北村等，都出现了百亩、千亩丰产方，并多次获得省、市丰收杯竞赛奖。1996年常熟市辛庄镇东塘村1.32亩太湖粳2号单季粳稻获得了亩产805.32公斤的高额产量，创造了当时苏州单季水稻亩产量最高纪录。

(2) "四新"技术全面推广

20世纪80年代中后期，农业产业结构调整和苏州工业化、城市化进程不断加快，提高农业科技水平已成为新形势下促进农业稳定发展的重要途径。从1988年开始，苏州农业在抓好大面积生产的同时，狠抓"新品种、新肥药、新农艺、新技术"的试验、示范及推广。

全市先后大面积推广应用"秀水04、秀水122、武育粳2号"等一批抗性强、增产潜力大、丰产性好的水稻高产良种，使产量持续增长。"苏香粳1号""武运粳7号"等水稻新品种不仅品质优、产量高，而且大米有香味、口感好，深受市场欢迎，最终发展成为苏州水稻的当家品种。"太湖糯"在1990年被农业部评定为优质品种。经过10多年的发展，水稻生产基本实现了优质与高产的协调并进。

一大批新肥药得到推广应用。以增加基肥为重点，复混合肥、强力增产素、稻麦新型除草剂、矮壮素等一批新型肥药逐步走进田头，秸秆还田、肥力补充等措施开始大面积使用，磷钾肥在粮食增产上的效果越来越明显。除草醚、丁草胺等新型除草药剂和稻田化学除草技术得到全面推广。

新农艺、新技术被广泛运用。全市大力推广"高产群体质量指标及其调控技术"，采用旱育稀植、抛秧、机插、直播等新型栽培方式，使水稻单产保持稳产高产，劳动强度大大降低。1988年，全市有85个乡（镇、场）的129个村进行了水稻机插秧试验示范，实际机插秧面积1.39万亩，平均亩产492.8公斤，比大面积人工播栽每亩增产6.6公斤，实现了省工、节本、增产的目标。到1990年，水稻每亩单产接近500公斤，1995年超过550公斤，1998年突破600

公斤，实现了历史性的跨越。

(3)"五有六统一"社会化服务体系逐步建立

为完善统分结合的双层经营制度，适应家庭联产承包责任制的要求，进一步推动农业生产水平的不断提高，切实搞好产前、产中、产后的各项服务，1984年，苏州市委、市政府以吴县黄桥乡张庄村农业服务的先进方法为基础，加快建设以"五有六统一"（有健全的组织、有固定的人员、有相应的农机、有配套的设施、有规范的制度，以村、组为单位统一作物布局、统一留种供秧、统一机械作业、统一水浆管理、统一防病治虫、统一肥药供应）为主要内容的农业服务体系，在全国率先制定了《苏州社会化服务条例》，以此推动规范化建设、标准化实施。各乡、村迅速启动组建农业服务、多种经营服务两大公司，加快建设速度，不断延展服务功能。到20世纪90年代中期，农业社会化服务体系建设达到高潮，全市6个县（市）基本建起了乡（镇）级农业服务公司，建立了乡（镇）、村级机电排灌站和管水专业队，各类植保防治服务队、配药站等基本健全。到90年代末，全市有90%的村达到了"五有六统一"的要求，85%以上实现了统一供种，70%的乡（镇）合理配置功能资源，夯实服务基础，形成了比较健全的服务体系，构建了上下呼应及县、乡、村三级联动的服务格局，在产前、产中、产后各个环节强化生产经营管理、技术指导及产、供、销等配套服务，基本做到了"收种千家万户、管理专业服务"，为促进区域农业的发展和壮大，实现农业增产、增收、增效奠定了坚实的基础。

(4)土地适度规模经营开始起步

1983年，昆山陆扬乡40个种粮大户率先创办家庭农场，开创了土地规模经营的先河。从90年代初开始，根据农业生产力发展水平和农村经济发展需要，苏州继续深化和完善家庭联产承包责任制，在尊重农民意愿的前提下，积极稳妥地推进农业适度规模经营，这一阶段的农业规模经营还在探索实践阶段，主要是解决部分农民不愿种田的权宜之计，还没有上升到实现农业现代化、从根本上解决农业出路问题的高度。至1991年底，全市规模经营单位达到1293个，经营耕地71977亩。

2. 多种经营快速发展，实现了历史性的突破

在粮食生产稳定增长的同时，全市多种经营迅速起步，水产养殖业、畜牧业、园艺业、蚕桑业等快速发展，通过近十多年的发展，多种经营无论是量的扩张，还是质的提高、效益的增加，都实现了历史性的突破。

（1）水产养殖迅猛发展

从 20 世纪 80 年代中期开始，在大力发展多种经营和率先放开水产品价格的政策引导下，苏州充分发挥丰富的水资源优势和良好的渔业生产基础优势，提出了大力发展水产养殖的战略部署，以市场为导向，优化养殖结构，提高养殖效益，全市水产品总量、渔业经济总量得到大幅提高。全市水产品总量由 1986 年的 15.3 万吨增加到 1995 年的 24.7 万吨，增长了 61.4%。渔业总产值由 1985 年的 2.04 亿元增加到 1995 年的 25.5 亿元，增长了 11.5 倍。

1984 年，苏州针对内塘养鱼产量低、外荡养殖粗放的不足，积极推广吴县黄桥乡张庄村内塘养鱼"两低（低种苗量、低成本）、二高（高产量、高效益）"和吴江小外荡精养技术，使全市渔业生产水平大幅提高，当年 12.3 万亩内塘养殖，平均亩产 271.5 公斤，同比增长 56.48%；外荡精养面积发展到 11.48 万亩，亩均产量 126.4 公斤，总产量 1.45 万吨。同时还出现了一批高产典型示范区，吴县黄桥乡 5000 亩池塘养殖，当年亩产达 550 公斤，一举突破了 500 公斤大关。吴江市八坼乡一个名叫"烂泥斗"的 80 亩小外荡，当年亩产量达 668.25 公斤，超过了池塘养殖的亩产量。小外荡精养经验不仅在苏州全市得到普遍推广，而且引起了全省、全国的重视，农业部在苏州召开了全国大水面养殖会议，总结推广苏州发展大水面养殖的经验。因内塘养鱼和小外荡精养的大面积推广，1984 年全市淡水鱼年产 500 吨的乡（镇）由 1983 年前的 18 个增加到 33 个，以淡水养殖为主要收入的万元以上专业户有 373 户，养鱼成为农林牧渔业中的"黄金行业"，是农民增收的"贴肉布衫"。

鱼米之乡吃鱼难矛盾缓解后，针对养殖鱼类冬季上市过于集中的问题，水产部门及时开展了以调整放养结构和上市时间为重点的养捕制度改革，实现了商品鱼四季均衡上市，鳊鱼、鲫鱼等小品种鱼的产量显著提高。同时，苏州引进推广了个体大、生长快的新品良种异育银鲫，使深受消费者喜爱的鲫鱼在池塘中的混养亩产量提高到了 100 公斤以上，主养亩产量提高到了 250 公斤以上，银鲫成为苏州水产养殖的一个当家品种。

进入 20 世纪 90 年代，苏州为适应市场需求的变化，及时由主攻扩面增产转向发展特种水产，开展了河蟹、青虾、鳜鱼、中华鳖等地方名特优品种和罗氏沼虾、加州鲈鱼等国内外新品的养殖试验，特种水产品养殖迅速崛起，养殖品种由原来的 7 种常规鱼扩大到 30 多个品种。到 1995 年，全市百亩以上规模的特种水产品养殖基地达 96 个，阳澄湖大闸蟹、太湖青虾等产品享誉海内外。全市特种水产品养殖面积达到 16.5 万亩，总产量达到 4098 吨，总产值达 5.13 亿元，分别占水产养殖总面积、总产量、总收入的16.77%、2.07%和26.7%，成为苏州渔业经济新的增长点。

苏州的"四大家鱼"育苗具有良好的基础和健全的繁育体系，其生产规模大，市场覆盖面广。20世纪90年代，为适应特种水产养殖发展的需要，全市加大了特种水产育苗技术攻关的力度，苏州市水产研究所在省内率先攻克了鳜鱼人工繁殖难题，并建立了工厂化鳜鱼育繁基地。罗氏沼虾、加州鲈鱼、中华鳖等品种的苗种繁育技术也迅速取得突破和推广。1995年，全市共生产鳜鱼夏花70万尾，罗氏沼虾3.2亿尾，分别占全省总产量的50%、60%，苏州成为全省最大的鳜鱼人工繁殖基地和罗氏沼虾育苗基地，有效促进了特种水产养殖业的发展。

（2）畜牧业生产逐步发展

20世纪80年代，随着苏州"菜篮子"工程建设的加快实施，规模化畜禽商品生产基地不断增加，畜产品价格逐步提高，农村集市贸易得到开放。同时，苏州市出台实施了"继续鼓励社员发展养猪、养牛、养羊，积极发展集体养猪、养牛、养羊"和"国营、集体、个体三者一起上，以户养为主"的政策，调动了各方面生产的积极性，一大批从事商品生产的畜、禽、蜂养殖专业户应运而生，畜牧业开始由传统的自给、半自给性生产向现代化商品生产转变。1985年，全市畜禽养殖专业户数6289户，存栏生猪6万头，存栏家禽100多万羽，存栏毛兔23万只，存栏奶牛741头。到1996年，全市共建畜禽直供基地195个，其中生猪基地（场）143个，蛋禽基地14个，肉禽基地38个。

太湖猪种得到开发利用。在养猪实行"三化"（公猪外来良种化、母猪地方良种化、肉猪杂交一代化）基础上，苏州开始建县级重点种猪场，对太湖猪进行提纯选育并推广。相关部门着手完善太湖猪的良种繁育体系，在各县普遍建立太湖猪原种场的基础上，配套建立县级家畜改良站，实施以县为单位的猪人工授精、统一供精。至1989年，瘦肉型猪生产由1984年的38%提高到77.6%，苏州成为全国首个瘦肉型猪生产基地。梅山种猪在出口匈牙利、法国、罗马尼亚、朝鲜、日本等国后，1989年又向美国出口139头，创汇50多万美元。1991年至1995年期间，苏州先后承担了全国农牧渔业部"商品瘦肉型猪高产技术推广"丰收计划项目、"良种猪推广及配套技术"项目。1996年开始推广三元杂交瘦肉型猪生产，即以太湖猪为母本，外来瘦肉型猪为第一、第二父本，大力推广良种猪（三元杂交瘦肉型猪）生产；并先后建起243个生猪定点屠宰场，实施定点屠宰、集中检疫，市场流通体系初步形成。

苏太猪培育取得巨大成功。苏州地方猪种——太湖猪经过多年的系统选育，已表现出适应性强、繁殖力高、耐粗饲、肉质鲜美等优良性状，但也存在生长速度偏慢、瘦肉率偏低等不足，已不能适应经济社会发展的需要。为了培育性能更加优良的种猪，在农业部和江苏省、苏州市领导的重视下，1985年，苏州市成立了太湖猪育种中心。该中心选择小梅山、中梅山、二花脸、枫泾四个类群组成母本，从美国和匈牙利引进杜洛克公猪组成父本，开始了太湖猪新品种的杂交选育工作。1986年，育种中心开始承担国家科委和农业部下达的"中国瘦肉猪母本新品系（DⅦ系）的选育"课题。"七五""八五"期间，育种中心采用群体继代选育法，以每年一个世代的速度进行育种工作。"九五"以后，又实行继代选育与世代重叠相结合的选育方法。经过三个"五年计划"的国家科技攻关，育种中心以太湖猪为基础母本，采取导入外血、横交固定、继代选育、性能测定、综合评定选择等育种技术措施，终于培育出一个国家级瘦肉型新猪种。1999年，这一新猪种通过国家审定委员会审定，并被正式命名为"苏太猪"。

湖羊保种选育取得成效。湖羊是国家著名的优良绵羊品种，小湖羊皮是制作高档裘衣的原料，素有"软宝石"之称。为保护湖羊品种，在农业部、江苏省农林厅的大力支持和指导下，苏州市吴中区东山镇建立了江苏省湖羊资源保护区，采取国家指导下群众保种的形式，开展湖羊保种选育工作。经过多年的努力，不仅保护了湖羊基因库，而且使保护区内湖羊的数量和质量大幅度提高。1998年苏州市种羊场成立，种羊场采取建立湖羊育种核心群的方式，扩大繁殖基础母羊，并加大种羊选育力度，使湖羊的群体质量有了较快提高。同时湖羊的胚胎移植技术研究也开始起步，为高产湖羊的快速扩群和推广创造条件。

（3）蚕桑发展进入黄金时期

作为"丝绸之府"基础产业的蚕桑业，从20世纪80年代开始迎来了发展的鼎盛期。1987年，苏州重点蚕区茧丝绸产值10亿元，加上80%的茧丝出口创汇，农工贸的综合效益显著。为此，苏州市委、市政府将茧丝绸作为乡镇工业的起步之业，从规划、管理、技术上通盘筹划，外延扩产和内涵挖潜同步举措，决定调减粮田扩大蚕业，蚕桑业由此进入了发展的黄金时期。苏州的蚕桑生产力大幅度提高，蚕茧年产量从20世纪80年代初的4657吨发展到1993年的17414吨，涌现出9个"万担茧乡"和18个"千担茧村"，并建成了由108名市、县、乡三级科技人员组成的健全推广网络，生产成果累累。

在这期间，针对各家各户扩桑而带来的粮食、桑田布局交叉，水利灌溉、农药使用等方面的矛盾,各地将"因地制宜、适当集中"作为调优产业结构的重大举措,统一规划,成片集中布局。重点蚕区吴江县采取粮田桑地"裁弯取直、深挖围沟"的办法,先发展东北部新桑园,再扩大西南部老蚕区。吴县则"桑树下山(东山、西山)",将蚕区布局到沿太湖地区的乡镇。到1992年,全市蚕桑面积达到16万亩,呈现出生机勃发的新气象。

(4)园艺业成为崭新亮点

蔬菜是人们日常生活中不可缺少的副食品。为切实解决城区居民吃菜难问题,全市开始大力实施"菜篮子"工程,建设直属蔬菜基地,蔬菜播种面积、产量、产值和产品质量都达到了比较高的生产水平。蔬菜市场供应数量充足,品种丰富多样,产品流通活跃。到1995年,蔬菜播种面积达到97.4万亩,产量达到120.5万吨,实现产值15.67亿元。蔬菜设施栽培得到了飞速发展,形成了一套节能、高效、简易、实用的设施园艺栽培新体系,以塑料大、中、小棚进行春提前、秋延后和反季节栽培的技术得到了大面积推广。在常年蔬菜地采用设施栽培的同时,一些季节性菜地也开始推广设施栽培。1996年,吴县市东山镇漾家桥村在水稻茬上利用大棚试种早熟番茄,获得了成功。吴江市胜墩果蔬场采取"双层大棚"多重覆盖栽培西瓜,昆山市南港、石浦等镇利用大中棚栽培甜瓜,均取得了相当好的经济效益和社会效益。

果品生产是苏州农业的传统产业之一,相关部门对果品的品种结构加大了调整优化的力度。传统特色果品如"白沙枇杷""细蒂杨梅""大佛手银杏""九家种板栗"等,得到了进一步的有效开发利用。在生产上大面积推广早熟和极早熟温州蜜柑系列新品种,并利用嫁接换种技术,对中熟、晚熟温州蜜柑进行了嫁接更新,使得苏州的果树品种结构进一步合理,果品质量进一步提高。到1995年,全市果树种植面积保持在10万亩左右,产量增加到5万多吨,产值达到1.45亿元。

碧螺春是我国名茶中的珍品,也是苏州品牌农产品的一张靓丽名片。碧螺春以"形美、色艳、香浓、味醇"四绝闻名中外,其品质特点是:条索纤细、卷曲成螺、白毫披覆、银绿隐翠、清香幽雅、滋味鲜醇,汤色嫩绿清明,叶底柔嫩均匀,有"一嫩(芽叶)三鲜(色、香、味)"之称。据清王应奎撰《柳南续笔》记载,洞庭东山碧螺峰石壁产野茶数株,当地人每年都要持竹筐前去采摘以供饮用。一次,因其叶多,筐不胜贮,因置怀间,茶得热气,异香忽发,采茶者惊呼"吓煞人香"。"吓煞人香"是苏州的俗语,借来形容这种茶的香气浓郁,于是众口争传,将之作为茶名。清康熙三十八年(1699),康熙皇帝南巡到太湖，巡抚宋荦便以此茶进献。康熙皇帝觉得"吓煞人香"这个名字太俗，又见此茶色如碧、形如螺且是春天采制，便御题"碧螺春"。关于"碧螺春"茶名的来由，至今民间还流传着这样一个动人的故事：洞庭西山有个名叫碧螺的姑娘，聪明俊秀，勤劳善良，最爱唱歌，大家都十分喜欢她。她采制的茶治愈了因救她而受伤的青年阿祥，而碧螺姑娘却一天天憔悴下去。原来，姑娘的精力都凝聚在茶的嫩芽上，用嫩芽给阿祥泡茶后，姑娘的精力就再也不能恢复了。不久，碧螺姑娘去世了。人们为了纪念她，就把葬着碧螺姑娘的山峰叫"缥缈峰"，把从这里采制的茶叶叫"碧螺春"。

新中国成立后，党和政府十分重视碧螺春茶的发展，主要采取扶助资金、无息定金以及奖励化肥、物资、粮食等方法鼓励发展名茶碧螺春。科技人员对制茶工艺也不断加以改进，较有影响的如1959年江苏省农林厅会同江苏省供销合作社在吴县东山举办的以提高碧螺春茶品质"西山赶东山"为活动内容的技术训练班，培训班采用定人分片，技术传授，定点、定期召开现场会的办法，边学习边操作，边评比边交流，培养了大批炒制碧螺春的技术能手，规范了加工工艺。1980年，江苏省茶叶学会组织有关专家组成碧螺春风格研究组，对碧螺春的采制技术进行了总结，确定了碧螺春茶的风格特征，并进行了推广。邻近东山和西山的光福、天平、越溪等地也开始生产碧螺春茶。1982年实行联产承包责任制，除少部分国营或集体茶场外，大多数茶场分散到农户手中，一段时间极大地调动了茶农的积极性，碧螺春茶的发展速度也很快。特别是技术外传速度加快，外地碧螺春茶开始出现。但因为茶农的观念一下子难以从计划经济模式中转变过来，1985年至1997年苏州的茶园面积和产量起伏不大，基本维持衡定，但销售增长很快。1997年是茶叶行业从完全自由散漫的自由市场经济向监管逐步加强、组织化程度逐步提高的较成熟的市场经济过渡的转折点。苏州有不少茶叶企业成立，这些茶叶企业开始进行有意识的宣传推介。从2000年开始，苏州的茶叶生产迅速发展，政府除鼓励提高组织化程度外，还采取政府搭台、企业唱戏的方式进行推介，鼓励企业创品牌，提高茶叶产品的市场竞争力。苏州的茶园面积也迅速扩大，从1997年的376公顷上升到2005年的1955公顷。产量从1997年的247吨上升到2005年的348吨，其中碧螺春产量从15.3吨发展到了146.6吨。2006年至2015年，相关部门着重在茶叶质量安全、提高组织化程度、品牌打造、宣传推介等方面做了大量工作。茶园面积由3.1万亩扩大至3.65万亩，年均增加面积500亩。茶叶总产量基本维持在380吨上下，但产值却从2006年的1.47亿元提升到2015年的2.85亿元，翻了近1倍。亩均产值从 4728 元提高到 7810 元。茶产业的高效地位更加显现。

为了满足苏南花木市场的需求，相关部门加大了新品种引进的力度，先后引进了深山含笑、乐昌含笑、山杜英、黄山栾树、珊瑚朴、七叶树、伞房决明等树种；同时，逐步恢复或扩大生产了一些有发展潜力的乡土树种，如无患子、乌桕、榉树等，并逐步在造林绿化工程中推广应用，苏州花木呈现出多树种（品种）、多规格、多色调的发展趋势。盆栽花卉和鲜切花生产的种类不断丰富，引进了鹤望兰、仙客来、蝴蝶兰、一品红、大花蕙兰等高档品种，并形成了一定的生产规模，同时还不断提高生产质量，以适应市场的需要。1985 年，全市总产苗量 2070 万株，出圃量 970 万株，产值 1 亿元左右。到 1995 年，全市绿化、观赏苗木可育苗面积达到 9.54 万亩，总出圃量 1.76 亿株，总产值 5.4 亿元。

三、注重优质高效、推进市场农业阶段（20 世纪 90 年代中期—21 世纪初）

这一时期的特点是：劳动生产率提高，土地产出率高，资源和环境保护开始得到重视。主要是依靠资本、技术的高度集聚，注重农业的生态、社会、经济功能的协调，解决农业生产安全、农业环境安全、农产品质量安全问题。

党的十四大以后，随着社会主义市场经济体制的确立，农业经济全面发展，新一轮结构调整全面展开，苏州市农村涌现出一批适应农村生产力发展水平的新的农业增长方式，如贸工农一体化、产加销一条龙和农业产业化经营等，这些增长方式将分散的家庭经营与社会化大市场相联结，把农业生产引向集约化、规模化、商品化的轨道，初步形成了适应社会主义市场经济体制的基本框架，苏州农业迈上了奔向现代化的康庄大道。到 20 世纪 90 年代末，全市形成规模较大的生猪生产基地 3000 多个，水产基地 560 多个，蔬菜基地 1000 多个，基地上市的肉猪、水产、蔬菜已分别占上市总量的 75%、70% 和 60%，在江苏省保持领先水平。全市有纯收入超过千万元的专业镇 70 个、超过百万元的专业村 700 多个，万元以上的专业户 10 万多户。同时，还兴办了一批农副产品加工企业，建设了一批农副产品批发交易市场，培育了一批农村专业服务组织和农民经纪人，开设了一批农产品直供网点。2000 年，全市实现农林牧渔业总产值 169.3 亿元，比 1985 年增长 517.4%。

这一阶段，全市农业坚持以市场为导向，以结构调整为主线，以效益为中心，以农民增收为目标，切实转变增长方式，不断提高农业生产水平，加快市场农业建设步伐，农业在改革开放中不断发展，实现了质的跨越。

1. 产业结构调整加快

1995年以后，苏州市委、市政府把农业产业结构战略性调整作为农村经济工作的重要举措来抓，瞄准市场需求，依托资源和技术优势，积极发展高效种养项目，提高农业整体产出效益。1997年秋播开始大幅调减粮棉油，大步推进水产、畜牧和蔬菜园艺业，大力实施外向、生态、特色、设施和都市"五型农业"，高效作物在种植业中的比重、养殖业在农业中的比重、深加工农产品在农产品中的比重、规模化和专业化生产的比重、"三资"在农业投资中的比重均有了大幅度的提高。1998年、1999年全市分别调整粮食种植面积60余万亩，1998年粮经比例由1997年前的8：2调整为7：3，养殖业占农业的比重达到36%，农业商品率达到71%；1999年粮经比例调整为6.5：3.5，养殖业占农业的比重达到37.8%，农业商品率达到78.4%。到2001年，全市经济作物占种植业比重达到51%，养殖业占农业产值比重达到53.1%。农业种植业开始向多品种、高质量、高效益转化，农业养殖业向水产品、畜产品转化，农副产品向最终产品、高档产品转化。

2. 特色农业基本形成

全市通过积极试点，稳步推进农业基地化、规模化发展。到2002年，全市平均承包耕地15亩以上的规模经营面积达到70多万亩，占全市责任田面积的40%以上。在种养结构加快调整的同时，全市各级农林部门注重产业内部品种的改良升级和先进适用技术的更新推广，一大批拥有自主知识产权的新品种相继诞生，一批具有地方特色的优良品种加快形成主导品种和优势产业，国内外大量种养新品得到引进和推广，高效特色农业逐步形成。

水稻生产上，"太湖糯""苏香粳1号""武运粳7号""常优1号"等成为苏州优质高产水稻的主要品种，产量不断提高，米质不断改善，效益逐步增加，保持了苏州"鱼米之乡"的特色和优势。

水产生产上，逐步形成三大特色区域。长江水域，有刀鱼、鲥鱼、凤尾鱼、面鱼（大银鱼）、河豚、鲈鱼；太湖水域，有"太湖三白"，即白鱼、白虾、银鱼、太湖大闸蟹；阳澄湖水域，阳澄湖大闸蟹快速发展，逐步形成了闻名中外的"天下第一蟹"。另外，罗氏沼虾、南美白对虾、青虾等特种水产养殖全面发展。

园艺和蔬菜生产上，特色品牌园艺加快形成，逐步形成了沿江出口蔬菜产业带、沿山优质茶果产业带、沿湖花卉苗木产业带。碧螺春茶叶、常熟剑门绿茶、虞山绿茶等知名茶叶品牌逐步壮大，枇杷、杨梅、葡萄、凤凰水蜜桃、太湖蜜柑深受市场欢迎。"水八仙",即茭白、莲藕、水芹、芡实、慈姑、荸荠、莼菜、菱等传统水生蔬菜得到进一步开发。

畜禽产业上,苏太猪、湖羊等两大畜产品全面发展,品牌逐步形成,产业化步伐不断加快。"苏太猪",先后被农业部列为"九五"期间重大科技成果推广项目、2000年国家农业科技跨越计划项目及江苏省"科技兴农"重点推广项目、"十五"期间全省调整优化农业产业结构主导产业之一,在省内外迅速得到推广。太仓温氏家禽(鸡)逐步发展到年产3000万羽左右。以创元双喜乳业、苏州云兰奶业、张家港梁丰集团这三家企业为中心的奶牛业饲养量迅速扩大,奶产量快速提升,不断满足了苏州居民的日常牛奶需求。

3. 市场体系初步建立

在推进农业产业化过程中,苏州市围绕农产品加工、流通等产业化关键环节,花大力气,下苦功夫,着力培育农产品加工体系和市场体系。到21世纪初,全市拥有各类农副产品加工企业109家,其中规模较大、年利润百万元以上的重点骨干企业65家,吴江市的华鑫集团、常熟市的隆力奇集团等先后发展壮大,被列为省级龙头企业。在优势农产品集中产区,有重点地建设一批规模大、起点高、带动能力强的现代化的产地批发市场。到2001年,全市农产品专业批发市场达到100多个。同时,积极鼓励组建各类优势农产品行业协会,发挥其在产销衔接、技术服务和协调价格等方面的作用,一批专业合作社、协会和农民经纪人队伍逐步形成,有效促进了优势农产品产加销一体化经营,真正形成了"风险共担、利益均沾、优势互补"的经济利益共同体,切实起到了农户与市场的桥梁和纽带作用。

4. 外向型农业长足发展

从20世纪90年代中后期开始,全市各地充分认识到发展外向型农业的战略意义,自觉把发展外向型农业摆上突出位置,积极采取各类应对措施,大力加快外向型农业发展步伐,全市外向型农业发展取得了突破性进展。1997年,全市新批农业项目16个,合同外资5000多万美元,主要有特种养殖、花卉生产、农产品深加工等项目。"九五"期间,农产品出口创汇能力也进一步增强。吴江市横扇镇利用太湖小气候,几年前就开始引进日本黄瓜、萝卜、紫苏叶和蒿菜等4大品种的蔬菜,进行规模种植,然后集中加工,产品100%出口日本。经过几年的良性发展,加工能力不断增强,先后从日本引进了7条切片机真空包装生产线,年加工出口能力已达到1000多吨,当地农民都称紫苏叶等蔬菜为"摇钱菜"。至2000年底,全市共签订农业外资项目206个,合同利用外资11.74亿美元，实际利用外资 5.72 亿美元。据统计，2000 年全市出口的农产品及其加工制品达到 2.56 亿美元，占全市出口贸易总额的 3% 左右，出口贸易额比 1996 年翻了两番多。出口国家（地区）达到 50 多个，日本、美国、韩国、欧盟及我国台湾、香港地区等成为苏州农产品出口六大市场。外向型农业开始成为苏州农业发展的新的动力，为农业增效、农民增收做出了积极贡献。

5. 农业机械化不断加快

20 世纪 90 年代中期后，随着改革开放的逐步深入和市场经济体制的逐步完善，苏州加强了与国内外先进农机技术的交流和先进农机企业的合作，引进推广了一批代表世界先进技术水平的农机，到"九五"期末全市基本实现了三麦生产全程机械化。进入"十五"之后，《中华人民共和国农业机械化促进法》和中央一系列"支农、惠农"政策的实施和落实，加上农机社会化服务的不断健全，使得全市农机进入了快速发展的战略机遇期。

"九五"以来，苏州的联合收割机发展从三麦收割机转为水稻联合收割机，1997 年直接从日本引进洋马联合收割机 102 台。经过近 10 年发展，全市拥有以背负式联合收割机为主的联合收割机 6322 台，久保田、洋马等高性能联合收割机 900 多台，三麦机械化收获水平达 95% 以上。同时，全市组织引进外地联合收割机来苏州跨区收割水稻，全市水稻机械化收割面积达 85% 以上，同时将发展目标瞄准到了水稻种植机械化。

四、彰显农业的多功能阶段（21 世纪以来）

这一时期的特点是：劳动生产率高、土地产出效益好，资源保护利用趋向合理。主要是：依靠资本和技术高度密集，凸现农业的多种功能，突出农业的生态功能，重视发挥农业的文化和休闲旅游功能。

进入 21 世纪，苏州市委、市政府围绕到 2010 年率先实现高水平小康社会和率先基本实现现代化这两个宏伟目标，深入推进新一轮农业结构战略性调整，大力实施农业科技化、外向化、标准化、产业化、生态化和法制化战略，全市农业的生产布局结构、高效技术结构、经济功能结构得到了进一步优化，以生产功能为主的传统农业向融生产、生活、生态"三生"功能于一体的现代都市型农业转变的步伐明显加快。2005 年，全市农业初步形成了沿太湖和阳澄湖周边的水产养殖区、丘陵山区的花果苗木区、沿长江的创汇蔬菜种植区和阳澄淀泖地区优质水稻区"四大生产布局区域"，基本形成了优质水稻、特色园艺、优质畜禽和特种水产"四大主导产业"，外向农业、农产品质量建设、农村绿化、适用农机具发展、生态休闲观光农业开发等都取得了显著的成效。2006 年，苏州市委、市政府按照中央和省建设社会主义新农村的要求，制订下发了《苏州市社会主义新农村建设行动计划》，把现代农业建设作为新农村建设的主要内容，并在市第十次党代会上明确提出建设粮油、水产、林业、园艺"四个百万亩"的农业保护区，以政府文件的形式对未来苏州农业的发展实施严格保护。2007年，在"富民、强村、现代农业"总目标下，苏州市委、市政府下发了《关于进一步加快发展现代农业的意见》，全市结合实际，在坚持落实"四个百万亩"主导产业布局规划的基础上，先行启动实施了"百万亩现代农业规模化示范区"建设。示范建设总面积131.73万亩（水稻76.97万亩，蔬菜17.50万亩，果品、茶叶、蚕桑6.56万亩，花卉苗木7.20万亩，水产23.50万亩），其中，确定市级现代农业规模化示范区30个，面积17.02万亩（水稻10个面积7.4万亩，蔬菜4个面积2.45万亩，花卉苗木1个面积0.5万亩，果品、茶叶、蚕桑6个面积3.16万亩，水产5个面积3.51万亩，休闲观光农业2个，畜禽规模养殖2个），市（区）级和乡镇级示范区250个。涌现了张家港常阴沙万亩水稻机械化种植示范区、常熟董浜万亩蔬菜标准化示范区、常熟古里坞坵万亩优质水稻示范区、昆山巴城万亩葡萄示范区、吴江市万亩蚕桑示范区等一大批现代农业规模化典型。

到2007年，苏州市紧紧围绕省、市关于"三农"工作的决策部署，立足现代农业发展基础，正确把握面临的新形势、新机遇，在全市掀起了现代农业建设高潮。

1. 农业内部各产业协调发展

在"一免四补"政策驱动下，农民种粮积极性高涨，全市粮油生产实现了持续稳产高产。2006年，全市小麦播种面积86.6万亩，单产达到311公斤，创历史最高纪录。水稻播种面积161.5万亩，单产568.5公斤，常熟辛庄、支塘蒋巷、太仓浏河种植的"常优一号"水稻丰产方亩均产量均超过了700公斤，常熟市农科所高级农艺师端木银熙培育的"常优一号"水稻高产品种，取得了亩产808.4公斤的历史最高产量，创了国内杂交粳稻产量之最，端木银熙也因此赢得了"苏州袁隆平"的赞誉。全市实种油菜42万亩，单产151.3公斤，也创出历史最高水平。园艺生产稳步提高，全市蔬菜播种面积119万亩（常年菜地35万亩），设施蔬菜规模稳步扩大，面积达到18万亩，同比增加10个百分点。果品面积10.5万亩，花卉苗木面积16.5万亩，茶园面积3.2万亩，均比上年有所增长。养殖业稳中求进。水产养殖增效明显。全市水产养殖面积131.7万亩，其中河蟹、青虾、南美白对虾、罗氏沼虾、鳜鱼、甲鱼等特种水产品养殖面积

83.26万亩，占水产养殖面积的63.1%。畜禽生产也有的增长，畜牧规模化养殖比重提高4~5个百分点。蚕桑生产形势较好，总面积稳定在5.8万亩，其中高效蚕桑面积达2.5万亩，春蚕发种4.25万张。

2. 农产品质量建设稳步推进

2005年，苏州市制定出台了《苏州市食用农产品安全监督条例》。2006年4月29日，《中华人民共和国农产品质量安全法》正式颁布，11月1日起开始正式实施，这是我国农业生产史上的一次重大变革，标志着农产品生产开始纳入法制化建设的轨道。到2006年，全市实施标准化生产的无公害农产品基地面积已达到200万亩，占总生产面积的64%，"三品"（无公害农产品、绿色食品、有机食品）数量累计1273只，名列全省前茅。同时，全市紧紧围绕到2010年本地产农产品100%实现无公害以上标准的目标，重点开展了农田土壤、农用水、农区大气及农产品质量安全监测，建立基础数据库，为今后有针对性地大规模开展耕地质量修复、实现农业依法生产奠定了基础。

3. 休闲观光农业加速升位

全市按照农业内部一、二、三产业全面协调发展的工作要求，在提升农业种养业、壮大农产品加工业的同时，积极创新发展思路，着力开发现代农业服务业，以"绿色、休闲、参与、体验"为基本特征，集生产、生活、生态和农业产销、农产品加工、农业旅游服务等三次产业于一体的休闲观光农业得到了快速发展。到2006年，全市初具规模的生态休闲观光农业场所达116个，全年接待750万人次，实现直接经营收入9亿元，比上年净增2亿元，带动农村就业2万个岗位；以太湖、阳澄湖、长江特色水产品为主，带动起来的农家餐饮40多亿元，成为农业和农村经济发展的新亮点。年内成立了生态休闲观光农业协会，举办了全国地级市首届农家菜烹饪大奖赛，在全社会引起了极大反响，有效推进了农业服务业这个新兴产业的快速发展。

4. 生态农业地位不断提升

全市紧紧围绕生态市建设要求，大力推进以农村绿化为重点的生态农业建设。一是高品位推进农村绿化。按照"生态、景观、长效"的新定位，着力挖掘空间潜力，提高绿化率，到2006年，全市森林资源总量达到124万亩，比2000年增加了55万亩，年均增幅超过10%，陆地森林覆盖率达到16.9%，初步形成了贯通全市、城乡一体、生态与景观有机融合的森林生态系统。二是大力推进农业循环经济建设。遵循"减量化、再利用、资源化"三大原则，重点推广"森林养鸡""稻鸭共作""果桑养蚕养禽"、生物处理畜禽粪便、秸秆综合利用等五种生态高效种养模式和农村能源综合利用技术，有效促进了环境保护和资源的节约利用。三是切实加强农业面源污染控制。坚持将传统农业技术精华与现代农业科技相结合，大力普及农业节水技术，合理使用化肥、农药、饲料、薄膜等农业投入品，有效控制了农业面源污染，保障了农产品食用安全。

5. 农业外向带动能力得以提高

全市上下以实施省政府《农产品出口行动计划》为动力，大力开展农业招商引资，扶持培育出口成长型企业，加快出口创汇基地建设，积极开展农产品境内外促销，大力拓展农产品出口市场，全市外向型农业继续稳步发展。截至2006年底，全市累计引进外资项目770多个，注册外资累计超过36亿美元，各项指标始终在全省保持领先水平。农业园区建设逐步成为外向型农业的重要载体。全市各地积极借鉴工业开发区建设的成功经验，加大财政资金投入，加强基础设施建设，不断加快农业园区发展步伐。依托园区，积极构建外向型农业发展平台。2003年，市政府制定出台了《关于加快现代农业示范园区建设和发展的意见》，各市、区按照建设一个具有一定规模的现代农业园区的总体目标，全面启动新一轮园区建设，不断拓展功能，其平台辐射作用日益明显。逐步涌现出昆山张大千农业园区、吴中区西山现代农业示范园区等一批全国知名的农业园，这些农业园不仅成为苏州市高效农业的示范基地，也成为全市"三资"农业的主战场和农业对外开放的重要窗口。

6. 农业经营机制不断完善

第一，推进产业化。以国家级农业龙头企业的培育为重点，着力构建三级农业龙头企业格局，全面提升农业产业化带动能力。第二，推进规模化。充分发挥各级各类农业专业合作经济组织、农业协会的桥梁纽带作用，积极参与农村"三大合作"改革，农民抱团上市和带动农民增收的能力进一步增强。第三，推进科技化。继续推广应用了一大批先进适用技术和高效种养模式，涌现出了一大批经济效益好、带动能力强的种养基地和各类高效农业典型。第四，推进机械化。农业生产机械化水平不断提高，麦子100%实现机收割，水稻收割机械化率达到85%，播种机械化率达到31%。吴江市横扇镇通过组建农机合作社，实行专业化、市场化运作，2006年基本实现水稻生产全程机械化，成为农机化发展的一个新亮点。第五，推进信息化。积极实施农业信息服务工程，着力构建"四电一站"信息网络服务体系，有效满足现代农民快捷获取各类农业信息的需求，带动农民增收致富。

7. 农业管理能力得到加强

一是通过探索建立综合性农业研发体系、公益性农技推广体系、现代农业教育体系，有效提高全市农业的科技创新、推广普及和人才培养能力。二是通过抓好畜牧兽医体制改革，在全省第一个成立畜牧兽医局，进一步理清职能，强化职责，全市重大动物疫病的防控能力明显增强。三是通过建立健全农业保险、重大自然灾害应急预案等体系，全市抗御农业自然灾害、防控加拿大一枝黄花等外来有害生物入侵、防治重大动植物病虫害等方面能力有了进一步增强。四是通过加强执法队伍建设，积极探索农业综合执法，深入开展系列专项整治，农业依法行政和管理服务水平不断提升。

第七章　大变革背景下的六大关系处理

纵观苏州现代农业的发展历程，可以看出，苏州农业现代化的推进是多种因素相互推动、综合作用的结果，其中有要求发达国家农业现代化过程所揭示的一般规律所支配的共性，也有中国特色社会主义农业现代化道路所特有的规律或特点，同时还有受苏州这个地方的地域特点、文化特色和苏州人特有的思维、理念等个性化方式的影响。

思维决定思路，思路决定出路。苏州的成功，是改革开放以来党和国家高度重视"三农"工作的结果，也反映了在不断变化的政治、经济、社会格局的背景下苏州人独特的思维方式。在现代农业发展的过程中，需要协调处理相关各个方面的关系，把握和处理得好不好，不仅直接影响到农业现代化的进程和质量，也影响到整个经济社会的协调发展。苏州在推进农业现代化进程中对六大关系的处理，做到了"四个坚持"：坚持实事求是，一切从苏州的实际出发，不走极端，不搞绝对化；坚持"统分结合"的平衡之道，鼓励舒张个性、专业分工，同时又加强并提升协同合作、整体融合；坚持发挥政府的主导作用，不断地为市场和社会搭平台、建环境、给政策、定规则；坚持尊重基层和群众的创造性实践，善于学习和借鉴外地、外国的成功经验。

一、政府与市场的关系

市场在现代农业发展过程中始终处于极其重要的地位，因为农业是自然再生产与经济再生产相互交织的产业，农业的发展受到市场和自然的双重影响，农产品又是关系到人民生活、社会稳定、国家安全的特殊商品，因此农业既是基础产业、不可替代的产业，同时又是弱质产业。市场是效率的主体，在依靠科技、提升农产品质量、提高市场竞争力等方面,市场起着决定性作用。而政府在建设营造环境、提供公共产品、搭建公共平台、维护公共秩序、制定公共政策等方面能够发挥更好的作用。苏州在推进农业现代化的进程中,非常重视处理好政府与市场的关系,遵循自然规律、市场经济规律和社会发展规律,放大苏州的优势,立足市场在资源配置中的基础性、决定性作用,更好地发挥政府的作用。

1. 发挥市场的基础性、决定性作用

苏南历来是经济富庶地区,早自南宋开始,苏南以及杭嘉湖地区已成为我国的经济中心地带。到了明、清两朝,我国最早的资本主义生产和经营方式在这里萌芽、发展。清末和民国初始,纺织、轻工、食品工业的开发以及商贸、金融业等现代工商业也在苏南以及上海率先诞生和发展。苏南人较早地接受了现代科学技术和商务教育,培养了一大批经营管理和技术人才,从而有效地推动了苏南地区现代工商业的发展。苏南地区这种"市场取向"的历史文化传统和商品经济意识,直接导致了20世纪80年代乡镇工业的异军崛起、90年代开发区和开放型经济的蓬勃发展。发挥市场在苏州农业中的作用,始于1984年全国粮食出现低水平过剩后。1985年中央1号文件制定了10项经济政策,主要内容是重点加快改革农产品统派购制度,取消粮食、棉花统购,并逐步开放水产品、水果、茶叶等农产品的价格;文件中提出了"决不放松粮食生产,积极发展多种经营"。苏州以此为契机,结合耕作制度改革,拉开了史无前例的农业结构调整序幕,以市场为导向,把种什么、养什么、种多少、养多少等问题全部交给农民,由农民根据市场来决定,各级政府和部门主要是加强引导,为农民提供信息、技术、品种、物资等方面的服务,以满足农业结构调整的需要。到1997年,全市多种经营总收入达到180亿元,比1978年的5.31亿元增长了33倍;农民人均纯收入来自多种经营的部分从76元增加到2200元,增长了28倍,占农民年纯收入的45%以上;全市肉类、牛奶、水产品产量分别比1978年增长48.6%、6倍和2.7倍;蔬菜、林果桑、花卉苗木的面积也有较快的增长。1997年以后,苏州市委、市政府把农业产业结构战略性调整作为农村经济的重要举措来抓,瞄准市场需求,依托资源和技术优势,积极发展高效种养项目,提高农业整体产出效益。经过几轮调整,形成了"空间布局稳定、区域优势明显、品种结构优化、产出效益较高"的农业新格局,建立起了一产特色明显(优质水稻、特色水产、高效园艺、生态畜禽)、二产能力提升(培育了一批农产品加工企业,191家农业龙头企业实现销售1310亿元)、三产发展迅猛(创新了一批现代营销、农旅融合和农业服务新模式)的一、二、三产业融合发展的农业产业体系。

2. 更好地发挥政府的作用

根据苏州精耕细作、精益求精的传统农业特色和工业化水平高、经济实力强的优势，充分认识农业的特点，学习借鉴国内外的成功经验和做法。

（1）搭平台

苏州市政府从2002年开始连续举办了16届优质农产品交易会，相关部门和企业通过这个平台，创新并建立优质农产品营销模式，加强生产供给与市场需求的有效对接，宣传展示现代农业建设的成效，推介农产品品牌，引导市民健康消费，让城乡居民共同分享现代农业发展的成果。农交会已成为苏州的一个品牌，深受城市居民和农民的欢迎。为了破解农民、农业企业融资难的问题，2007年6月，苏州市委市政府决定由财政出资2亿元人民币，成立苏州市农业担保有限公司，构建"三农"金融服务平台。公司秉持"惠农利民、保障农业、服务中小微企业"的经营宗旨，不断探索和创新农村金融服务新模式，积极有效地引导金融资本、社会资本不断加大对"三农"与中小微企业的服务和支持。到2017年5月，已累计为3000余户企业和个人提供融资担保596亿元。为了加快推进信息技术与农业一、二、三产业的深度融合，提升农业信息化水平，从2014年开始，苏州市级财政每年安排1000万元专项资金，重点打造一个平台（苏州现代农业信息服务平台）、建设两个中心（市级中控中心和现代农业数据资源中心）、开发七大系统（农业地理信息系统、农产品质量监管系统、农产品产销对接系统、现代农业执法管理系统、农业物联网应用示范系统、信息服务综合管理系统、农业辅助决策支持系统），启动实施了"农业信息化三年行动计划"，全市农业智能化生产、现代化管理、科学化决策水平得到了显著提升。

（2）给政策

发达国家在实现工业化和现代化的过程中表现出的一个共同特点是，当工业化进程发展到一定阶段时，工业和其他产业便开始反哺农业，支持和促进农业的发展，进而消除二元经济结构，实现各产业之间的融合。苏州市政府对农业始终保持强有力的推动作用，从"以工补农""以工建农"到"工业反哺农业""城市带动农村"，出台了一系列支农、惠农、强农政策。20世纪80年代建立完善了农业发展基金和农业合作发展基金制度，90年代又对粮、棉、油生产和农业科技实施了贷款优惠政策，2000年以后对家禽业发展、农产品质量建设、农机化推进、农业科技研发、农业合作经济组织、农业信息化建设等方面实施了积极扶持，2006年和2007年分别对农业保险和农业担保进行了政策性扶持。

2010年后开展对农业生态的保护与补偿。进入新世纪后，特别是党的十八大后，苏州各级政府财政对农业的投入更是力度空前，市、县（市）两级在建设农业园区、高标准农田（鱼池）、"菜篮子工程"、畜牧业转型升级、农业信息化、农产品质量安全、农业生态等方面设立了专项资金，在党的十八大以后的五年里全市财政支农每年投入分别达到70亿元、83亿元、93亿元、101亿元、100亿元，为全市农业现代化发展提供了有力的资金保障。

（3）定规则

苏州各级政府出台了针对打造"苏"字号农业品牌的一系列扶持激励政策。至2015年6月底，全市已有涉农商标6000件，其中：中国驰名商标9件，省著名商标64件，苏州市知名商标92件，地理标志商标2件，农产品集体或者证明商标6件，形成了具有地方特色的苏州特色农字号品牌群。到2017年，全市"三品"企业数超过500家，"三品"个数超过1600家。苏州市为了加快推进农业园区建设和农业机械化，分别制定了具体的工作规则和激励奖励措施，有力地促进了农业园区的建设和农业机械化水平的提高，并始终保持在全省的领先水平。

（4）营造环境

20世纪80年代中后期，相关部门制定出台了稳定农业生产的八条措施。1994年7月7日，苏州市第十一届人民代表大会常务委员会第九次会议制定了《苏州市农业社会化服务条例》，该条例经江苏省第八届人民代表大会常务委员会第十次会议批准，于1994年10月25日正式施行。这是江苏省内第一部也是全国较早出台的有关农业社会化服务的地方性法规，在省内外产生了重大影响。进入21世纪，相关部门制定下发了一系列保护农业生态、发展现代农业的政策和意见。2010年，苏州市人民政府颁布《苏州市阳澄湖大闸蟹地理标志产品保护办法》（苏州市人民政府令第111号）。2011年10月27日，苏州市第十四届人民代表大会常务委员会第二十八次会议制定了《苏州市湿地保护条例》，该条例经江苏省第十一届人民代表大会常务委员会第二十五次会议批准，于2012年2月2日正式实施。2013年，苏州市第十五届人民代表大会二次会议全体代表全票通过了《关于有效保护"四个百万亩"，进一步提升苏州生态文明建设水平的决定》。2014年4月28日，苏州市第十五届人民代表大会常务委员会第十三次会议制定了《苏州市生态补偿条例》，该条例经江苏省第十二届人民代表大会常务委员会第十次会议批准，于2014年10月1日正式实施。

二、分工与协同的关系

苏州能够坚持"统分结合"的平衡之道，鼓励舒张个性、专业分工，同时又加强并提升协同合作、整体融合。"统"与"分"不仅影响生产关系，也影响生产力。苏州的"统"与"分"，不是简单的加加减减、分分合合，也不是一成不变的"统"与"分"，而是根据不同发展阶段、不同社会条件，一切从有利于现代农业发展需要出发，落实不同的统分主体、统分内容、统分形式。

十一届三中全会拉开了中国农村改革的序幕，到1982年底，苏州全地区基本实行了家庭联产承包责任制，当时在机耕、灌溉、植保、良种等方面，农民一家一户无力解决，迫切需要集体提供统一服务。在这种情况下，1983年苏州在全市范围推广"五有六统一"服务管理模式，进一步保护和发挥了家庭联产承包责任制的积极性和优越性，有力地促进了农业增产丰收。

20世纪80年代中期以后，由于粮食出现低水平过剩，国家逐步取消了对粮食、棉花、油菜等主要农作物的统派购制度，一方面农民开始进行种植业结构的调整，大力发展水产畜禽养殖、蔬菜、苗木等经济作物；另一方面农民遭遇了"买难卖难"问题，这个时候农民迫切需要新技术、新品种、新肥药、新农机和解决农产品的卖难问题。苏州又在全市推广了太仓县浮桥乡组建农业服务公司和多种经营服务公司的经验，由农业服务公司和多种经营服务公司分别负责粮食作物、经济作物和畜牧、水产、蚕桑、林茶花果的产前、产中、产后服务。

进入新世纪后，农民适应市场的能力有了很大的提高，专业户（农产品营销、农机）、种养大户开始发展，在这个阶段，农民需要更多的技术和信息服务，农民对新品种的选择、农产品质量安全等问题凸显了出来。在这种情况下，苏州从2004年开始连续14年实施水稻良种补贴政策，每年从市、县（市）两级财政拨出专项资金1600多万元，用于优质、高效水稻新品种的推广，同时还稳定了水稻种植面积，苏州市良种购种补贴的经验和做法分别在江苏省农业会议和全国种子工作会议做了介绍。2010年10月张家港市率先实施农药"零差价"集中统一配送政策，随后常熟、太仓相继实施，2013年全市各县（市）区实现了农药、"零差价"、集中配送政策的地区全覆盖。实行"零差价"农药集中统一配送，对从源头上杜绝高毒高残留和假冒伪劣农药产品流入农资市场、保证农产品质量、保障农业生态安全发挥了积极作用。苏州的做法被写入《江苏省土壤污染防治工作方案》（简称"土十条"）的第三条第十款在全省推广；2018年又被收入《江苏省农业农村发展和改革创新典型案例》。为了巩固提高机械化插秧水平、解决农户育秧技术掌握难度大、水资源利用率低、育秧成本高等问题，近年来推广应用商品化集中育秧，目前，苏州全市建有育秧秧池1200亩，可满足供应全市12万亩机插秧大田的秧苗需求。

三、供给与需求的关系

农业的供给与需求是不断变化的，同时也遵循着一般规律：在温饱问题没有解决之前，农业供给的主要任务是发展粮食生产、追求高产、增加农产品的产量，主要解决温饱的需要；在温饱问题解决之后奔向小康阶段，农业供给的主要任务是调整农业结构、提高经济效益、增加农民收入，主要解决农业效益和农民增收的需要；实现小康以后，农业供给的主要任务是满足人民群众对美好生活的需要，供给安全优质的农产品，营造优美洁净的生态环境，提供优雅舒适的休闲观光场所，追求蓝天碧水、空气清新。

在处理供给与需求的关系上，苏州的农业生产坚持以需求为导向，调整供给结构，提高供给质量，强化供给的有效性。在以粮为纲、解决温饱时期，不仅涌现了"吴县龙桥的双季稻高产经验""沙洲县塘桥小麦高产经验""太仓县新华油菜高产经验""常熟碧溪棉花高产经验"等一大批在全国全省有影响力的高产典型，而且粮棉油总产达到了历史最高水平。苏州以人均不足8分的耕地，在实现自给平衡的同时，每年向国家交售商品粮20多亿斤，成为全国重点商品粮基地，为解决人民群众的温饱问题、克服供应短缺做出了贡献。1985年后，市场对农产品的需求出现了多样化趋势，苏州开始调减粮食播种面积，扩大经济作物比重，发展水产、畜牧、蚕桑、蔬菜等，到1995年，全市基本形成了粮食、棉花、油菜、水产、畜禽、蚕桑、蔬菜、经济林果、花卉苗木等9大主要产业。

1997年后，市场对特色农产品的需求呈上升趋势。苏州市十分重视对本地珍稀资源的保护、开发和利用。2002年，全市初步建成了农林业优良品种资源库，收集整理地方优良品种资源5大类126个品种，涵盖水产、畜牧、林木花卉、粮棉油、瓜果蔬菜等，并有计划地进行保护开发，逐步形成了沿湖沿江特色水产、沿江特色蔬菜和"两吴"水生蔬菜、沿太湖特色林果茶和苗木等产业基地。

随着人民群众对质量安全的农产品需求的迅速上升，无公害农产品、绿色食品和有机食品越来越受到人们的青睐。苏州就大力推广生态种养模式，发展循环高效农业，如采取防虫网种植、生物天敌、灯光诱杀害虫等农业防治措施，林地或果园养鸡、种草养畜（禽）、种桑养蚕等，大量生态安全优质农产品流向市场。2005年，全市拥有100余个各级农业生态示范区，建成无公害生产基地431个，"三品"（无公害农产品、绿色食品、有机食品）数量1020个，2010年达到1259个，2015年则达到1800个，全市种植业"三品"产量占比达到35%，渔业"三品"面积占比达到80%。相关部门开发应用农产品质量安全管控平台和产销对接平台，实现"信息可查询、质量可追溯、去向可追踪"，有效提升了农产品监管水平。2012年后，为了满足人民群众对美好生活向往的需要，苏州市提出了有效保护"四个百万亩"（百万亩优质水稻、百万亩特种水产、百万亩高效园艺、百万亩生态林地）农业空间，满足人们的新需求，不仅要提供充足、优质、安全、多样化的农产品，还要有清洁的空气、恬静的田园风光等生态产品，以及农耕文化、乡愁等精神产品的要求。

四、产业融合发展的关系

农村一、二、三产业融合发展，就是打破传统的一、二、三产业分工分家的格局，形成一、二、三产业你中有我、我中有你的经营局面。农业生产主体、农产品加工主体、农产品流通主体以及休闲旅游等新兴农业服务业主体，都是"命运共同体"。这是一种农业产业链、价值链条延伸，进而分享农业增值增效的经营方式。苏州从突破传统空间制约、实现农业可持续发展、改善生产生活环境、提高人民生活质量、加快传统农业向现代农业转变、推进美丽镇村建设的高度出发，提出了以农业结构战略性调整为抓手，走农业内部一、二、三产业互动并进、融合发展的路子。

1. *第一产业*

通过保护和稳定优质水稻等传统优势强的产业，提高发展特种水产、特色畜禽、特色蔬菜和特色果茶等特色明显的产业，加快发展城乡绿化苗木等生态功能强的产业，优先发展种子、种苗、种畜禽等附加值高的产业，积极推进农业的规模化生产、产业化经营、标准化管理、外向化发展和信息化服务，全市种养业的经济效益得到快速提升。

2. *第二产业*

坚持以食用农产品精深加工和品牌建设为突破点，以培育加工型农业龙头企业为抓手，积极实施农产品质量建设，大力加强农产品深度研发，加快形成了苏州苏太企业有限公司、苏州市迎湖农业科技发展有限公司、苏州太湖雪丝绸股份有限公司等一批适应市场需求、能够明显带动产业升级和农民致富、上规模上水平的农产品加工企业。

3. 第三产业

坚持以现代物流模式和现代交易方式的培育以及休闲观光旅游农业的开发为重点。

（1）以加工业带动"接二连三"

强化企业与产业产前、产中、产后的衔接，实行从品种选育到产品销售的全过程开发，形成优势区域、优势基地、优势企业、优势品牌，增强竞争力和市场占有率。大力发展农产品分级、保鲜、储藏、冷链等产地初加工，引导企业实施农产品精深加工，培育了一批农产品加工业、物流、配送、电商等融合发展的新业态、新模式，全市已拥有各类规模型（年销售额超过2000万元）农产品加工龙头企业900多家，预计实现销售收入500多亿元，创造净利润20亿元。常熟支塘农产品加工集中区已入驻企业20多个，预计全年销售额达60亿元，带动农户近13万户，分别增长3.2%、1.7%。

（2）以互联网带动"加二连三"

推动移动互联网、大数据、云计算、物联网等新一代信息技术在农业生产、经营、管理、服务各个环节的推广应用。全市共认定40家示范基地，其中农业物联网技术应用型21家、农产品电子商务型19家。大力发展农产品电子商务，结合"一村一品""一镇一业"推进农村电子商务发展，"淘豆"、食行生鲜、家易乐、天天鲜等一批农产品电子商务营销品牌作用发挥日趋显著，2016年全市农产品电商总额达到26亿元。

（3）以旅游业带动"隔二连三"

挖掘苏州农业文化，拓展现代农业功能，坚持政府推动、农旅融合、村镇互动、农民参与的形式，休闲观光农业呈现出良好的发展态势。坚持建管并举、重点培育、品牌塑造、农旅融合的目标，组织各县市（区）进行休闲观光农业示范点创建工作。目前全市共有农旅融合典型35家，张家港市永联村和常熟市蒋巷村等6家中国最具魅力休闲乡村、吴中区横泾街道上林村等10家江苏最具魅力休闲乡村、苏州太湖三山岛湿地公园等11家省级以上湿地公园以及大阳山国家森林公园等8家省级以上森林公园，共接待游客1867.75万人次，旅游收入33亿元。

五、城镇化与农业现代化的关系

城镇化是人类社会进步的标志，是实现现代化的必由之路。党的十八大提出了"四化同步"，在"四化同步"中，工业化为"四化同步"发展提供动力，信息化为"四化同步"发展注入活力，城镇化为"四化同步"发展搭建平台并拓展空间，农业现代化为"四化同步"提供强有力支撑。在"四化同步"中，城镇化与农业现代化既是相互促进、相得益彰的关系，又有相互制约、相互矛盾的一面，最重要的问题和矛盾是空间关系的处理。因此，城镇化与农业现代化的关系能否协调好，不仅影响到城乡的空间形态、环境生态、产业业态等多个方面，还直接影响到"四化"能否同步推进乃至整个现代化能否顺利实现。苏州在这方面进行了积极的探索，也取得了实实在在的成果。

1. 推进"三集中"，集约节约利用资源

在城镇化的提速发展阶段，大量农田被占用，农业环境压力不断加大，农村人口向城镇转移速度加快。2003年，苏州市明确提出，要按照城乡统筹的要求，构建起以苏州中心城市为核心、5个县级市城区为枢纽、10多个中心镇为基础的现代化区域城市框架，各地农村也积极推进"三集中"，即"企业向工业规划区集中，农户向居住小区集中，耕地向种田大户集中"的进程，形成了以城带乡、城乡互动的城乡关系新格局。

2. "四规融合"，实现城乡建设合理布局

随着城市化的加速推进，苏州市开始尝试在国民经济和社会发展规划指导下，以产业发展规划为抓手、以城乡建设规划为核心、以土地利用规划为保障、以生态建设规划为基础的"四规融合"的创新探索，逐步形成了"强化顶层设计，构建协调机制，鼓励基层创新，注重指标衔接，强化空间落实，突出产业支撑"的"四规融合"城乡规划体系，实现多层次、多角度、全方位的沟通协调，建立起各类规划之间全面、系统、有效的衔接协调机制，以取得最终总体利益的平衡，形成推动经济社会发展的规划合力。

3. "四个百万亩"落地上图，确保农业发展空间

2012年，针对苏州工业化、城镇化快速发展的新形势带来的发展空间、资源环境新挑战，苏州市委、市政府审时度势，立足苏州资源禀赋和产业特色，于2013年将"四个百万亩"（百万亩优质水稻、百万亩特色水产、百万亩高效园艺、百万亩生态林地）落地上图，与其他规划实行全面衔接，确保给子孙后代留下的发展空间得到保护，为城乡人民提供优美的生态环境，为米袋子、菜篮子提供有力保障，永久展现江南"鱼米之乡"自然风貌。

4. 划定生态空间，实现可持续发展

生态红线是维护国家和区域生态安全及经济社会可持续发展的重要保障。2013年，苏州市制定了《苏州市生态红线区域保护规划》，确立了生态红线制度，实施主体功能区战略，构建城镇化、农业、生态三大空间格局，确定优化

开发、限制开发、禁止开发三类功能区，全市 8488 平方公里的国土面积中，3205.52 平方公里被划定为生态红线区域，涉及 11 个大类、103 块区域。受保护地区面积在全市国土面积中的占比达到了 37.77%，在全省 13 个地级市中占比最高，也远远高于全省平均 22.23% 的占比率，形成了既满足生产、生活和生态空间的基本需求，又符合苏州实际的生态红线区域空间分布格局。

5. 开展"三优三保"，优化国土空间分布

苏州市从 2013 年开始提出了"三优三保"行动，即"以优化建设用地空间布局保障发展，以优化农业用地结构布局保护耕地，以优化镇村居住用地布局保护权益"，最终实现促进土地空间优化配置，促进土地资源集约利用，促进生态环境显著提升，使苏州经济社会继续保持可持续协调发展的目标。

六、小农与大农的关系

在推进农业现代化的过程中，经常会发生消灭小农、追求大农的现象。毫无疑问，大农业是农业现代化的一个重要标志，但从国内外农业的发展来看，农业现代化并不一定是片面地排斥小农、追求规模越大越好，如日本、韩国以及我国台湾地区的农业也都是以家庭经营为基础，经营规模都不大。所以，有一定比例小农的存在有其必要性和合理性。

中国素有小农传统，在我国历史进程中，无论是提供赖以生存的农产品，支撑国民经济发展，还是构筑社会基本单元，影响国家发展方向和道路抉择，小农群体、小农经济在维护国家粮食安全，包括维护自身食物保障以及向非农产业提供劳动力、维系农村社区功能、传承农耕文明等方面都发挥着不可替代的基础性作用。今天我们说的小农户，即指实施家庭联产承包责任制所产生的众多承包农户，其主体既有自给型小农户，也包括商品型小农户。实现小农户与现代农业有机衔接，是农业现代化不可或缺的一个重要方面。一是生产力水平决定社会化组织程度、公共服务体系。二是顺应过渡人群的生存需要，农村老龄化比城市高，小农生产仍然是农村老人生活的重要一环。三是大宗农产品适应大规模生产，特色农产品、专用农产品根据资源，就适合小农生产。小规模的兼业农户长期存在，且仍将是我国农业生产经营的一种组织形式。小农生产在传承农耕文明、解决就业增收、促进社会和谐有序等方面有着不可替代的作用。

在小农与大农的关系处理上：

1. 小农户强服务

不同的生产经营规模对社会化专业化服务的要求是不同的。生产经营规模达到一定程度后有许多方面可以自成体系、自我服务；生产经营规模小的农户对社会化、专业化服务的要求相对要高一点，尤其是后两者，它们可以重点帮助解决小农户靠自身力量办不了或办起来不经济的问题。在联产承包初期，苏州及时总结推广了吴县黄桥张庄村"五有六统一"的村级农业服务做法和经验，解决了家庭联产承包后小农户对生产技术、良种选用、病虫草防治、农田管水等方面的变革一时还不适应、农户间不平衡的问题，使联产承包的优越性得到充分发挥，实现了农业产量的大幅跃升。在推进农业机械化过程中，相关部门选择适合的机型，为小农户提供了从水稻和小麦的机械化种植、病虫草防治、开沟灌水、收割脱粒到机械化烘干的全程机械化服务。在提高农产品质量安全水平过程中，针对小农户在生产过程中农药使用不规范，导致农产品农药残留超标的问题，相关部门除了加强对小农户的培训、管理、技术指导服务外，及时总结推广了张家港实行政府对农药统一采购、统一供应、零差价销售的做法，从源头上堵住了乱用高毒高残留农药的行为，有效提高了小农户农产品的质量安全水平。在产前、产中、产后的服务中，相关部门还提供及时便捷的信息服务。与种植大户相比，小农户在产前和产后环节的满足率相对要低。而造成这一结果的主要原因在于，小农户受到教育水平有限、认知能力不足等客观条件的制约，获得信息、金融等类的服务渠道受限。常熟现代农业蔬菜产业园区位于常熟市董浜镇，3万亩蔬菜由几千个农户在种植经营，产业园为了便于蔬菜种植户的技术服务，整合了原有的多个智慧农业信息系统、应用地理信息系统和现代物联网技术，开发了国内领先的智慧农业综合管理平台，实现了"一张图"式的信息共享和互联操作。通过数据采集，利用GIS趋势分析模型，分析区域内各地块土壤肥力情况，结合各类农作物生长特性，提供合理科学的农作物施肥指导方案，实现精准施肥。以蔬菜田块周年种植番茄、大白菜为例，测土配方及平衡施肥系统可节约劳动用工35%，单位面积产出率提高15%，生产效益提升15%，减少投入品使用12%。

2. 小农户大联合

在市场经济条件下，单靠小农户的单打独斗力量是有限的，而且也很难在市场竞争中生存发展。因此，苏州市积极鼓励和引导小农户开展多种形式的合作。比如组建农民专业合作社：到2016年底，苏州各类合作经济组织农民成员突破140万人次，而且合作社的规模也在增大，很多合作社组建成了规模更大的合作联社。如2008年组建了苏州洞庭东山碧螺春茶叶专业合作联社，该合作联社由17家碧螺春茶叶专业合作社成员组成，总入股农户3676户，经营茶园面积

5000余亩。再如"公司+农户"模式：如太仓温氏家禽公司。"公司+农户"的温氏模式最大限度地利用了合作双方的既有资源，公司的优势资源主要在于技术、管理、资金、市场和长期打造的品牌效应，而农民养殖户则拥有土地和劳动力。在"公司+农户"的产业化经营模式下，农民最大限度地发挥了一家一户的生产积极性，解决了一家一户难以做到或做好的疫病防控、产品销售等薄弱环节，规避了农民自主养殖的自然风险和市场风险，真正实现了增产增收。

3. 小农户大特色

蔬菜、茶叶等园艺作物生产不同于粮食生产，是典型的劳动密集型产业，适合于以农户为单位的小规模生产，而且能够保持产品的特色。吴中区甪直澄湖产业园的水生蔬菜是吴中大地的特色传统农产品，具有悠久的栽培历史，主要品种有慈姑、荸荠、藕、茭白、水芹、芡实、菱角和莼菜，被赞誉为"水八仙"。对于水乡人家来讲，"水八仙"不仅仅是美食，更是乡愁。这个区域近万亩水生蔬菜主要是以一家一户为基本单位种植，江湾村采用合作社+基地+农户的形式，探索出了一条适合江湾实际的产、供、销一体的经营模式。2017年，亩均产值从8000元跃升至10500元，比上年增长31%；农民人均纯收入35302元，增长了26%，农户显著增收。江湾村被评为"苏州市菜篮子工程直供基地""中国优秀蔬菜生产商"，其注册的"水八仙"商标被评为"江苏省著名商标"和"苏州市十大农产品商标"。常熟市董浜镇是苏州地区最大的蔬菜种植基地，3万多亩蔬菜由3000个农户种植。为了适应小农户生产经营，董浜镇加强了基础设施建设，加强社会化服务管理，加强农业"新技术、新肥药、新品种"的示范推广，加强区域农产品品牌的打造，加强农业创业创新平台的搭建，促进资源的整合和共享，让广大农民取得实实在在的好处。阳澄湖大闸蟹和洞庭碧螺春茶叶都是地理标志农产品，是苏州市叫得响的两个农产品品牌，在全国也有较大的影响力。但两个大品牌，不是靠规模，而是靠特色，由1万多个种植茶农和2200多个渔民分别从事着保持碧螺春茶特色和阳澄湖大闸蟹品质的生产，成功打造了这两个特色品牌。

第二篇

苏州农业现代化的重要节点突破

农业现代化是个过程，是解决一个一个实际问题的过程，是突破一个一个节点的过程。从苏州农业现代化的探索实践可以看出，一个地区在实现农业现代化的进程中，推进速度的快与慢、实现质量的高与低，不仅要受到农业现代化一般规律的支配，而且与主观上能否因势利导充分利用和发挥自身的优势和特点，重视发现和研究出现的新问题、新矛盾，并及时在一些关键节点上求得先行突破有很大关联。

改革开放以来，党中央、国务院制定了一系列强农惠农的大政方针，特别是从2004年开始，连续发了15个关于"三农"工作的中央1号文件，在不同阶段从宏观层面上指明了做好"三农"工作、走中国特色社会主义农业现代化道路的方向。苏州的现代农业始终伴随着经济社会的发展，在先后经历的"农转工""内转外""量转质"过程中，工业化、城镇化、经济国际化为农业现代化的推进提供了内生动力。悠久厚重的历史文化，不仅影响着苏州人的思维和理念，也给发展中的苏州农业现代化烙上了深深的苏州印记。纵观苏州农业的发展历程不难看出，苏州农业在不同的历史阶段总能抓住机遇、突破瓶颈、不断超越，充分体现了苏州人对"三农"问题的深刻理解和把握，体现了率先推进农业现代化的责任担当，也从不同侧面反映了既脚踏实地又敢为人先的精神风貌，展示了苏州人在干事创业上的独特理念和思维方式。

现代农业，既是国民经济的基础，又涉及社会生活的方方面面。苏州农业现代化的进程是与当时当地的经济社会发展进程紧密相连的，相对而言，苏州出现问题的时间比我国大部分地区要早，碰到的问题也来得多，有些问题解决的难度也要大一些。这就给苏州人带来了迎接新挑战、抢抓新机遇的先机，也为探索和丰富农业现代化的实践提供了宝贵的时间和空间。

在现代农业发展的过程中，面对一个个新问题、新挑战，苏州的干部群众坚持与时俱进、改革创新、问题导向、上下联动、精准发力、重点突破，以提质增效、农民增收为目标，不断培育新动能、打造新业态、扶持新主体、拓宽新渠道，不仅在重要节点上取得了突破性进展，抓枢纽带全面，加快了传统农业向现代农业的转型升级，培育了先进典型，提供了新鲜经验。

第八章　土地流转和规模经营

推进土地流转和适度规模经营,是发展现代农业、实现农业现代化的必由之路。邓小平同志早在1990年3月就指出:"中国社会主义农业的改革和发展,从长远的观点看,要有两个飞跃。第一个飞跃是废除人民公社,实行家庭联产承包为主的责任制。这是一个很大的前进,要长期坚持不变。第二个飞跃,是适应科学种田和生产社会化的需要,发展适度规模经营,发展集体经济。这又是一个很大的前进,当然这是长期的过程。"应该说,苏州农业的第一个飞跃在20世纪80年代就已基本完成。由于苏州属人多地少地区,又是工业化程度较高的地区,加上价值规律的作用,农业的规模经营,即第二个飞跃,实际上是伴随着分田到户的施行就同时开始了。在最近30多年里,苏州对发展农业规模经营的探索一直没有停止过,经历了一个从不自觉到自觉、从农民自发行动到各级政府积极推动、从无序流转到依法依规的过程,这个实践的过程充分说明,土地流转和适度规模经营,与现代农业发展相辅相成、相得益彰,在推进苏州农业现代化进程中是一个重大的突破。

一、第一次土地流转催生了规模经营

苏州市的第一次土地流转开始于20世纪80年代,以农民自发进行流转为主。那段时期是苏州乡镇工业大发展时期,进入乡镇企业务工成为众多农村劳动力的必然选择,经营承包土地成了他们的一种兼业、副业。在这一情势下,加上当时种田还要缴农业税,有部分务工农民就自发地把承包的土地流转给亲戚、邻居及愿意多种地的农民,农业的规模生产开始出现。1983年,昆山市陆杨乡40个种粮大户率先创办家庭农场,开了土地规模经营的先河。1986年,全市20

亩以上的种粮大户、家庭农场有 265 个,集中耕地 1.3 万亩。1988 年,全市选择 19 个村作为全国的试验点,35 个村作为市级的试验点,重点是使农业从小规模分散经营向集约化规模经营发展,农业规模经营开始走上有领导、有步骤、有秩序的健康发展轨道。到 1991 年底,全市规模经营单位达到 1293 个,经营耕地 71977 亩,平均经营规模 56 亩,从事多种经营的各类专业大户 10 万余户,新的经济联合体 5000 多个。客观上说,当时的土地流转规模还很小、面积也不大,规模经营也还刚刚萌芽,都处于探索过程之中。1994 年,国务院农村改革试验区办公室对苏州农业适度规模经营进行总结论证,高度肯定苏州的实践,认为已经取得阶段性成果。1995 年,苏州正式提出了土地向规模经营集中的概念,为规模经营打下了坚实的基础。

二、第二次土地流转提升了规模经营

苏州市的第二次土地流转发展于 21 世纪初,在尊重农民意愿的前提下,以政府行政推动为主,与第一次土地流转相比,第二次土地流转实现了新的飞跃,体现了新时期的时代特点。这次土地流转之所以能够成功并且得到健康发展,既有物质条件支撑的原因,更是政府主动作为的结果。

1. 新时期土地流转的时代特征

(1) 物质条件支撑

随着经济社会的发展,苏州在农业劳动力结构变化、现代农业发展、地方财力状况上已经满足了规模经营发展的要求。第一,21 世纪以来,苏州的工业化进入大发展时期,城市化进程的加快推进,大大推动了二、三产业的迅猛发展,由此提供了大量的就业岗位,全市已有四分之三以上的农村劳动力转入了非农产业,农业劳动力的大量转移,使土地承包经营权流转成为农村发展的必然趋势。第二,过去过度狭小、分散的农业经营模式,已严重束缚着农业向高产、优质、高效方向发展,更难适应传统农业向现代农业转变的时代要求。推进以生产技术科学化、生产手段机械化、生产产品标准化、经营方式产业化为主要特征的现代农业,必须提升农业组织化程度,坚定走合作经营、规模经营、集约经营的道路,发展多种形式的适度规模经营。第三,随着经济的发展,苏州综合经济实力明显增强,当时的苏州 5 个县级市都已经进入全国百强县前 10 名,苏州市及各县级市财政已经具备了扶持农业规模经营健康发展的经济实力。

(2) 政府主动作为

党的十六大以后,党中央对"三农"工作十分重视,提出加快发展现代农业,扎实推进社会主义新农村建设。在这一阶段里,苏州各级政府明显加大了推进农业规模经营的力度，改革体制，出台政策，创新机制。特别是在土地流转方面先后出台了一系列文件政策。2002年，全市农村工作会议强调："按照'依法、自愿、有偿'原则，积极探索以土地承包权作价入股，使用权转让、转包、租赁、互换、合作，加强农用地有序、合理流转，实现生产要素市场化配置，确保农民土地收益权。"2005年又先后出台了《关于发展农村专业合作经济组织的意见》《关于加快推进和完善社区股份合作制改革的实施意见》《关于积极探索农村土地股份合作制改革的实施意见》等。2007年年初，苏州市委、市政府还确定了全市13个镇（每个县级市选择两个镇，每区选择1个镇）作为土地适度规模经营整体推进试点镇（街道）。全市各级党委、政府也都根据各自的实际情况，创新土地流转机制，出台相关政策措施，加大财政扶持力度，积极引导农民流出土地，农业规模经营进程明显加快。2014年，苏州市委、市政府出台《关于进一步深化城乡一体化改革的实施意见》，明确鼓励家庭农场按照水稻种植每户150～200亩、水产养殖每户25～30亩、蔬菜生产每户20～30亩的标准，合理确定规模，提升规模经营水平。至此，苏州开始全面走上适度规模经营之路。

经过10多年的发展，目前苏州土地流转呈现出了以政策激励为主、以土地入股为主、以委托集体为主和以整村流转为主的"四个为主"特征，并且实现了全市90%以上承包耕地规模经营，90%以上农村土地承包经营权实现流转，流转土地中有90%以上流转到村集体的"三个90%以上"的目标，苏州的土地流转处于全国、全省领先水平。

苏州市农业规模经营从种粮大户开始破题，在20多年时间里发生了三个方面的转变：一是部分种粮大户实现了向家庭农场的转变，目前专业大户和家庭农场占全市规模经营总面积的半壁江山，家庭农场是种粮大户的"升级版"，规模化、专业化、集约化、标准化和商品化程度更高。二是一批种粮大户开始从"单枪匹马"生产转向合作与联合"抱团发展"。如张家港永联村新丰粮油专业合作社，通过农户间的合作与联合，不仅解决了传统农户家庭经营存在的农机具相对分散等"规模不经济"的缺陷，还通过技术、资金等的合作，推动了农户生产的集约化水平，在农业现代化建设中发挥了重要作用。三是有些种粮大户与合作农场等集体经济开始融合发展。如太仓的合作农场，不仅提高了资源利用率、劳动生产率和土地产出率，大大提升了现代农业发展水平，而且兼顾了集体利益和个人利益，使经济效益、社会效益、生态效益得到了有机统一。

2. 新时期土地流转的创新

在推进农村土地承包经营权流转、发展农业适度规模经营过程中，苏州始终坚持以农民为根本，以问题为导向，通过不断探索、创新实践破解了一个又一个难题，使得土地流转和规模经营得到了快速、有序、规范发展，同时又探索了以土地股份合作的形式实现规模经营、发展村办农场等多种规模经营方式，为农业现代化打下了良好基础。

创新激励机制（以张家港市为例）

张家港市政府主动作为破解土地流转难题。2003年，苏州实施税收属地征收管理改革后，苏州农民不用再缴农业税（国家是2006年取消农业税），由于土地流转条件发生了变化，当时又出现了新问题，一方面不缴农业税了，承包农户要把当时廉价甚至无偿流转出的土地要回来，没有流转的承包户也不再愿意把土地低价流转出去；另一方面苏州农业空间小、务农劳动力素质不高、种田能手承包不到耕地。在这种情况下进行第二次土地流转，最大的难度是土地流转的价格对流入的种粮大户有很大的压力，当时种粮食每亩的效益在300～400元，但农户最低的流转费要每年每亩500元，而这个成本种粮大户无法消化，这样就使得土地流转一度处在僵持状态，各级政府采取的一系列行政推动效果也不理想。在这种情况下，苏州市政府鼓励基层创新实践，点上突破，并由点到面逐步推广完善。张家港市政府在经过大量深入的调研后，于2006年出台土地流转补贴激励政策，每亩粮田补贴流转费300元，一定10年不变，从而破解了土地流转这个难题，为苏州全市土地流转找到了突破口。

一、创新激励机制

1. 合理规划，把握发展方向

"十一五"以来，张家港市先后制定了《张家港市农业中长期发展规划》《关于全面推进张家港市社会主义新农村基本现代化的实施意见》，将现代农业建设作为社会主义新农村现代化建设10大工程的首要工作，明确提出了"十一五"期间土地适度规模经营比重超过30%的目标，并根据意见出台了《张家港市现代农业实施意见》，明确鼓励农民以土地承包经营权、资金技术等生产要素入股，推进土地流转及土地规模经营的发展。

2007年，按照苏州市先行建设百万亩现代农业规模化示范区的要求，张家港市开展了20万亩现代农业规模化示范区建设，积极引导优质稻米、高效园艺、名特水产和优质家禽等主导产业向优势区集中，扎实推进高效农业规模化，逐步实现区域化、规模化、专业化生产格局。

2. 财政扶持，建立动力机制

针对土地流转中存在的"农户既不愿多种地、也不愿流转地"等问题，2005年，张家港市制定了《全市"十一五"期间土地适度规模经营考核奖励实施办法》，对2006年及以后新发展且每个规模经营单位粮食经营面积100亩以上、蔬菜经营面积30亩以上的农户给予奖励，奖励对象为流出土地的农户，每年每亩300元。这一扶持政策的出台，极大地提高了农户土地承包经营权流转的积极性。2007年，针对土地规模经营奖励补贴政策实施后产生的2006年前流出土地经营权的农户与2006年后流出土地经营权的农户土地流转费高低和粮食、蔬菜与其他经济作物有无补贴之间的不平衡问题，张家港市政府专门进行调研，出台了《关于进一步规范发展土地适度规模经营的意见》，进一步扩大了补贴范围，并将补贴时间由5年延长至10年。为鼓励培育本市经营大户，张家港市又专门制定出台了《张家港市扶持土地规模经营示范户实施办法》，明确了相关的扶持措施，市财政每年安排150万元，镇按1∶1比例配套，对评选出的本市示范户按粮食每亩40元，蔬菜、果品每亩120元，设施农业每亩1000元的标准给予奖励，并对单独或联合投资建设仓储、粮食烘干等设（备）施的示范户增加奖励。

3. 规范管理，促进依法流转

张家港市遵循"依法、自愿、有偿"的原则，健全土地档案管理，推行土地村务公开。为规范财政补贴资金的发放，2008年出台了《张家港市土地规模经营财政补贴资金"一折通"发放实施意见》，规定土地规模经营财政补贴资金实行"一折通"发放，从而构建起了环节少、效率高、公正透明的财政涉农补贴资金发放综合服务平台。土地承包档案是农民承包土地的原始凭证和土地承包经营权流转的依据。张家港市高度重视对土地承包档案的管理，2009年出台了《关于进一步加强全市农村承包土地管理和流转服务组织的意见》，要求市、镇、村三级全面建立农村承包土地管理和流转服务组织，建立农村土地流转管理服务中心，健全土地档案管理制度，确保土地承包档案以及承包土地流转材料的完整、安全。同时，将农村土地承包有关事宜列入村务公开内容，接受群众监督。

4. 立足全局，确保持续稳定

在推进土地规模经营中，张家港市坚持做到"四个结合"：

（1）与市、镇经济社会发展总体规划相结合

对已被列入各级园区、市镇建设预留区、道路等二、三产用地规划的区域，不再将其列入发展规模经营范围，以避免土地征（使）用带来的补偿纠纷。对已被列入《张家港市农业中长期发展规划》，特别是已被列入全市先行建设的20万亩现代农业规模化示范区及基本农田保护区的区域，重点发展土地规模经营。

（2）与农田基本建设相结合

对开展整理建设的标准化农田推行规模经营，发挥规模效应，提高农业综合生产能力。同时，在推进农田基本建设时优先考虑规模经营地域，更新、改造农田水利设施，以便于规模作业。

（3）与现代农业建设相结合

引导土地规模经营者培育和发展优质农产品，提高农业产业化经营水平，注重保护和改善农业生态环境。农业机械化、标准化、信息化等社会化服务体系建设以为土地规模经营单位服务为重点，不断提升规模经营单位现代生产、农产品质量、农业品牌、"四新"技术运用等现代农业经营理念。

（4）与农业增效、农民增收相结合

发展土地规模经营，农业增效是目的，农民增收是根本。注重引导经营者发展高效农业、订单农业、创汇农业、设施农业。积极培育和发挥农民专业合作社和农民协会的作用，提高规模经营者组织化程度，同时搞好农业保险、农业信贷，提高经营者抵御市场和自然双重风险的能力。引导经营者保持一个适度、合理的经营规模，防止因经营面积过大、抗灾能力不强而造成损失。

5. 创新机制，发力营造平台

以村为经营主体的土地股份合作改革，是一个新事物。张家港市在土地流转取得积极进展后，2010年又开始积极探索以村为经营主体的土地股份合作社改革，市委、市政府专门下发了《关于印发〈关于进一步推进农村

土地股份合作制改革的实施意见〉的通知》，决定从 2010 年起，全市用 4 年左右时间完成组建以村为经营主体或控股的土地股份合作社改革工作，实现村村建有土地股份合作社的目标。同时出台了《关于进一步推进以村为经营主体或控股的农村土地股份合作制改革的实施要点》，明确组织领导、项目标准、项目确定、章程制定、组建程序、工商登记、申报验收及目标任务、管理制度等，并推出了章程示范文本和股权证书。之后又继续将改革向纵深推进，重点培育了一批跨村跨镇异地发展、多社抱团发展、一村多社互动发展等龙头典型，以点带面、推动全局。至 2017 年年底，全市共组建以村为经营主体的土地股份合作社 110 家，入股土地面积 22.25 万亩。

二、土地适度规模经营快速发展取得了较好的经济与社会效益

张家港市的土地流转和适度规模经营工作是从 2005 年开始启动的，由于政策出台及时，激励措施得当，2006 年全市土地规模经营呈现出良好的发展状态，进入前所未有的快速发展期。2006 年全市新增土地适度规模经营面积 1.58 万亩，2007 年新增 10.5 万亩，各类规模经营户队伍迅速壮大。土地适度规模经营快速发展的社会效益与经济效益也逐步显现。

1. 农业的"兼业"状况有效改善

张家港处于苏南经济发达地区，由于二、三产业的发展，农业在家庭收入中的比重下降，农业也从过去的"主业"变成"副业"，大部分农民继续经营土地只是为了获得自给性口粮，甚至只是为了继续保持承包地的承包权，对土地产出的期望值不高。相当数量的青壮年农民离开了农业生产第一线，农业兼业化趋势日益严重，老弱病残成为农业生产的主力军，务农人员素质的下降，直接导致劳动生产率和土地产出率的下降，甚至出现了种田后继无人的情形。实施土地规模经营后，由有发展农业生产热情、有农业专业技术的大户适度规模经营土地，有效提高了土地产出率。

2. 农业科技装备的推广应用显著提高

根据 2007 年的土地年报资料，张家港市全市（不含农场）实际耕地面积 37.8 万亩，农户 184809 户，农业人口 543588 人，户均耕地仅仅 2 亩，人均耕地不足 7 分，再加上户均承包土地的做法，以及各个农户种植结构上的差异，造成土地使用上的碎片化，致使农业机械化不能有效地发挥作用，新技术的推广应用也受到很大制约。实施规模经营后，大户经营的土地基本集中连片，为农业科技装备的应用推广提供了基础条件。同时，各镇由农服中

心牵头，加大各类农机建设力度，鼓励发展高效设施农业，积极推进农业社会化服务体系建设，提升规模经营效率。"十一五"期间，全市农机化总投入达到了 13962 万元，累计新增各类农机具 10187 台（套），农机保有量有了较大增加，农机化水平得到较大提升。目前，全市小麦收种已实现全程机械化，水稻收割也已全部实现机械化，农机化综合水平达 91%。新建农机植保专业化服务组织 650 个，30 万亩稻麦病虫草害防治以及 18.91 万亩机插秧秧苗全部由专业化服务组织提供。

3. 农业增产增收成效显著

实施土地适度规模经营后，原先的兼职农民向专业农民转化，零碎的机械耕种向现代耕种体系转化，加之农业新技术的推广应用，使规模经营后的农业增产增收成效显著。以小麦为例，塘桥镇实施规模经营的面积，2007 年小麦亩均单产 427.4 公斤，比实施规模经营前亩均增收 100 公斤，亩均效益净增 100 元。同时，土地规模经营单位对农户的带动效果也日益显现，目前全市规模经营单位常年用工 14 万人，使流出土地的部分农户成为农业工人；另外，规模经营还把近 5 万农户从农业的兼业状态下解放出来，使他们既不减少来自农业方面的收入，又可以专心发展二、三产业。

4. 农业综合成本大幅下降

实施土地适度规模经营后，农业生产过程中行政村由原来管理到各家各户到只需管理几个生产经营大户，大大减少了生产、管理等综合成本，节约了不少服务费用，同时也使农业科技人员的技术指导更加便捷可行。以塘桥镇韩山村为例，该村 2500 亩地全部实行规模经营，2007 年该村农业生产达到良种应用、按方用药两个 100%。同时，该村也成为测土配方施肥试点村，田容田貌、农作物长势在全镇都处于领先地位。不仅如此，该村在农业上的行政开支也节省了 30 万元。

5. 农业投入品的安全有效监控

农业适度规模经营的实施，使农业投入品在使用环节上的管理便于进行。农业服务部门通过督促经营大户自觉按生产技术规程生产，自觉落实农业投入品安全的各项技术措施，达到农业投入品安全措施在农业生产上的普遍实施，从而实现农业投入品的安全有效监控。

创新经营模式（以昆山市锦溪镇长云村为例）

长云村地处锦溪镇的北部，三面环水，位于美丽富饶的万千湖畔，西北与吴中区甪直镇隔湖相望，东北与张浦镇交界。交通便捷，地理位置优越，环境宜人。现在的长云村是由原长云、北联、冯家坝三个行政村合并而成，现下辖张家浜、长娄里、独云甸、於家湾、下扒娄、冯家坝6个自然村，全村区域面积约3.5平方公里，共有23个小组，总人口约1820人，其中村党支部共有党员78人。近年来，长云村两委以民富村强为着力点，因地制宜，依托地理位置的优势，创新合作农场经营机制，全力推进新农村建设进程，切实改善村容村貌，全力打造水美、田美、人更美的现代化新农村。几年来，通过全村党员群众的积极努力，长云村获得了2006年"江苏省卫生村"、2009年"苏州市民主法治村"、2012年"苏州市生态村"、2012年"昆山市文明村"、2012年"昆山市农村环境综合整治先进村"、2012年"昆山市农村精神文明建设先进村"、2012年"全国亿万农民健康促进行动苏州市先进村"、2013年"江苏省和谐社区建设示范村"、2013年"锦溪镇长云村长娄里三星级康居乡村"、2015年"苏州市城乡一体化改革发展先进集体"等荣誉称号。

一、长云村创新经营模式的尝试

1. 三期规划，提升规模经营

长云村作为一个纯农业村，以前拥有鱼塘1500亩、耕地1000亩。1983年分田到户，自1998年确权以来，土地抛荒现象严重。2009年，在昆山市开始实施农村土地承包经营权流转的大潮中，长云村将1500亩鱼塘发包给95家养殖户，1000亩耕地承包到8个大户手中，这种流转方式一方面确保了承包农民的专业大户经营，突破了当时承包地块细碎化和小规模农业的局限性，提升了土地集约程度和农业机械化程度，增加了农民收入；另一方面，在当时也很好地解决了土地抛荒和轻农问题，尤其是无法确保粮食种植面积的难题。但近年来也逐渐暴露出不少弊端，主要是：许多专业大户进行掠夺性生产，不注重耕地质量和农业可持续发展；部分大户存在违约违规行为，在田头违章搭建蔬菜棚、果棚等，田容田貌、周边环境较差；有的大户热衷于当二传手，通过转租获取差价；一些大户对农技推广、农药安全等农业政策执行力度较小；长远来看，大户经营对村级集体经济发展和本村农民收入增长作用不大，当时老百姓的土地流转费仅每亩700元，以上这些都新增了农村的不稳定因素。本着"农村稳定、农民增收、百姓满意"的目的，长云村于2012年开始探索创新经营模式，多次召开村委会会议、村民代表大会，一致决定通过退塘还田，走集约化的经营道路，并制定了3年规划来提升规模经营，随着承包户合同的陆续到期，目前三期项目都已全部完成。

一期：2012年下半年开始实施第一期项目，内容为鱼虾塘拆迁复耕、粮田整治，完成农副业拆迁19户，面积580亩，新整治出土地331亩，在确保土地所有权和承包权不变的前提下，将土地经营权以入股形式有序流转给村土地股份合作社，由合作社统一经营管理，不再直接发包给专业大户经营。

二期：2013年第二期项目涉及农副业拆迁41户，面积879亩，由村农地股份合作社种植水稻面积451.8亩。

三期：2014年第三期项目涉及农副业拆迁37户，面积837亩，由村合作社实际种植面积达到2000多亩。

2. 创新管理，完善经营体制

通过三期项目的实施，至今为止长云村村集体耕种面积有2000多亩。面对大面积的粮田种植管理，任务重、压力大，村班子成员多次召开会议，共同讨论种好粮田的措施和方式，经村两委研究决定，成立长云村集体合作农场经营管理领导小组，由村书记担任组长，副书记、社长担任副组长，根据村农场实际情况，划南、北两个工作片区，各位村干部挂靠到所属工作片区参与管理。一是实行"网格化"管理。按照区域布局，以100~200亩为单位，选聘1名种田能手担任管理员。同时也制定了管理人员聘用方案，通过张贴公告、公开报名方式，最终从体检合格者中投票决定录用了灌水员、农机手。符合年龄限定（男不超过70周岁，女不超过65周岁）且有意愿参加劳动的群众均可参加，既解决了本村剩余劳动力问题，又能帮助弱势人员就业。二是建立"定产包工"机制。村组干部和管理员作为农田产出责任人，与合作社签订包工定产责任书和劳动协议，按照具体面积定产包工，超产奖励，减产赔偿，管理员需要用工时向合作社申请派工单，村民凭派工单出工，年底凭派工单到合作社结算工资。三是加强农业社会化服务。由镇农服中心实行统一供应良种、统一施用化肥、统一防病治虫、统一田间管理、统一成本核算。土地入股集体经营使村干部、种田能手、入股农民成为利益共同体，有效调动了各方积极性，促进了综合效益的提高。

长云村从2012年开始探索发展以村集体经营为主体的合作农场，通过3年的实践证明，合作农场不仅具有生命力，而且保持着良好的发展势头。目前，不但村级收入迅猛增长，由2012年的268万元增长到2016年的845万元，4年增长了2.15倍；而且入股农民可以获得土地流转、合作社股份分红、部分农民季节性用工报酬三方面的收入，土地流转金由2012年的750元/亩增长到2016年的1050元/亩，增幅达40%，村民人均收入由2012年的21000余元/人增长到2016年的31000余元/人，增幅达48%。同时，参与经营的村干部和管理员还可以获得超产奖励。比如，2013年，村干部和管理员平均领取超产奖励4000元；2014年，平均领取奖励6000元。

党群共建，夯实经营基础。在农场建设过程中，长云村本着把支部建在农场的思路，探索通过"农场+支部"的模式搭建四个平台，破解村级党组织涣散难题，加强农村基层党建工作力度，实现农场富、支部强。一是"农场+支部"搭建党员服务群众平台。建立农业合作社党组织，通过开展信息咨询、技术指导、政策扶持等服务，有效引导资金、管理、技术、人才等资源向农业生产一线流动，从而有效推动了农业转型升级、农民致富增收，扩大了党在基层农村的影响力。二是同田劳动搭建干群融合平台。通过合作化经营，构建村干部参与统筹协调的运营体系，成立长云村集体合作农场经营管理领导小组，由村党总支书记负总责，根据村农场实际情况，划南、北两个工作片区，主任和社长分别带领两名村干部形成南片和北片小组，其他村干部对应到工作片区，把责任落实到人。三是共商农事搭建群众参与平台。依托农业合作化经营，农村群众特别是农村老党员、老干部广泛参与到党员议事会、民主恳谈会、民主听证会等活动中去，村党组织为群众提供参与农村经济社会发展的渠道，并引导广大党员、社员积极为城乡一体化、新农村建设、文明新风培育以及基层维稳等工作建言献策，实现合作社发展和党建工作的互动互促。四是共话家常搭建干群交流平台。在农业合作经营模式下，村干部和群众肩并肩一起干农活，村民更愿意跟村干部聊真心话、贴心话，村干部也对民情民心有了更深入的了解，在执行"三解三访三促""农村干部基层大走访""百名党员干部挂钩帮扶百户困难家庭"等干部走访制度时，老百姓的心结容易解了，走访制度的实效得到了进一步发挥。

二、"长云样本"的推广

2012年以来,长云村作为锦溪农地集体合作经营模式的试点,抓住万亩良田建设契机,采用入股农民按包工定产办法参与生产的方式,启动"长云农场"的建设和发展。2014年长云村的做法得到了认可和肯定,并在锦溪全镇范围内推广,17个农业村16500亩土地全年共增加收入1423万元,村均增收83.7万元,取得了良好的经济、生态、政治和社会的综合效益。

1. 有利于提升规模经营水平

集体经营为基本农田标准化改造提供了便利,通过土地平整、打通田埂、退塘还田、田间道路硬化、新建电灌站、埋设地下灌渠等一系列农业基础设施建设,农田"集零为整",集约化、规模化、机械化程度不断增强,农业适度规模经营水平显著提高,产出效益持续提升。

2. 有利于促进集体经济发展

通过土地入股集体经营,不仅农业效益大幅增长,集体经济实力也日益增强。2014年,全镇村级总收入达8451万元,增长20.2%,其中土地股份合作社净增1160万元。对于以农业生产为主的经济薄弱村来说,长云村的做法为发展集体经济、增强"造血"功能提供了有效路径。

3. 有利于拓宽农民增收渠道

锦溪镇自成立农地股份合作联社以来,有效增加了土地流转费等收入。2014年,全镇土地流转费平均每亩837.69元,比成立联社前每亩增加了90多元。此外,长云村还借助集体经营,聘请临时工,为部分闲散劳力提供就业,全村有81人参与季节性用工,人均收入6435元。

4. 有利于推动三次产业融合发展

锦溪镇通过试点探索搞活了农业经营,以规模种植为基础,加强农产品精深加工、休闲观光农业以及农村服务业发展,为延伸农业产业链,促进一、二、三产业融合联动发展,提升农业综合效益创造了良好条件。

5. 有利于改善农村生产生活环境

在集体统一经营管理下,锦溪镇对中低产农田进行了标准化改造,高标准农田大幅增加,田容田貌和农村环境显著提升,彻底告别了脏、乱、差的情况,也为扎实推进美丽镇村建设打下了坚实基础。

6. 有利于密切党群、干群关系

通过集体经营的制度设计,构建了村干部参与统筹协调、涉农部门参与服务协作、广大农户参与生产经营的运营体系，将村干部与村民联结在一起，形成了村干部与村民共同种田劳动的场面，使得党群、干群关系更加紧密融洽。

三、长云村的启示

1. 成熟的土地股份合作是开展土地入股集体经营的重要前提

昆山市的土地股份合作社起步较早，管理规范有序，扶持政策到位，整体较为成熟，这是开展土地入股集体经营的重要前提。同时，昆山市以农村土地承包经营权确权登记颁证工作为契机，采用"确权、确股、不确地"的方式，将农民的土地权益明确到位，理顺了农村土地所有权、承包权、经营权"三权分置"的关系，有利于土地的规范有序流转，这也为土地入股集体经营的顺利实行创造了良好条件。

2. 完善的农业社会化服务是开展土地入股集体经营的重要基础

土地入股集体经营是农业适度规模经营的一次重要探索，但集体经营、定产包工后，农业效益的提升对农业生产社会化服务的需求就更为迫切。锦溪镇除19个土地股份合作社外，还成立了2个农机专业合作社，2个粮油专业合作社，2个养殖专业合作社，1个林木专业合作社。同时，锦溪镇还通过建立统一的培训体系，大力培养农业经营人才，积极鼓励近两年参加各类理论知识教育和专业技能操作培训的持证专业大户进入包工定产队伍，并以这批农户为基础，加大职业农民培育力度。如果相应的社会化服务不能跟上，土地交由集体经营后的产出效益也会难以保证。

3. 坚强有力的基层组织是开展土地入股集体经营的重要保证

从长云村的经验来看，如果没有一个好的村书记及一支优秀的村干部队伍，没有村干部与村民同劳动、心连心的良好关系，土地入股集体经营的效果必然会大打折扣，甚至在试点之初就会困难重重。土地入股集体经营的管理机制，要求村干部不仅要具备一定程度的农业知识和管理能力，更重要的是能吃苦、甘奉献，带领农民一起干。

4. 提升农业产业化水平是开展土地入股集体经营的重要方向

推进现代农业建设的关键是实行农业产业化经营，锦溪镇的探索已经在实现农业现代化方面迈出了坚实的一步。下一步的要求是，在现有基础上，以市场为导向，通过产业化经营，推进生产、加工、物流、营销等一体化发展，充分发挥区域优势，培育特色品牌，发展优质高效农业。目前，锦溪镇已经开始借助"最受苏州老百姓喜爱的地产大米"——"锦溪"牌大米的品牌效应和锦溪水产的良好口碑，发展"订单农业"和"项目农业"，努力做优、做强、做亮"锦"字头农渔产品品牌。

创新组织制度（以太仓市城厢镇东林村为例）

太仓市城厢镇东林村探索组建融承包制和合作制优势于一体的合作农场。近年来，太仓市城厢镇东林村积极探索组建以"大承包、小包干"为核心内容，融承包制和合作制优势于一体的合作农场，在制度安排和经营机制创新上做出了有益的尝试，形成了富有特点的"东林样本"。

东林合作农场的组建背景。太仓市城厢镇东林村位于美丽的金仓湖畔，南起苏昆太高速公路，北越杨林塘，东枕石浦塘，西邻半泾河，村域面积7平方公里，农户765户2895人，其中农村劳动力1534人。

在太仓市，东林村是组建合作农场最早的一个村。随着城乡一体化进程的不断加快，东林村的所有农户都希望通过"二置换"成为新市民。2010年5月初，东林村完成了最后一批共162户农户的拆迁安置工作，农户们住进了环境优美的现代化新型社区，东林村也因此成为太仓市第一个"三置换"（以宅基地置换新增的建设用地指标、以农村土地承包经营权流转置换土地股份合作社股权和城镇社会保障、以分散经营置换规模化经营）全面完成的村。当年全村有耕地面积1400余亩，一部分是农户置换的承包耕地，一部分是宅基地整理复垦的土地。这1400亩集体耕地，必须解决谁来经营的难题。农民集中居住后，离耕地较远，耕作不便，加上地块零散，管理难度大，实行规模经营需要一定的土地整理投入，承包者需要承担较大的经营风险，本村农民积极性不高。如果发包给外地人经营，会出现乱搭乱建现象，影响田容田貌，也难以有效管理。发包给工商企业，企业可以投入搞高效农业，但高投入需要较长的回报期，且具有不确定因素；再者，企业是追求高效益的，因发展高效农业而带来的大部分收益被企业所得，村集体收益比较少，更谈不上农民的持续增收和共享收益。考虑到上述情况，为了把土地资源牢牢地掌握在村集体经济组织手里，以减少无效投入，兼顾发展和壮大村级集体经济，促进农民持续增收，维护农村社会稳定，在广泛征求各方面意见的基础上，村里决定由东林村、东林劳务合作社、东林农机专业合作社联合发起组建合作农场，名称为"东林村合作农场专业合作社"，领取农民专业合作社营业执照。

一、东林合作农场的基本做法

合作农场将工作基地定位于姚湾的原6户农民住宅，通过改建将之变废为宝，从而解决了合作农场的办公、仓储等基础设施。合作农场成立后立即建成仓库550平方米、农机库1000平方米，购置中拖3台、高速插秧机5台、其他配套农机具30余台套。同时通过一系列措施形成了比较规范有效的运作机制，在经营方式、生产管理、劳务用工、收益分配等方面创出了新的模式。

1. 以"大承包、小包干"为基本经营方式

合作农场在成立之初，曾尝试采取由集体统管经营、根据季节用工需求临时招聘员工进行生产和田间管理的方式，最终因责任不明、员工积极性有限导致经营成本增大、收益不高而放弃。后经广泛征求意见，决定采取"大承包、小包干"的方式进行经营。"大承包"是指1200亩水稻由原村两名农机手担任分场场长，每人承包管理600亩，包产、包肥、包农药、包用工，定产量、定奖赔，通过竞争和考核来充分调动农场管理人员的积极性；"小包干"是指农场管理者包干管理费用，水稻每亩200元，根据各自能力来认定包干面积。包干管理要服从技术管理中的指导用肥、用药以及田间管理等，并按月考核打分，直接挂钩结算。合作农场另外200亩土地主要种植蔬菜和小麦，也各自承包给两个分场场长经营。

2. 以"成本核算、绩效挂钩"为主要考核手段

农场把"成本核算、绩效挂钩"作为激发和调动分场场长及员工的责任心、积极性和主动性的重要手段。规定每亩粮田（种植小麦、水稻两熟）核定综合成本为1150元（按小农经营核算，有一定的降本空间），对分场场长降低成本部分奖励20%，超出成本部分从分场场长基本工资中扣减20%；核定产量为水稻单产900斤、小麦550斤，超产部分对分场场长和员工各按超产金额（按国家收购价折算）的20%进行奖励，因责任心不强、管理不善等人为因素导致减产的，则对分场场长实行减产部分20%的扣除。据测算，在不超核定成本、核定指标每亩各超100斤的情况下，分场场长每年收入达7.6万余元，员工收入达2.6万余元，收入还是相当可观的。实行

"成本核算、绩效挂钩"办法,极大地增强了农场员工的工作责任心和工作热情,充分调动了各方面的积极性,收到了良好的效果。

3. 以固定用工与农忙劳务补充为主要用工形式

根据农田管理的最低需求,农场长年聘用了包括分场场长在内的20名正式用工,主要负责平时的田间管理。农忙期间的用工不足部分则由村劳务合作社提供劳动力,实行按工计酬,这样既解决了农场季节性用工的急需,又为村劳务合作社带来一定的劳务收入,实现了合作农场与劳务合作社的双赢与共同发展。

4. 以科技兴农和品牌营销为主要增收举措

为了提高合作农场经营效益,2010年7月,合作农场与中科院苏州硒谷研究院签订了富硒大米的种植协议,种植高价值的富硒大米900亩。东林村合作农场的富硒大米种植,采用最先进的根施技术,改变了当时富硒农产品种植普遍采用叶面喷施无机硒技术的做法,提高了硒的利用效率,降低了生产成本。首批收获的富硒米经上海农科院农产品质量标准与检测技术研究所检测,每公斤大米的有机硒含量超过0.25微克。合作农场生产的富硒米采取普通包装、精包装、礼品装三种包装方法,打造"金仓湖"品牌,扩大品牌影响力,提高品牌附加值,产品主要销往上海的联华、大润发、欧尚、罗森等大型超市,实行农超对接,减少流通环节,降低流通成本,2010年农场纯收益达450万元。

二、东林合作农场的建设成效

东林合作农场成立以来,通过"三方"(村集体、农场主、员工)的共同努力,依靠机制创新,实现了效率提升;依靠政策扶持,完善了基础设施;依靠科技进步,实现了农业增效。

1. 提高了农业生产效益

合作农场成立之前,农民分散耕种,自主经营,尽管插秧、收割可以用机械,但田间管理一人一亩几分地,长年累月,效率极低。合作农场成立后,实行集中管理,连片经营,2010年全村1200亩水稻田常年只有20个人负责管理,到2016年,全村累计投入2000多万元,搭建了12座工厂化集中大棚,并购买现代化农机具100多台(套),实现了稻麦生产的全程机械化。如今14个农民就可以承担2200亩农田的种植管理任务,人均种地150亩左右,极大地提高了生产效率。同时,种子、化肥、农药等主要生产物资集中批量采购,减少了投入成本。经测算,小农户经营每亩成本在1150~1200元,而合作农场经营每亩成本在1000~1050元,每亩成本下降150元左右,合作农场2200亩耕地一年节约成本就达30万元之多。

2. 促进了村级经济发展

东林村实现了整村拆迁安置,与农民原住宅一起拆掉的还有村里经营的许多物业用房,这也给村级集体经济的持续发展带来了压力。为此,东林村切实转变发展思路,在一产上寻找村级集体经济新的增长空间。东林村将置换出来的土地由村集体为主体进行经营,收益归村集体所有。合作农场仅2010年就给村集体带来450万元的收益,还不包括各种政策性补贴。到2016年,全村农业实现产值突破1亿元,村级收入达2200多万元。在过去10年里,村集体收入增长了近10倍,其中,农业总收入占比超过一半,以合作农场为载体的现代农业成为东林村富民强村的重要动力源。

3. 实现了农民持续增收

一方面,增加了务农人员的报酬。要让农民安心务农,关键在于增加他们的收入,方向在于农业适度规模经营,即让更少的农民种更多的地、获得更多的收益。现在14个人就种了过去1000多户农户的土地,不仅种得更多,而且种得更好,产量和质量都有明显增长。分场场长和农场员工收入也比以前大幅增加,而劳动强度却没有多大提高,因为耕种、收割主要靠机械,员工主要是参与田间管理,农忙时还会临时雇用劳力。另一方面,东林村村民也得到了实惠。本着共赢共享的原则,2010年合作农场实现的利润,在按章提取公积金、公益金和扩大再生产所需资金后,给全村所有人分红,每人200元,共计60万元。这200元分红,基本可以解决一人一年的口粮所需。同时,合作农场蔬菜基地生产的蔬菜以低于市场价20%的价格供应村便利店,村民可凭粮食银行卡定量购买。通过这两项福利,合作农场取得了东林村村民"不种地、不失粮、少失菜"的成果。而普通村民可以以土地入股,拿租金;以资金入股,拿股金;以劳务入股,拿薪金;如果不从事农业,还可以外出打工获取收入。2010年该村人均纯收入达到1.7万元,而同期太仓市的农村居民人均纯收入只有1.3万元。

4. 加快了现代农业发展

合作农场组建以来,东林村探索开展农牧结合、种养循环生产,走出了一条生态、绿色、可持续发展路径,促进了种植业、养殖业的协调发展,全面提高了农产品附加值，获得了亩均综合效益超万元的高经济效益。同时，通过成立东林合作农场，种植富硒米，大力发展品牌农业；通过建设金仓湖保鲜米加工厂，对农场种植的优质、品牌大米进行深加工；引进秸秆青贮设备，建设4万吨饲料加工厂；引进自动化大米生产线，加工自己的品牌大米；成立金仓湖农业科技发展有限公司，全面运行"牵羊人"羊肉制品、"金仓湖富硒米""金仓湖生态保鲜大米"等一系列品牌，已经实现了全程机械化、生产科技化、发展循环化、产品品牌化，真正做到了农业产业化经营，推动了一、二、三产业的融合互动，有效转变了农业发展方式，促进了农业的可持续发展。

三、太仓合作农场的实践

"东林合作农场"是太仓市近年探索培育合作农场的一个成功典型，也是太仓市合作农场的一个缩影。合作农场是由村集体经济组织发起，农民以土地、劳力、资金等形式入股，从事农业生产、加工、销售的新型农村经济合作组织。太仓的实践证明：合作农场不仅具有生命力，而且保持着旺盛的发展势头。近年来太仓的主要做法有：

1. 强化宣传发动

太仓市委、市政府在深入调查研究的基础上，提出在条件相对成熟的部分村先行先试。太仓市委、市政府在全市农村组织开展了"服务好每个农民、管理好每块土地"的讨论活动，特别强调各村要牢牢掌控集体资源，紧抓夏收夏种、秋收秋种等关键时机，推进农村土地规范有序流转，大力发展合作农场。通过各类会议和讨论活动，讲深讲透发展合作农场的目的及意义，统一农村基层干部，特别是村干部的思想，使他们充分认识到组建合作农场是加强集体资源管理的重要抓手，是推进土地规模经营的重要举措，是发展现代农业的重要手段，也是强村富民的重要路径。

2. 强化政策驱动

2011年4月，太仓市委办公室、市政府办公室印发了《关于发展合作农场的意见》，明确了发展合作农场的五条政策措施，为推进全市合作农场的组建起到了指导、激励作用，促进了合作农场的有序、规范、健康发展。一是积极引导兴办合作农场。各级各有关部门采取各种方式，向广大基层干部和群众做好宣传和知识普及工作，积极引导，加强指导，增加广大干部群众参与、合作的自觉性和积极性。二是加大财政、信贷扶持力度。市财政每年安排一定数额的资金作为贷款贴息,并在土地整治、农业基础设施、高标准农田建设等方面扶持合作农场发展。合作农场经营所上缴的税金中地方留成部分实行全额奖励。种植水稻面积200亩以上的合作农场,由财政下拨专项资金进行扶持,扶持金额为每亩每年400元,其中市、镇财政各补贴200元。对合作农场购置农机具给予优先扶持。农业银行、农村商业银行等金融机构积极为合作农场提供信贷支持。三是依法减免合作农场税收。按照财政部、国家税务总局的有关规定,合作农场(参照专业合作社)享受国家规定的对农业生产、加工、流通、服务和其他涉农经济活动的相应税收优惠。四是支持合作农场参与粮食和农资经营。合作农场可以开展化肥、农膜、农药等自用农业生产资料的购销业务。合作农场可以接受农业产业化龙头企业的委托,向本组织成员农户代购粮食;合作农场所兴办的粮食加工企业,可以为成员代加工自用粮食,并对自建粮食烘干设施给予财政补贴。五是保障合作农场建设用地。根据江苏省政府《关于加快发展农民专业合作组织的通知》(苏政发〔2009〕13号)精神,农民专业合作组织使用本集体经济组织土地办规模化畜禽养殖所需用地,按照农用地进行管理;农民专业合作组织农业机械存放场库用地,按照农业生产用地办理手续。合作组织兴办加工企业所需的建设用地,由当地国土资源部门统筹安排用地计划,积极提供用地服务。

3. 强化示范带动

近年来,除成功培育东林模式外,太仓市还选择沙溪镇半泾村、城厢镇电站村、双凤镇勤力村作为市级试点村,逐步形成了园艺蔬菜合作农场的半泾模式、林果合作农场的电站模式和水产合作农场的勤力模式,为全市树立了一批成功典范。

4. 强化上下联动

在组建合作农场时,采取自上而下指导、自下而上申报的方式,上下联动,规范操作。合作农场首先由村集体经济组织发起,农民参股实现合作经营,通过依法组建并经工商登记具有独立的法人资格。组建合作农场必须遵循稳定和完善农村基本经营制度、农民自愿、合作制分配和紧密利益关系这四个基本原则,同时必须具备有明确的发起人和一定数量的成员、有共同的专业生产经营项目和具体的合作内容、有比较规范的合作农场章程、有一定的经营要素基础这四个条件。在操作程序上,由村提出申请,经镇人民政府审核，报市委农工办审批后，到工商行政管理部门办理登记手续（参照农民专业合作社登记），颁发营业执照，取得法人资格。经批准登记的合作农场，凭营业执照到经营所在地税务部门办理税务登记。依法组建并经工商登记成立的合作农场，其生产经营活动及财产收益受法律保护，并以自有资产承担全部民事责任。组建时操作到位，为组建后规范运行奠定了基础。

四、太仓合作农场实践的启示

组建合作农场是太仓市在城乡一体化发展大背景下创新农村经营体制机制的一项举措。合作农场在不改变农业用地的情况下，改变了以前一家一户单打独斗的经营模式，通过规模化经营、机械化耕作、企业化管理、市场化运作，进一步提高了农业组织化程度。目前太仓市共组建合作农场100多家，经营土地面积近20万亩，并且还在不断扩大。他山之石，可以攻玉。合作农场在太仓的成功实践，可以给我们许多有益的启示。

1. 农村土地流转后经营的主体可以是集体、个人、工商企业，但最有效的主体应该是能兼顾集体利益和个人利益，能使经济效益、社会效益、生态效益有机统一的主体

当前，有些地方把流转土地发包给个人或企业进行经营，流出土地的农民只能得到较少的流转费，经营土地的个人或企业因发展高效农业而获得了大部分的土地经营收益，农民和集体是省心、省力、省事了，但失去了农民持续增收和村级集体经济发展的资源和活力，失去了稳定粮食生产和保障市场供给的能力，失去了改善农业基础设施和农村生态环境的动力。而太仓市的合作农场却走出了一条截然不同的路子——土地由村统一经营，保障了粮食生产和市场供应。这样既改善了农业基础设施和农村生态环境，又使土地经营的所有收益归村集体和农民共享，从而促进了农民的增收和村级集体经济的发展。

2. 在坚持稳定农村基本经营制度的前提下，农业经营方式可以是家庭经营、公司+农户合作经营、农民专业合作经营、村集体合作农场经营，但最有效的经营机制应该是能够充分调动所有者、生产者、经营者的积极性，发挥最大经济效益的机制

前三种经营方式较难实现农业规模经营。如果仅由集体统一经营，没有好的经营机制和运行模式，就必然会"穿新鞋、走老路"。太仓市的合作农场在经营管理上采用"大承包、小包干"和"成本核算、绩效挂钩"的方

法，消除了人们对合作农场是吃"大锅饭"的担忧，充分调动了各方的生产积极性。

3. 推广新品种、新装备、新肥药、新农艺等各项农业科技的根本是让各项措施"下得了地"

近年来，各种农业科技进步的成果层出不穷，但是真正转化成生产力的寥寥无几，究其原因，主要是农业经营主体老化、弱化、兼业化。太仓市的合作农场依托村集体经济实力，引进科技项目，实施科技富民工程。东林合作农场引进富硒技术生产大米，亩均效益是常规种植的12倍；电站合作农场引进江南大学食品加工技术和上海理工大学冷链物流配送模式技术，亩均效益是常规种植的10倍；勤力水产合作社引进江苏省淡水水产研究所龙虾青虾套养技术，亩均效益是常规养殖的8倍。农业科技的进步大大提高了资源利用率、劳动生产率和土地产出率。

4. 农民增收可以拓宽农业、就业、创业、物业等多种渠道，但最有效的方法应该是合理配置人力资源，使务农人员收入与其他人员的收入大体相当

工业化、城市化给农村转移富余劳动力提供了进入二、三产业创业的机遇。但是，农村中老年农民就业和创业受年龄、知识、技能的制约，困难重重。太仓市的合作农场吸纳了大量的中老年农民就业，参与粮食生产型合作农场的农民人均管理100亩，可以获得年薪3万元，参与水产、蔬菜、林果生产型合作农场的农民人均年薪2.5万元，担任合作农场场长的农民年薪在6万元以上。市、镇、村还为合作农场工作人员购置了人身意外险，合作农场工作人员最多可获赔20万元。太仓市发展村合作农场的实践，使"更少的农民耕作更多的土地，获得更多的收益，过上更幸福的日子"变成了现实。

第九章　家庭承包与社会化服务

> 小农生产根植于中国地理和资源禀赋特点，曾创造了中国农业文明的辉煌，传承了农业文明和农耕文化，小农生产和适度规模经营并存是中国农业发展的长期特点。特别是像苏州这个地方，由于人多地少，加强统分结合的农业服务，实现小农生产和现代农业发展有机衔接，在苏州就显得格外重要。

苏州农业服务的"统"与"分"，是根据苏州农业发展不同历史时期农业生产的需要而存在的，并且伴随着苏州农业生产方式、经营方式的变革而发展。

苏州农业社会化服务体系建设起步较早，早在20世纪五六十年代，苏州就相继建立了乡镇农技站、畜牧兽医站、水产站、农机站等；通过推广陈永康水稻高产技术，水稻生产取得了突破性进展；通过推广家畜免疫技术，有效防止了生猪和耕牛的传染病流行。70年代，通过建立"四级农科网"和畜禽良种场，农业、生猪生产获得大发展。党的十一届三中全会拉开了中国农村改革的序幕，到1982年底，苏州全地区49370个生产队实行了家庭联产承包责任制，占生产队总数的96%，家庭联产承包责任制的全面推开，带动了苏州农村经济的快速发展，奠定了苏州农村改革的基础。但是，实行农村家庭联产承包责任制后，在机耕、灌溉、植保、育种等方面，农民一家一户无力解决，迫切需要集体提供统一服务。

1983年，原吴县黄桥乡张庄村在全国率先按照"有健全的组织，有固定的人员，有配套的农机，有完善的设施、有规范的制度"等"五有要求"建立了村级农业服务站，为承包农户提供"统一作物布局，统一良种供应，统一机械作业,统一水浆管理,统一防病治虫、统一肥药供应"等"六统一"服务,为完善"统分结合"的双层经营体制探索了一条有效途径。之后,苏州市委及时总结推广张庄村的先进经验,在全市开展以"五有六统一"为主要内容的村级农业服务体系建设。到1983年底,全市有2817个村建立了机电排涝和管水专业队,有1033个村建立了机耕队,有665个村建立了植保专业队,有1344个村成立了配药站,有1704个村实行了统一供种。1984年起,各乡(镇)普遍组建了农业服务公司和多种经营服务公司,至1990年,县(市)级已有这类公司20多个,乡(镇)级已有这类公司330个,一般设有农机、管水、植保、农技四个专业队。这一做法在全国产生了较大影响。

1985年,苏州在总结以往"以工补农"实践经验的基础上,创造性地提出了"以工建农"的新理念,层层建立农业合作发展基金制度,从乡村企业和其他各类经济实体税后利润和上缴部分中提取一定比例的资金作为农业发展基金,重点用于扶持农业服务体系,发展农业机械和农田水利基本设施,改进农副产品加工贮藏和流通手段等,极大地改善了农业生产条件,促进了农副业发展。1978年到1985年,苏州6县(市)乡镇企业为地方提供了5亿余元建农基金,加速了农业现代化建设,保证了农业生产的稳步增长。1985年,苏州市依托较强的集体经济实力,首先提出建立农业合作发展基金制度,把乡镇企业的"建农基金"、集体提留的公积金、资源承包费以及个体工商户缴纳的公积金等集中起来,作为发展农业、建设农业的专项基金,主要用于兴修水利、购置农机具、繁育良种、推广农业技术、建设农村路桥等农业基础设施,这个制度和经验很快在苏南地区得到推广。据统计,1989年到2002年,全市共筹集农业合作发展基金31.94亿元,其中来自乡镇企业的建农基金12.19亿元。依靠乡镇企业集体经济优势建立起来的农村合作发展基金制度,大大加快了苏州农业现代化建设的步伐,农业机械化水平不断提高,农田水利设施不断改善,资本作为另一种生产要素开始逐渐代替劳动,极大地提高了生产效率。

与此同时,《苏州市农业社会化服务条例》率先出台。从20世纪90年代起,各级党委和政府认真贯彻执行《中华人民共和国农业技术推广法》,按照乡镇大小和产业结构核定人员编制,以引进国家技术员为主,辅之以招聘农技员和补充农民技术员,从而改善了农技推广服务队伍结构,稳定了基层农技推广服务队伍。1994年7月7日,苏州市第十一届人民代表大会常务委员会第九次会议制定了《苏州市农业社会化服务条例》,经1994年9月29日江苏省第八届人民代表大会常务委员会第十次会议批准,该条例于1994年10月25日正式施行。这是江苏省内第一部,也是全国较早出台的一部有关农业社会化服务的地方性法规,在省内外产生了重大影响。《苏州市农业社会化服务条例》对基层农业服务体系的组织机构、基本职责、服务设施、经营机制、资金投入、监督管理等都做了明确的规定,极大地促进和提升了苏州农业社会化服务体系建设水平。

20世纪90年代,苏州经济开放开发的步伐加快,工业化、城镇化、市场化的步伐也随之加快,工业园区、工业开发区、工业小区纷纷兴办,一些在20世纪80年代兴建的农业丰产方也让位于工业开发,农业土地资源开始零散化、边缘化,原来那些承担农业生产"统"的功能的站、所、队纷纷"转制"或"改行",加剧了种地的农民的兼业化、老龄化。这几年里,苏州各地在农业规模经营方面做了多种形式的探索,通过土地经营权转让、促进土地向种田大户集中,推行公司+农户的经营模式,实现有限的农业资源重新整合,而且始终没有放弃农业的统一服务。这是改革开放以来苏州农业生产方式、经营方式的第二次变革。

进入新世纪,现代农业示范园区开始出现,苏州农业现代化发展找到了新的突破口,特别是农业"四个百万亩"总体规划的实施,以及城乡一体化配套改革和"三集中"①带来的机遇,使苏州现代农业发展进入了黄金期,以农业园区为主要载体的农业资源得以重新整合。与20世纪90年代不同的是,这次是高质量、高效率、全方位的整合,是改革开放以来苏州农业生产方式、经营方式的第三次变革。这次变革再次启动政府组织机制,从"分"走向了"统",当然,这绝不是"大一统"的回归,而是一种新型的更高层次的统分结合。如:2006年开始统一实施全市水稻良种购种补贴、在全省首个推行统一的农业保险,创新了以市(区)为单位、政府统一采购农药、集中配送、零差价销售,以村为单位开展水稻统一育秧、统一插秧等农业统一服务,上述创新在一定程度上满足了农业发展的需要,受到了广大农户的欢迎。

一、统一实施全市水稻良种供购补贴

2005—2017年,连续13年实施该补贴项目。这项苏州首创得到了国家和省农业主管部门的充分肯定,全省、全国相关会议上分别介绍了苏州的做法。2012年开始,以市(区)为单位的农业统一服务延伸到了小麦良种购种补贴。

随着经济的快速发展,工业化、城镇化加快推进,苏州水稻面积逐年减少,

---

① 即工业企业向园区集中,农村土地向规模经营集中,农民居住向新型社区集中。

但水稻品种很多，为了解决水稻品种多、乱、杂，产量、品质、效益下降的问题，在国家良种补贴政策的引导下，2005年起，苏州开始实行政府招标对水稻良种购种进行补贴的政策。截至2017年，苏州已经连续13年实施该政策。实施水稻良种补贴项目，积极引进、示范和推广优质、高产、多抗水稻新品种（组合），推动了苏州水稻品种的优质化进程，提升了水稻产量和稻米品质，提高了农民的种粮积极性，取得了巨大的经济和社会效益。

1. 制定补贴政策

目前，全市有水稻种植的乡镇（街道）70多个，涉及850多个行政村，共有6.1万户农户，全市家庭农场、专业合作社等规模化种植比例较高，水稻良种补贴项目作为苏州重要的扶农惠农政策，直接影响到全市水稻的生产和粮食供应。在各级农业、财政部门的共同努力下，经过不断的探索、改进，苏州成功建成了一套比较科学可操作的水稻良种购种补贴项目实施办法，明确了补贴品种，规范了实施程序，强化了组织监管，并配套了相关质量保证制度、项目实施奖惩制度等，保证了项目的公正和透明实施。

2010年，为了确保政策的延续性，鼓励农民种粮积极性，经市政府批准，苏州市农委和苏州市财政局联合制订了《苏州市水稻良种补贴项目实施管理办法》，建立了苏州市水稻良种补贴的长效机制。苏州水稻良种购种补贴对象为购买补贴品种种子的农户，补贴方式是由中标供种企业以优惠价（中标价扣除财政补贴额后的价格）供种，常规粳稻标准用种量为4公斤/亩，杂交粳稻标准用种量为1.5公斤/亩，苏州市财政承担5元/亩，各县级市、区财政配套不低于5元/亩，并适当提高对购买杂交粳稻种子农户的补贴标准，以鼓励农户种植优质、高产、多抗的杂交粳稻。2015年，在详细调研和充分征求意见的基础上，对2010年苏州市农委和苏州市财政局联合制订的《苏州市水稻良种补贴项目实施管理办法》进行修订（苏市农规〔2015〕1号、苏财农字〔2015〕16号），将补贴标准提高为12元/亩，其中苏州市级财政承担6元/亩，县级市（区）财政承担不低于6元/亩。同时进一步规范了项目实施的程序、期限，明确了各级管理部门的职责，强化了监督检查的力度。2009年，为提高良种补贴项目实施水平，创立苏州市水稻良种补贴品牌，经市政府同意，苏州市农林局、苏州市财政局对苏州市水稻良种补贴项目实施情况进行考核奖励，2010年，苏州市农林局和苏州市财政局制订了《苏州市水稻良种补贴项目考核奖励办法》。2013年，根据实施情况对该考核奖励办法进行了修改，并重新印发了《苏州市水稻良种补贴项目考核奖励办法》（苏市农业〔2013〕4号、苏财农字〔2013〕55号）。

2. 落实监管机制

(1) 水稻良种价格形成机制

维持水稻良种价格的稳定合理是确保该项惠农政策落到实处的重点,也是广大农民是否能得到实惠的关键。为了准确掌握水稻种子价格的构成和动态信息,市农委、市财政局和市物价局联动,定期开展水稻种子生产和加工成本的调研,建立水稻种子成本和销售价格的动态信息和发布机制。每年11月份在各地上报的下年度水稻良种补贴项目实施方案经专家评审、批复后,市农委、市财政局和市物价局及时组织各市、区种子管理部门及有关部门,分析、研究当年水稻种子(品种、数量)的生产、入库情况以及各地种子企业水稻种子收购、加工、包装、运输等的成本情况,并测算来年水稻种子销售价格行情动态,同时积极倡导提高水稻种子纯度,并建议适当提高优质种子销售价格,以体现优质优价原则。同时,各地财政和农业部门及时跟踪检查水稻良种供种企业的种子生产和加工成本及销售价格情况。在项目实施期间,苏州水稻种子价格一直保持稳定的增长机制,水稻种子销售价格变动合理,既保障了种子企业的合法利益,同时又切实维护了农民的利益,得到了广大农民的认可,对稳定我市水稻生产起到了积极的作用。

(2) 水稻种子质量全程监管机制

在《苏州市水稻良种补贴项目实施管理办法》中明确被列为苏州市水稻良种补贴的品种须通过省级以上(含省级)品种审定且苏州市为适种区域、米质达到国标三级以上、综合抗性强;良种补贴供应种子的纯度、发芽率和水分除须达到国家标准外,净度不得低于99.0%,发芽率不得低于80%;良种补贴供应种子(包括从外地调入种子)中"杂草稻谷"的含量不得超过万分之一。同时,不断完善水稻种子质量全程监管机制:一是严把水稻基础种子关。所有参与良种投标的种子企业生产水稻大田用种必须使用经市级以上种子管理部门确认的原种种源,凭合法合格的基础种来源证明领取种子生产许可证。二是严把种子生产检验关,在种子生产全过程做好田间纯度检验。通过定期检查水稻繁种田,督促企业做好去杂去劣。在收获前,及时组织全市种子管理部门进行田间纯度检验,督促企业淘汰不合格的种子田,从繁种源头防止不合格种子流入市场。三是严把种子质量检测关。自水稻种子入库后,市种子管理站即组织开展水稻种子质量的(普)抽查。在水稻种子精选包装后,各级种子管理部门及时组织监督抽查。在水稻种子供应到农户后,市农委组织相关部门开展供种情况检查,并到农户家中抽取水稻种子样品进行跟踪检测。这种明确品种和质量要求，建立严格的全程质量监管机制的做法，有效地保障了苏州水稻生产用种安全。在水稻生产过程中，截至目前，苏州尚未发生种子质量引起的事故，优良的品种和过硬的质量深得广大农户的认可。

（3）水稻品种主推和退出制度

在水稻良种补贴项目实施中，坚持合理布局水稻品种，既保证水稻品种多样性，也防止品种"多、乱、杂"，积极示范推广优质高产新品种。同时，严格执行主要农作物主推和退出制度，在品种推广中，积极宣传示范农业部门主推的水稻品种，坚决淘汰省级以上（含省级）相关部门确定退出的水稻品种。经过各级农业部门坚持不懈的努力，目前大多数市（区）的水稻品种基本保持在4只左右，有利于种植栽培和植保防治的统一指导，极大地提高了水稻种植的效益。在水稻品种的推广中，各地突出主推优质高产品种，搭配一些辅助品种和有特色的早熟、特优等产业化开发品种，既稳定了苏州水稻生产安全，又提升了地产稻米的产量和品质，为增加农民收益打下了良好的基础。

3. 加大示范推广

（1）推进品种创新

随着苏州市水稻良种补贴项目的持续实施，农民从农业部门推广的优质高产品种中尝到了甜头，他们种植更加省心、省力，产出的稻谷也不愁销路，"质量硬、品种优、服务好"的认识逐渐深入民心。为了适应广大市民迅速增长的对优质稻米的需求，苏州市农委以苏州市农业科学院、常熟市农业科学研究所等本地水稻科研育种单位为创新依托，积极合作开展新品种选育、试验专项研究。同时，积极与江苏省农科院粮食作物研究所、江苏（武进）水稻研究所、浙江省嘉兴市农业科学研究院、浙江省宁波市农业科学院等育种单位合作，不断引进试验优质、高产、多抗新品种。通过多年的努力，地产优质稻米的品种显著增加，市场上新鲜大米、营养大米、特优食味大米的供应增加非常迅速，品种越来越丰富，如"南粳46""南粳5055""常优5号""苏香粳3号""苏香粳100"等优质水稻品种得到了迅速的推广应用，大大提升了我市的稻米品质。"南粳46"优质大米以其独特的香味、较佳的口感多次获奖，在2006年和2007年江苏省粳稻优质米食味品尝会上均获得第一名，被誉为江苏"最好吃的大米"。2010年，在长春召开的"第五届全国粳稻米大会"上被评为"优质食味粳米"。"常优5号"大米在2007年江苏省粳稻优质米食味评比中获得一等奖，在无锡、江阴等市进行的蒸煮食味品质评比中综合得分均列第一位。其他如"苏香粳100""常农粳8号""武运粳30号"等稻米也在各种米质品尝鉴定活动中取得了优异的成绩。苏州地产的优质大米受到广大市民的热烈欢迎。

（2）建立示范网络

在水稻品种示范推广中，苏州市以实施水稻良种补贴项目为契机，坚持"积极示范、谨慎推广"的原则，通过多年的探索，在全市建立了"市、县、镇"三位一体的示范网络和工作机制，市种子管理站依托示范园（国家农作物区试站）开展新品种的鉴定和试验。县级种子管理部门选择基础设施完善、栽培技术成熟的试点，开展大面积示范展示。各市（区）种子管理部门组织镇、村建立小面积的示范点，用于面向村、镇的示范。在搭建好示范网络的基础上，市、县种子管理部门每年制订详细的水稻新品种试验、示范方案，围绕"新品种、新技术"集成示范推广，做到"统一组织、统一实施、统一规范、统一展示"，不断提高试验示范水平，提升示范展示效率，缩短示范推广周期。

（3）坚持"三个搭配"

第一，坚持早熟晚熟搭配。苏州北靠长江、南面太湖，水稻种植区域气候复杂。在水稻品种示范推广过程中，苏州市坚持因地制宜，根据各地的地理条件、生态气候以及耕作制度和方式，合理搭配水稻品种的熟期。例如在张家港、常熟等靠近长江的地区，以早熟品种为主，考虑冬季种植习惯，适当搭配种植晚熟品种，这几年水稻大面积生产主要推广"南粳5055""武运粳29号""武运粳30号"等，对于开发用的优质米，可以适当种植"南粳46"。而对于昆山、吴江、吴中等位于苏州南部的地区，则推广以品质为主的优质品种，如"南粳46""常优5号""常农粳5号"等。

第二，坚持常规和杂粳搭配。常规粳稻具有栽培技术成熟、稳产等优势。杂粳具有适应性广、产量潜力大等优势。在推广中，我们以提高生产效率和品质为宗旨，坚持常规粳稻和杂交粳稻合理搭配。目前，全市水稻大面积生产已经形成以常规粳稻为主、杂交粳稻为辅的生产格局。

第三，坚持优质高产搭配。在实施水稻良种补贴项目过程中，根据苏州的水稻生产实际和快速增长的消费需求，及时提出了"优质和高产相结合"的推广原则。在各级种子管理部门和农技推广部门的共同努力下，推广了国标一级米品种"常农粳5号""常优2号""常优4号"，国标二级米品种"常优5号""常农粳6号""常农粳7号"，以及特优食味品种"南粳46""南粳5055""苏香粳100"等，经过10多年的努力，逐步形成了以优质高产水稻品种为主的生产布局。

在各级政府的支持下，市、县（区）农业和财政部门根据《苏州市水稻良种补贴项目实施管理办法》的规定，紧紧围绕"品种、质量、价格"，坚持"公正、公开"透明操作,严把项目方案制订、审核、采购、供种、公示等各个环节,确保该项惠农政策落到实处,取得了预期的成效。2005年至2016年,苏州全市累计补贴水稻良种5827.78万公斤,拨付市级补贴资金7674.22万元,先后补贴"嘉991""嘉33""常农粳5号""常农粳7号""南粳46""南粳5055""武运粳19号""武运粳29号""武运粳30号""常优1号""常优3号""常优5号"和"甬优8号"等20余只优质高产水稻品种,累计补贴种植面积1497.57万亩,良种补贴种植比例占全市累计实际水稻种植面积1520.67万亩的98.5%。同时,累计发放项目实施考核奖励资金356万元,为项目的顺利实施提供了有力的保障。同时,"南粳46""南粳5055""苏香粳100"和"常优5号"等优质食味粳稻品种得到了全面推广,2010年"南粳46""常优5号"种植面积超过20万亩,其因特优的蒸煮品质和食味品质,迅速受到市场欢迎。2011年后"南粳46""南粳5055"和"常优5号"种植面积超过30万亩,推动了苏州地产优质稻米产业化的开发。水稻良种补贴项目的实施,既保证了苏州水稻生产安全,又提升了地产稻米的产量和品种,为增加农民收益打下了良好的基础,取得了显著的社会和经济效益。

"遥看田野连天碧,风从稻花香十里;炎炎烈日户不出,早有铁牛浪里行。"在各级政府的大力支持下,通过10多年水稻良种补贴项目实施的积极引导,优质、高产、高效的新品种得到了快速推广,地产优质大米重新回到了百姓的餐桌上。我们有信心、有理由相信,美丽富饶的"江南天堂"、物产丰富的"鱼米之乡"一定会继续得到传承和发扬。

水稻育种专家端木银熙培育的"常优""常农粳"系列水稻优良品种,为苏州市水稻良种项目的顺利实施创造了有利条件。

苏州袁隆平——端木银熙的水稻人生

端木银熙,1947年8月生,男,水稻育种专家,现任常熟市农科所正高级推广研究员、常熟市人民政府农业特别顾问,江苏省劳动模范,享受国务院政府特殊津贴。2011年12月,端木银熙荣登"中国好人榜"。

53年的不懈奋斗,玉汝于成,硕果累累。端木银熙长期从事水稻新品种选育研究工作,主持育成"太湖粳系列""常农粳系列""常优系列"水稻新品种26个。他培育的水稻新品在江、浙、沪、皖、鄂等5省市推广种植,累计推广面积超过6500万亩,增产粮食19.5亿公斤,增加社会经济效益30多亿元，为农业增效、农民增收提供了技术支撑，做出了应有的贡献。他也因此被袁隆平院士赞誉为"难得的、真正的水稻育种家"。

1. 矢志育种，把职业当成事业

水稻育种，听起来好像不太复杂，但端木银熙一辈子就做了这么一件事。不坐办公室，整天田头走，戴着大草帽，穿着黑套鞋，让他看起来更像是水乡田间的普通老农。为了农业强、农村美、农民富，从走上科研岗位的那一天起，他就立志把一生献给水稻。自从20世纪60年代当上公社农技员，读了10多本农作物育种书籍后，他就迷恋上了这份工作。70年代进入农科所，为他承载新使命提供了平台。1984年，他开始担任课题组长，其时，农业耕作制度实行重大转变，"双三制"回归"两熟制"，先前的育种努力基本付诸东流。端木银熙清楚，水稻育种长期而艰苦，要耐得住寂寞，扛得住艰苦，经得住诱惑，做一块无人知晓的铺路石。为了不忘童年挨饿的滋味，为了"民以食为天"的头等大事，他以极大的恒心和毅力，经过多年的连续奋战，破解了众多难题，取得了历史性突破。工作中的他，过度频繁地眨眼睛——眼神经紊乱、面部痉挛症，这是一生田间作业给他留下的病痛。但那双眼睛中闪烁着他内心深处对事业的专注和执着所燃烧出的光和热。在50多年的育种生涯中，他吃过太多的苦，受过太多的累，但他无怨无悔地把自己的一切都奉献给了钟爱的育种事业。不为名，不为利，为的只是他心中一个质朴而坚定的信念：水稻育种要促进农业增产，确保生态和谐。位于海南岛南部的三亚，长夏无冬，为了加快育种进程，1995年，常熟市农科所在海南省三亚市建立了水稻育种基地，从此端木银熙的生活中就有了两个夏天，育苗、插秧、耕作、收获，他一年经历两次。每年10月，常熟本地水稻收获后，端木银熙和他的同事们就会抓紧时间统计整理好资料，然后带着种子奔赴三亚，开始"南繁加代育种"，直到次年4月底才回到家乡。海南也因此成为端木银熙育种生命的延伸，成为他的第二故乡。全部身心的投入，不计回报的努力，动力来源于他把理想信念、职业道德和本职岗位联系在一起，不断追求育种之梦。

2. 劳作一生，将奉献作为义务

在普通人看来，三亚风景如画，但常熟市农科所的海南育种基地坐落于三亚市郊区的荔枝沟镇抱坡村，条件艰苦——租借的落脚屋里，最初没有像样的家具，也没有电视机；碰上干旱，连自来水供应都难以保证。试验田里，南国的烈日把稻田炙烤得热浪蒸腾,而这就是端木银熙团队每天奋战的无声战场。育种的过程艰苦而单调,虽然育种基地离著名的景区"天涯海角"和"鹿回头"很近,但端木银熙从没光顾过,"早晨踩露水、中午晒太阳",每天天不亮起床赶到田间,在泥泞的稻田里站上七八个小时,一直忙碌到下午两三点钟才能回来吃午饭。三四月间的海南,阳光烤得人头晕眼花,三天下来脱层皮。田间蚊虫叮咬、毒蛇出没,到下午时分,又饿又累,往往连脚都提不起来。这样的默默坚持与付出,成为端木银熙习惯的工作与生活方式。

20世纪90年代后期,端木银熙患上了肾囊肿,身体变得十分虚弱,大家都劝他别去海南,可端木银熙心想:"常优一号"的培育眼看到了关键阶段了,作为唯一掌握所有资料的人,我决不能耽误了育种的进程。于是,他毅然踏上了行程。几十次的海南之行,端木银熙总是和往常一样时刻冲在第一线。一天下午,在劳累了七八个小时之后,他浑身是汗,一个人几近虚脱地晕倒在厕所里。所有人都为他的身体担心,劝他别再继续拼命下去,端木银熙却不以为然地笑着说:"没关系,我端木银熙最多把这100多斤的身子交给育种事业!"

在农科所,端木银熙有属于自己的一间设备齐全的办公室,但他更多时间是守候在田头。由于长年在田间劳作,在阳光下作业,特别是守候水稻开花的时候,往往是一连几个小时地盯着稻穗,高度投入地忘我工作,汗水流入眼睛里都顾不得擦一擦,端木银熙的眼睛受到了极大的损伤,因此落下了病根。他还患有严重的脑动脉硬化、高血压、颈椎病等症,但为了育种,端木银熙从来就没把这些病放在心上,每次去海南前,他总是让妻子为他一次性准备好够用半年的药物,因为他想着节约时间,把精力用在自己钟爱的育种事业上。他常说:"太湖稻区水稻育种单位众多,不努力就要落后,我一定要赶在他们的前头。"

3. 求真不止,以创新贯穿科研

端木银熙深知,农业科研也要志在创新,不断在实践中学习提高,巩固已知,获得新知,探索未知。他虽是自学考试毕业,但常年的不断积累和知识更新,使他站到了水稻育种的技术前沿。为此,他不知翻烂了多少书籍,记了多少笔记,度过了多少不眠之夜。面对复杂的水稻育种,端木银熙在理论和实践的结合上不断提升,撰写了数十篇论文。为了确保育种成功,需要育种人练就一手剪颖的基本功,一株株、一粒粒地剪,需要授粉的一穗中,已经开过花的要剪掉，幼嫩的也要剪掉，留下来的还得剪掉颖壳的三分之一，这样授粉质量才好，结实率才能提高。剪颖之后，还要帮稻穗套上纸袋子并写好日期，上万个纸袋的工作量，不仅需要细心，更需要耐心，但他却说："我哪天看不到稻子，那这一天就好像没过完！"许多年来，海南育种基地的工作人员换了一茬又一茬，唯有端木银熙始终坚守，信念不变。几十年近乎痴迷的钻研和奋斗，源于在科技兴农的道路上践行自己的理想。

在工作中，端木银熙不光善于育种，更善于育人，用自己实实在在的行动告诉年轻人该怎样敬业奉献。他的科研育种团队，也是几十年来斗志高昂、并肩前行的战斗集体。

端木银熙没有时尚衣服，没有名牌手表，没有高档皮鞋，心中只有"水稻"二字。爱人到海南看他，也没实现旅游的愿望。他的敬业奉献，体现在对育种事业的不断追求，表现在工作中的身先士卒，显现在卓越的科研成果。他的同行，武进农科所农民水稻育种专家、国家科技进步一等奖获得者钮中一这样评价端木银熙："他来自农民，心系农民，把毕生精力都奉献给水稻育种事业，为国家粮食安全、为农业增效做贡献。既是农民的朋友，更是社会的楷模！"

鉴于端木银熙在杂交粳稻育种及推广方面做出的重大贡献，2007年10月10—12日，由袁隆平院士主持的第四届中国杂交粳稻科技创新论坛在常熟举行，国际水稻所以及美国、加拿大、智利、埃及、日本等7个国家，国内外90多个水稻科研机构、种子企业等360多位代表出席了大会，与会代表们现场参观了端木银熙团队创造的成果并给予了高度评价。

二、统一采购农药、零差价销售

政府统一采购农药、集中配送、零差价销售、财政补贴的办法，主要解决高毒高残留农药滥用带来的农产品质量安全、农业面源污染、影响生态环境等问题，从源头上有效控制了农药品种，杜绝了高毒禁用农药使用，并从粮食生产推广到蔬菜生产，从种植业推广到水产养殖业。《江苏省土壤污染防治工作方案》（简称"土十条"）中明确要求全省推广苏州经验。

张家港市2010年开始在全省率先探索政府购买农药"零差价"集中配送服务。目前全市粮食生产农药集中配送率达95%、果蔬农药达85%，化学农药使用强度2.8公斤/公顷以下，用量多年处于零增长状态，取得了明显成效。2015

年,张家港市获批农业部政府购买农业公益性服务机制创新试点。

1. 农药集中配送提出的背景

"农药再不管起来,农村里的矛盾可能越积越多。"这是农药集中配送实施前张家港市基层干部和广大农技推广工作者特别是从事植保工作者的共同心声。当时农药经营使用存在着严重问题:

第一,农药残留严重超标。根据2009—2010年江苏省和苏州市两级对抽查的蔬菜和稻谷样品进行监测的结果,2009年苏州全市蔬菜农残检测超标率为3.3%,稻谷6.1%(张家港市没有超标);2010年全市蔬菜农残检测超标率为1.6%,稻谷为5.1%。农残超标的主要类型是甲胺磷、久效磷、甲拌磷、对硫磷(1605)、毒死蜱、三唑磷和乙酰甲胺磷,超标频率较高的其他类型的农药还有三唑酮、菊酯类农药、吡虫啉等(以上数据来源于领导报告)。

第二,使用违禁农药事件时有发生。2008—2010年,张家港市查获多批次使用甲胺磷、甲拌磷(3911)等高毒高残留农药,同时还查获了呋喃丹、甲基1605、马拉硫磷等违禁农药。

第三,农药经营混乱,假冒伪劣农药坑害农民。张家港全市有证经营农药的店有144家,而无证经营农药的小商贩不计其数,有的甚至在菜场上公然出售农药,假冒伪劣农药坑害农民现象时有出现。2009—2010年,张家港市查获假冒伪劣农药2起,2009年假千金案、2010年假娇子案在农民中间造成较大影响。

第四,农药价格混乱,农民用药成本增加。由于经营混乱,又无法控制价格,部分农药利润率极高。统计2007—2009年三年全市农药利润率发现,从出厂价到农民买到手里,农药的平均利润率在49.5%,少数品种达到200%,严重侵害了农民利益。

第五,全国性农产品农药残留中毒事件影响极坏。仅2010年,全国出现了海南毒豇豆、山东毒韭菜、河北毒白菜等三大农残特大事故,这三件农药污染事件也提醒张家港市必须规范农药使用和农药供应,必须下决心整顿。

"农药必须在国务院《农药管理条例》的框架下管起来。"这是张家港市委、市政府的深切体会和战略眼光。如何才能管起来?张家港市政府要求市农委和供销合作社分头开展调研。张家港市农委在2009年10月专门开展了历时1个多月的广泛调研,重点对全市农药使用量、使用程度、品种来源、价格、农民承担的费用以及高毒农药经销等方面进行了详细摸底。调研发现,张家港市农户购买农药的主要渠道是经销商、农资公司及其配送点,只要抓住经销这个中间环节,就能抓住问题的要害,当时分管农业的市委常委提出了"零差价"配送理念，得到了一致赞同。所谓"零差价"，举个例子就是出厂价 1 元，卖给农民也是 1 元，不允许再加价，而经销商、农资公司及其配送点销售规定农药所产生的流通环节成本，则由政府进行补贴。这样既把农民吸引到政府推荐的农药产品上来，不给假冒伪劣农药留下可乘之机，又缩减了农户防治农作物病虫害的自费成本，实现了从源头上保证农产品质量安全和农民真正得到实惠的双赢。

2. 农药集中配送体系构建

有想法就要付诸行动，张家港市政府迅速成立了由市政府办公室牵头，市供销社、农委、财政局、纪委监察局等部门参与的农药集中配送领导小组和工作小组，从组织领导和具体操作两个层面齐头并进，着力推进此项工作。在多方的共同努力下，2010 年 10 月《张家港市农药集中配送体系建设实施意见》正式出台，农药集中配送在张家港市率先实施。

(1) 建立联席会议制度

由市政府办公室牵头，成立有市监察局、供销社、农委、工商、物价等部门成员参加的农药配送联席会议，负责张家港市农药集中配送工作。联席会议的主要职责是：制订集中配送方案，监督农药配送全过程，参加农药招投标。联席会议委托市供销社下属单位市惠农物资公司具体负责配送，市惠农物资公司在市农药集中配送联席会议领导下开展集中配送工作。联席会议明确市惠农物资公司联动各镇（区）农业生产资料公司做好配送，对种植大户一律送药上门。市惠农物资公司负责配送的农药不准加价，所配送到农民手上的农药价格一律为出厂价（零差价）。

(2) 明确主推农药品种

根据当年病虫发生的实际情况，结合农产品质量建设要求，每年 1—2 月份由农业部门提出当年稻、麦、菜、果树等四大作物病虫防治主推农药品种，并在农业网上公示。2011 年，全市主推农药品种 113 个，其中水稻 19 个，小麦 6 个、蔬菜 61 个、果树 27 个。

(3) 实施公开招投标程序

联席会议将当年所需农药品种在网上公示后，由惠农公司负责召集招议标，联席会议成员单位代表全程参与招议标，监督并保证中标农药符合质量要求和全省最低价。

(4) "零差价"集中配送到户

中标农药由市惠农物资有限公司联动各镇（区）生产资料公司实行集中配送，对大户一律实行送货上门。配送到农民手上的农药价格一律为出厂价，任何单位不得在出厂价格上加价，即为"零差价"。以目前供销社系统农资经营网络为基础，构建全市农药集中配送体系，实行"一条线经营"。具体操作规程为：市农委于每年夏、秋播前提出当季农药采购品种和数量，由符合条件的农药生产企业提出申请，经市农药配送联席会议评审确认后由市农委备案；在每个生产季节开始前由市农委、供销总社、监察局负责，对全市所需的主要农药品种在已备案农药生产企业中进行公开招标或价格议标，确定供货单位；对因病虫害发生变化需要调整新增农药品种的，由市农委及时通报市供销总社、监察局，实行临时议标采购。在配送过程中坚持做到"四个统一"，保证配送到位。

统一配送：由市供销总社委托市惠农物资有限公司将所采购的农药及时配送到基层农资企业，基层农资企业负责经销。为提高配送效率，对规模经营面积大、经济实力强、实行统防统治的村（社区），可由村（社区）统一到基层农资企业购买。其余可由农户自行到基层农资企业购买。

统一标识：在配送农药包装上加贴全市统一配送农药标识，以便在流通和使用过程中进行检查监督。

统一价格：集中配送的农药统一按招（议）标价实行销售。在零差价配送中要落实四项制度。一是落实农药进货公开招标或议标制度。所有配送农药必须实行统一采购，确保公开透明、价格合理。二是落实农药销售、使用登记卡制度。农药经销单位负责对农户和规模经营户发放农药配送卡。村（社区）统一购买农药的，由村（社区）负责登记；农户自行购买农药的，由农药经销单位负责登记。三是落实农药进销索证索票制度。所有农药经营单位对所销售的农药必须提供有效的产品合格证和进货发票。四是落实农药质量监管制度。由农业、工商、质监、公安、供销等部门组成联合执法小组，加强对全市农药市场的定期检查，对无证无照经营农药的，一经发现，严肃查处。

统一差率：为保证农药经销企业的正常运转，对农药销售差率实行财政补贴。2011年综合差率暂定18%，其中，受委托农药批发企业的综合差率控制在6%，基层农药零售企业差率控制在12%。以后每年由市财政局、农委、供销总社视情商定综合差率。实施配送后，农药经销差率总额市、镇（区）两级财政各补助50%，经费由市财政局每半年一次性统一安排至市供销总社，再由市供销总社拨付给受委托农药批发企业进行分配，分配方案由市农委、供销总社审核后报市财政局备案。

政府购买农业公益服务是一项新生事物，在推进过程中难免遇到这样那样的问题。为保障农药集中配送工作质量,相关监管部门对各环节主体的服务运行、效果评价、考核验收等方面进行考核监管,切实强化配送企业责任,要求各配送点确保配送农资及时、足量供应,专业大户农药实行送药上门服务,不误农时;对混搭非配送农药、外销配送农药或擅自加价等行为,一经发现,立即取消配送资格,不断提高服务对象的满意度。同时,农业、市场监管、公安等执法部门加大打击力度,坚决取缔无证经营,动态打击经营假冒伪劣农药、延伸经营和超范围经营行为,为全市农业配送创造良好的经营环境。监察、物价部门对农药采购过程进行监管,防止徇私舞弊行为。市供销总社健全配送网络体系,优化基层配送网点,强化内部管理,加强人员培训,提高服务水平。

  实践证明,农药"零差价"集中配送进一步增强了农民和农资企业双方的积极性,尽管张家港市财政每年补贴投入1500万元左右,但很快见到了预期效果。2011年春,张家港市集中配送农药防治小麦赤霉病,由于是农资供应点直接将农药送到塘桥镇韩山村种粮大户吴米其家,农药又是零差价配送,因此该户每亩小麦用药要比在市场上购药节省两块多钱,农药的质量又有保证,该户种植的1100多亩小麦当年防治赤霉病第一次用药就要比往年节省2300多元钱,由于药品防治效果好,当季小麦亩产增加了30公斤,仅小麦增产一项就增收6万多元。

  实施农药集中配送服务6年来,张家港市农药经营秩序、经营行为得到规范。农药"零差价"配送,使小商小贩、无证经营户无空子可钻;统一用药、统一价格,减少了无序竞争和不正当竞争。农产品质量安全有了源头保障。通过农药配送电子信息化管理平台,农药购销实现了信息化管理,农户刷卡买药,实现了农药购买实名制,做到农药来源可追溯、流向可追踪;集中配送农药以低毒高效或生物农药为主,与集中配送前相比,高效低毒农药和生物农药使用比例分别提高28%和10%,农药使用强度下降41.6%。广大农民得到了实实在在的实惠。农药集中配送,农民享受的是出厂价,光粮食一项,张家港市一年就可节省生产用药成本1000多万元,因此也得到了广大农户的大力支持和配合。

3. 农药集中配送在苏州全市得到推广

  张家港市农药"零差价"集中配送的成功也给苏州其他市(区)带来了启示。作为苏州乃至上海重要的米仓和"菜篮子"之一,常熟市2012年开始实施农药"零差价"集中配送,太仓市也相继实施。2013年,苏州全面推行农药零差率集中配送,目前已实现各涉农市(县、区)全覆盖。至2016年,全市农药集中配送中各级财政补贴金额为3623.6万元,其中镇级补贴881.7万元,实现农药配送额 6.25 亿元，建立集中统一配送点 249 个，共计配送农药 2548.2 吨，配送农药占农药使用总量的 84.7%。据常熟市资料显示，集中配送实施前农民的亩均水稻用药成本在 110～130 元（属中等病虫害发生年），蔬菜在 250～300 元。开展集中配送后，农户水稻亩均用药成本仅为 87 元，蔬菜为 200～220 元，与未实行"零差率"的时期相比，每亩节本近 40 元。省、市有关部门对基地、农户、市场的农产品农残抽检结果表明，2012 年常熟市合格率为 98.2%，2013 年、2014 年分别达到 99.5% 和 99.8%，实现了"安全+降本+生态"三重效应。

各地在充分借鉴张家港市农药"零差价"集中配送经验的同时，不断进行摸索创新，目前全市基本形成了一套较为成熟的组织架构和配送体系。

在配送网络的组织架构上，各市（区）政府办公室牵头多部门成立农药集中配送领导小组和工作小组。领导小组定期召开联席会议，研究分析和解决在配送工作中的新问题、新情况，确保配送工作顺利推进；工作小组负责农药招标（议标）、集中配送、经营管理、结算核算等日常工作。同时以市（区）、镇两级农业植保专家、各镇农服中心主任、专业合作社代表、村主要负责人代表、种植能手代表和农资公司相关人员等组建采购专家评审库，采购时随机抽取一定人员组成评审组评标采购。基层配送站点由各镇按照因地制宜原则，结合各地种植情况、作物分布、购买习惯等，选择具有资质、条件的农资经营部、农业专业合作社、农业公司等进行布点，实现全市各涉农乡镇农资配送网点全覆盖。所有配送站点统一装潢设计、统一标识编号、统一柜台摆放、统一技术服务、统一规章制度、统一信息化管理，成为代表政府形象的经营配送平台和文明服务窗口。

在农药配送体系建设上，由张家港市开始提出的"四个统一"被逐步完善提炼为"五统一"：

（1）统一采购

各市（区）农业部门于每年年初根据农业部、省植保站、苏州市植保站推荐主推农药目录结合本市（区）防治需要，提出全年农作物农药采购总目录。据统计，到 2017 年全市共推荐各类农药品种 267 个，其中杀虫剂 105 种、杀菌剂 106 种、除草剂 56 种，全部为高效低毒低残留农药。由市（区）农资公司委托市（区）政府采购中心在经市（区）农药配送联席会议确认的农药生产企业中进行竞价或询价采购，确定供货单位，竞标企业必须具有较好的信誉、产品质量可靠，最终达到了两个确保：第一要确保农药质量安全可靠，第二要确保农药价格省内最低。对因突发事件或病虫害发生变化，需要临时调集或新增农药品种的，由农药"零差价"集中配送工作小组进行审定，农资公司及时组织货源，实行临时竞价或询价采购。

（2）统一配送

各市（区）农资公司负责把通过招标采购的农药配送到各乡镇配送站点，农户凭身份证或电话号码在配送站点直接购买平价农药，种植规模大、经济实力强、农药用量多的种田大户、家庭农场和农业专业合作社，可电话预约送货上门；一般农户自行到所辖镇区域内的配送站点采购，由配送站点提供相应的农药使用方法和技术指导。农户购药上限根据系统采集的种植品种和田亩数设置1.2的系数，超出限额部分不再提供政府"零差价"补贴农药。

（3）统一差率

集中配送农药统一按政府采购招标或议标价格实行"零差价"销售。各地"零差价"补贴没有统一标准，可动态调整。如昆山市补贴农药价格的46%，其中26%补贴在流通环节，20%以8折农药价格实惠补贴给农民。张家港市水稻、小麦等常规作物补贴18%，蔬菜补贴35%，近两年蔬菜绿化作物补贴标准调整到28%。常熟以粮食为主的常规作物补贴16%，太仓市补贴20%，吴江、吴中、相城三区补贴标准分别为18%、28%和30%。

（4）统一平台

农户凭农业信息基础数据库登记的个人信息在所辖镇区域内的配送站点购买"零差价"农药。基层配送站点通过农药配送管理信息平台完成对农户"零差率"农药的配送，以电子信息取代纸质记录，实现农药规范化管理。监管部门通过该平台实现对农资公司及各农药配送站点销售情况的实时监控，最大限度地降低行政监管成本。

（5）统一补贴

为保证农药集中配送网络的正常运转，各市（区）财政对农药配送给予实际销售额一定比例的工作补贴。如常熟市规定实际销售额的17%作为工作补贴，其中对市农资公司按销售实绩给予5.5%的工作补贴，对基层配送网点按销售实绩给予10.5%的工作补贴，对农药政府采购、执法、普查等工作事项安排销售实绩1%的工作经费。

农药"零差价"集中配送这项借政府"有形之手"管理农药流通、使用的制度，很快赢得了各界的首肯。2013年，全国人大代表、江苏梦兰集团董事长钱月宝提案建议，推行农药集中配送，引导农民规范用药，是县市与乡镇政府亟须履行的重大职责。她甚至建议，力争在5年内优先做到全国粮食、蔬菜、水果等市场需求量大的农产品的用药全部集中配送，以提升农产品质量安全。借力"两会"及媒体，苏州市农药集中配送制度从此引起各方关注。近年来全国各地纷纷到苏州、张家港来考察学习，有的地方也已经开始效仿苏州实施农药"零差价"集中配送。

苏州农药"零差价"集中配送的做法和经验得到了江苏省委、省政府的高度肯定，江苏省委、省政府并把积极推广苏州等地农药零差率统一配供的经验写入《江苏省土壤污染防治工作方案》（"土十条"）的第三条第十款。2018年又被收入《江苏省农业农村发展和改革创新典型案例》。

三、统一农机装备、统一服务管理

全市农业机械化水平达88%以上，已连续4年位列江苏省第一，为全市现代农业建设提供了物质保障、基础保障和服务保障。全市粮食生产机械化耕翻水平为100%，机械化收割水平99%以上，水稻种植机械化水平95%（还有5%是人工直播稻）。全市经工商部门注册登记的农机合作社达317个，其中4个为全国第一批示范合作社，省五星合作社3个、四星13个、三星73个，农机维修点41个。

常熟市以统一建造农机库房为抓手，深入推进农机社会化专业化服务。近年来，随着土地流转、规模经营和现代农业技术的发展，以规模化、机械化为重点的现代农业发展十分迅速，加上农机购置补贴等政策的支持，一些种植大户、家庭农场和农民合作社等经营主体几乎都拥有几台、十几台甚至几十台农机，而且数量在逐年增加。到2010年底，常熟全市拥有农机总动力33.6万千瓦，拥有拖拉机1900台（其中大中拖834台），排灌机械12157台，联合收割机642台（其中高性能半喂入251台），插秧机1321台（其中乘坐式386台），高效植保机3705台，秸秆还田机519台，设施农业装备6280台（套）。常熟市农机具发展如此迅速，得益于该市从1989年就开始实施县级农机购置补贴和农机公共服务体系建设财政扶持政策。由于政策扶持启动早、相关工作基础扎实，因此常熟市也先后被列入全国水稻生产机械化示范县（市）、江苏省农机化综合示范县（市）。但是，与农机具数量不断增长形成明显反差的是当时农机公共服务体系的严重不配套。

1. 农机具库房严重不足，农机损耗大

大量的农机具没有专门的存放地点，使用完随处停放，也没有遮挡设施，加上受农业生产季节性限制，大部分农机具使用时间不长，而停放时间长，日晒雨淋，造成农机具零配件生锈、性能减弱，农机损耗大。

2. 服务人员年龄老化、素质偏低，主要反映在镇一级

镇级服务人员平均年龄达51.5岁，且初级职称以下人员占到86.8%。市级服务人员平均年龄达41.5岁。受性质和编制制约，近几年市、镇二级几乎没有新的人员补充。不出几年一大批人员将退休，如果没有补充，将严重影响农机公共服务能力。

3. 服务设施退化，网络不完整

原有的镇、村农机公共服务机构撤并，资产转移，特别是农机维修供应网点大量萎缩，仅有的三四家镇级维修点设施落后、人员稀缺、能力低下。仅存的供应点也入不敷出，面临关门。

4. 服务方式单一，适应性差

随着以规模化为特征的现代农业的发展，农机经营模式和作业服务方式也在不断改变，原有的农机公共服务方式已不能适应新型农业经营主体的需求，服务矛盾也在增大。

为进一步完善农机公共服务体系，大力发展农机社会化服务，常熟市找准问题要害，果断决定从解决农机具场库这一平台入手来推进合作社的建设。在全省，常熟市是率先提出并实施这一举措的县级市。2010年8月份，市政府就农机具场库建设用地及相关问题召集农委、国土、农工办、财政、住建、规划、安监等部门召开专题协调会，并达成了一致意见。9月份，农委与国土局联合下发了《关于农机存放场库用地等有关事项的补充通知》，从根本上解决了农机具场库建设用地政策问题。解决了这个问题后，常熟市又于当年出台了《常熟市新建农机场库区域布点规划》，在农机具场库和合作社怎么建的问题上，提出以全市27万亩永久保留粮田为主要依据，按5000~10000亩布一个点为标准，全市布点总数控制在45~50个，实行以镇布局，打破村区域；出台了《常熟市农机场库建设规范》，明确建设实行"六个统一"，即统一布局定位、统一建设要求、统一建筑设计、统一功能配置、统一软件建设、统一标识编号。常熟市农委统一选定勘察、设计单位，并在建成的场库上悬挂"常熟农机"标志和带有编号的标志牌。2011年以来，全市农机库房建设经过了三个阶段：

第一阶段：2011—2012年。按照市农委、市国土局《关于农机存放场库用地等有关事项的补充通知》《常熟市新建农机场库区域布点规划》《常熟市农机场库建设规范》等文件的要求，按村级申请、镇级审核、签订协议、市级备案流程操作。全市布点规划规范化农机场库49个，实际建设完成数47个，建筑面

积 5.04 万平方米，市级财政按每平方米 150 元进行奖补，涉及市级建设奖补 802.18 万元，镇级 2687 万元。其中海虞镇、古里镇、梅李镇、碧溪新区场库由镇财政统一出资建设，虞山镇、尚湖镇、董浜镇、辛庄镇、支塘镇对场库建设参照市级标准进行配套。

第二阶段：2013—2015 年。建设依据为市府办《关于完善设施农用地管理试行意见的通知》（常政办发 2012 - 157 号），农机场库等建设统一划为设施农用地范畴，按经营者申请、镇政府申报、部门会审、市政府审批流程操作。海虞镇、辛庄镇等镇对部分农机场库原址参照设施农用地管理意见进行了扩建或新建。实际建设设施农用地 74 个，占地面积 17.74 万平方米，其中农机场库 6 个。

第三阶段：2016 年以来。根据市府办《关于进一步完善设施农用地管理的意见》（常政办发 2015 - 208 号），设施农用地建设按经营者申请、镇级审核认证、镇级公告、申请备案、备案核实、结果公示流程操作。实际建设设施农用地 16 个，占地面积 1.77 万平方米，其中农机场库 3 个。

至 2017 年底，常熟全市共建设规范化农机场库 56 个，建筑面积 5.08 万平方米，占地面积 8.68 万平方米，总投资近 5739 万元。

场库建设是硬件的建设、平台的建设，而运作机制的形成和制度建设则是软件建设，事关建设好的场库究竟能不能发挥作用、能发挥多大的作用。对此，常熟市在狠抓农机库房统一建设的同时，于 2011 年 9 月由市政府下发了《关于率先基本实现农业机械化的工作意见》。该意见将农机专业合作社建设列入农机化工作重点实施的"八大工程"之一，明确建设一批具有一定规模和标准的农机专业合作社，并重点扶持一批具有一定服务规模、管理规范、效益显著的星级专业合作社，从而全面推进了农机专业合作社的规范化、标准化建设。截至 2017 年底，常熟全市有农机专业合作社 56 个，合作社社员 1477 人，承担农业生产 80% 的机械化作业面积。全市有农机户 1408 户，农机作业服务专业户 772 户。

在农机社会化、专业化服务中，常熟市积极引导合作社向"八统一"的运作和服务模式方向发展，并取得了实际成效。统一机具存放：社员大中拖、联合收割机和插秧机统一存放在规范化机库中，集中存放，规范保管，低价收费。统一维修保养：存放机具在合作社实行统一组织的维护保养，合作社人员自修为主，市农机技术部门派人指导。统一机具调度：合作社统一对外发布信息，统一安排作业区域，统一进行忙中的即时调度。统一作业质量：合作社就主要农机作业的质量实行上墙公布，并作为行业标准，以确保作业质量。统一收费标准：合作社将主要农机作业的收费标准对外公布，并作为行业标准；收费由社员自行负责，实行分机核算。统一人员培训：合作社适时组织社员开展技术、管理等方面的知识培训。统一台账管理：合作社对社员的机具实行统一规范的台账管理，内容包括机具管理台账、机具维修台账、机具检审台账等。统一标识服饰：合作社软硬件建设及对外使用全省统一的标识。

四、统一水稻育秧、统一机械插秧

主要解决水稻机插秧育秧技术要求高、一家一户难做到、秧田水资源浪费等问题。

水稻商品化集中育供秧是综合利用现代化育秧物质装备与技术，以工业化思维理念集中生产标准化壮秧，进而实现商品化有偿服务的一种新型农业生产经营方式。其顺应了当前农村经济与社会变革新趋势发展的需求，以水稻商品化育供秧为纽带，有力地把水稻育秧技术、农业机械等生产力创新发展和当前农村生产关系变革融合到一起，对加速实现水稻生产机械化、规模化、标准化和产业化发展有重要的推动作用。

2007年以来，在各级政府的行政推动下，苏州进入新一轮水稻机插秧发展时期，而且近年来发展势头迅猛，目前全市水稻播栽方式主要有机插和直播两种方式，而机插秧占比85%以上，手栽稻已基本被淘汰。机插秧为什么能发展如此迅速？从技术层面看，农机配套、农艺融合是保障；但从生产层面看，推行水稻集中育供秧是关键。2008年开始，苏州市以部省级水稻高产增效创建万亩示范片（2015年开始称为水稻绿色高产高效示范片建设）为平台，积极探索水稻集中育供秧技术及服务模式，2012年开始进入快速发展阶段，目前苏州全市有70%以上的机插秧田块实现了集中育供秧。从苏州实践来看，实行集中育供秧：一是解决了农村劳动力短缺问题。育秧是水稻生产中技术要求最高、劳动强度最大的环节。苏州市随着工业化、城镇化的推进，农业劳动力越来越弱化，集中育秧则很好地解决了这一问题。二是提高了水稻单产。农谚讲"秧好半熟稻"，集中育秧统一优良品种、统一技术规程、统一规范管理，秧苗素质高，奠定了高产稳产的基础。据调查，采用集中育秧的稻田比分散育秧的稻田每亩平均增产5%以上，平均增效10%左右。三是节约了生产成本。集中育秧有三"省"，"省地、省种、省工"，每亩大田生产成本42元左右，比分散育秧每亩大田成本减少6.0元。四是有利于推进机插秧发展。制约苏州水稻机插水平的一个重要原因就是秧苗标准不统一，不适合机械栽插。集中育秧可为分散的农户提供代耕、代育、代插一条龙服务，有专门的农技人员管理，秧苗一致性高，机插损伤率低，农民的接受度越来越高。

在推进水稻集中育供秧过程中，苏州各地结合不同的经营方式，大胆实践、积极探索符合当地实际的服务模式，具有代表性的主要有以下四种：

1. 以农机专业服务组织为主体的集中育供秧

这种模式主要由专业服务组织为种粮大户和部分小规模种植户提供育秧、机插一条龙服务，是一种纯商业模式。该模式主要分布在张家港市，常熟市的辛庄镇、尚湖镇，吴江区的松陵镇、震泽镇，以及相城区的望亭镇等地。目前这种育供秧方式占苏州机插集中育秧面积的30%，育秧组织一般每亩收费120～150元，每亩有30～40元的效益。这种运作模式需要专业化服务组织与服务对象之间建立良好的诚信机制做保障。

金香溢农机服务专业合作社是三级农机服务点，除了保养、修理合作社的农机，也为周边乡镇的种粮大户提供包括播种育秧、机耕机插、收割、烘干加工在内的农业生产全程机械化服务，受到了周边农民和其他乡镇种粮大户的欢迎，更成为"2016年国家农民合作社示范社"之一，是苏州市唯一一家获此荣誉的合作社。目前合作社服务近8000亩农田规模，为相城区及周边其他乡镇的合作社或家庭农场提供订单式服务、托管式服务和复制家庭农场这3种生产经营服务模式。其中，2000亩地为托管式服务，即从插秧到收割烘干整个水稻生产加工环节均由合作社负责；近6000亩地提供订单式服务，合作社在单个或多个环节将自身的优势提供给服务对象。合作社带动了望亭镇及其周边地区乃至相城区的农业机械化和现代化发展，使相城区农业机械化率由原来的85%发展至95%，成为农业机械化和现代化示范，从而有效推动了周边种粮大户的产业化发展。

2. 以村集体组织或村办农场为主体的集中育供秧

这种模式主要由村集体组织或村办农场与农户分别预先签订育供秧合同，建立品种、面积、育秧管理等相关档案，在各类财政补贴资金的支持下，为农户免费或成本价提供育秧、插秧服务。该模式主要分布在太仓市各乡镇，以及张家港市、常熟市和吴江区的部分镇村。它不仅提高了育秧的规格质量，而且还合理错开了机插作业时间，有利于统一安排机耕、整地和管水服务等作业内容。这种育秧方式占苏州全市集中育供秧总面积的30%，育秧组织一般向大户每亩收取80～90元低成本费用，村级主要起组织协调作用，提供无偿服务。

张家港市凤凰镇杏市土地股份专业合作社由村民委员会发起组织，农民参股合作经营，于 2012 年 10 月 28 日成立，经营总面积 1318.38 亩（其中 1178.89 亩种植粮食、82 亩种植果品、57.49 亩种植苗木）。近年来，合作社通过先进设备设施、专业技术、现代管理进行武装，开展专业化服务、优质稻米和特色果品种植、旅游开发等，既增加了集体农业收入，又能提供村民就业岗位。村集体走出了产出高效、产品安全、资源节约、环境友好的现代农业发展道路。

合作社依托镇村农技人员从 2013 年起开展水稻集中育秧，采用的育秧设备是日本"井关"牌播种流水线，兴化"牛叔"育秧基质，开展露地集中育秧。2017 年，合作社育秧秧池面积 13.2 亩，育秧总盘数 33012 盘，为全村 1179 亩水稻提供标准秧苗，其中自育秧 759 亩，与 2 名种植大户签订水稻机插秧育秧服务协议，共提供成品秧苗 11760 盘。

3. 以农服中心为主体的集中育供秧

这种模式依托当地农机专业合作社，由镇农服中心提供技术支撑，采取"五有五统一"的办法，主要集中在万亩示范片区和千亩高产示范方上提供服务。主要以常熟市的海虞镇、古里镇和昆山市的淀山湖镇等为代表。这种育秧方式占苏州全市集中育供秧面积的 10%，仅收取农户成本费。实践证明，这种形式安全系数最高，秧苗素质有保证，但服务人员压力大、风险高，比较辛苦。

海虞镇商品化集中育秧基地由常熟市海虞镇政府投资建成，目前育秧基地总面积 130 亩，总投资近 359 万元。该基地由镇农服中心统一组织协调，府东农地股份合作社具体操作，从 2010 年开始从事水稻商品化育秧专业化服务，专门为周边农户提供健壮的机插秧秧苗。合作社服务区域开始时是以三新村本村为主，后来逐步扩大，到 2015 年为农户代育了 14000 多亩的机插秧秧苗。商品化集中育秧基地的建设有力地推动了该镇机插水稻的快速发展，2014 年全镇机插秧率从上年的 43% 提高到近 90%，2015 年全镇基本实现机插水稻全覆盖。主要做法有：

一是依托政府扶持，增添新机具。为了更好地服务农户，为农户提供健壮秧苗，2012 年、2014 年镇政府分别投资 150 万、209 万建成了 130 亩的高标准商品化集中育秧基地，添置了 5 台播种机、32 万只硬盘。

二是合作社与各大户签订了供秧协议，供秧协议明确规定了为各大户提供秧苗的时间、品种、面积。每年 3 月份育秧基地委托村进行调查摸底，根据需育秧数量备足育秧材料，到 5 月份再与需购秧的各大户签订协议，主要是落实各大户所需品种和插秧时间，再确定各批次的播种时间。

三是由镇农服中心安排专人具体负责指导和相关的协调工作。合作社按技术指导人员的要求,从浸种开始为农户培育适龄、无病虫的壮秧。

四是坚持"五统一",实现全程商品化。坚持统一品种。水稻种子由农户提供,原则上只对市主推品种进行代育秧,能有效地避免品种杂乱,便于栽后管理,充分发挥优良品种的高产潜力。坚持统一用种量,每亩大田常规稻用种4公斤、杂交稻3.5公斤。合作社统一浸种、定期落谷、分批次进行,防止秧龄过短或过长。统一病虫防治。在移栽前三天揭膜、第二天用好起身药。坚持统一商品化育秧、供秧。坚持机插时,随时供秧。大户机插时,合作社按照常规稻25盘/亩、杂交稻20盘/亩为大户提供秧苗,确保栽插的合理。育秧费用为2.2元/盘,结算以实际供应的盘数为准。

五是统一明确职责。秧苗起运及秧盘移到公路上由农户负责,秧盘入库由育秧基地负责。农户如果需要带秧盘的须付3元/盘的押金,农户何时退还秧盘何时退回押金。育秧费用一般在当年7月20日前结清。

4. 以规模经营大户自育自插为主、兼带代育代插秧服务的集中育供秧

这种模式主要依靠有多年育秧经验的种粮大户提供代育秧与机插服务。典型代表有张家港市南丰镇民联村、吴江区汾湖高新区雄丰村等。此种方式占苏州全市育供秧面积的30%,一般每亩收费120元左右,效益可达30元左右。这种模式被服务对象虽然付出费用略高,但由于建立在双方自愿基础上,一般矛盾较少,风险较小。

何桂兴是张家港市南丰镇稻麦种植大户,从事规模种植十几年,目前在南丰镇承包种植水稻面积1680亩。由于其经营面积较大,劳动力使用较多,所以从机插秧一开始推广,他就积极应用,经过多年的摸索,他的育秧水平逐年提高。近年来,随着各级政府大力推进标准化集中育秧点建设,加之周边大户也迫切希望有人帮其代育秧,2016年何桂兴索性牵头联合民联村农户发起成立张家港市兴田植保专业合作社,走上了规模育供秧的道路。

合作社集中育秧基地位于南丰镇民联村12组,秧池面积约33亩,拥有育秧硬盘11万张,育秧流水线3台,建有简易的育秧工棚,采用基质+硬盘+流水线的播种、叠盘暗化、摆盘绿化育秧模式。同时,为了节省成本,育秧点配备多种机械,如改装过的履带车,借助履带车可一次搬运播种好的育秧盘800张。为充分利用秧池,育秧点前茬种植奶牛饲用青麦,4月中旬前收割青麦,而后腾地制作秧板。为了易于管理,30多亩的育秧基本上分5

批次5个区域，较前的3批次因播种时间较早，一般不采用暗化处理。

经成本测算，每盘秧成本价约为2.45元，根据测算结果按每盘2.5元出售（代育秧的全部为农户提供稻种），对不提供稻种者按每盘3元出售。每盘育秧成本主要包含基质0.9元/盘、秧盘损耗0.4元/盘，流水线播种机0.38元/盘，人工0.61元（因本地人工紧缺，人工是从连云港请来的，要为他们安排食宿，还包含运秧成本），田租金0.07元，无纺布及浸种药0.09元等。从浸种开始，一直到秧苗送到田头，中间工作全部由育秧点代为完成，农户只需要等在田头即可，非常省心省力。

通过合作社工作人员的努力及市镇指导员的精心指导，这几年来，合作社秧苗出苗齐、长势好，没有和服务对象发生矛盾纠纷，服务对象满意度较高。

五、统一打造品牌、统一产品销售

主要解决农产品质量和效益不高的问题。下面介绍相城区望亭镇"金香溢"大米品牌销售的情况。

"金香溢"大米的启示

"金香溢"是苏州市迎湖农业科技发展有限公司生产的地产优质大米品牌。这家创建于2008年的民营企业，位于风景秀丽、环境优美的太湖之滨——相城区望亭镇迎湖村。该企业建立10多年来，紧紧围绕打造"绿色、生态、有机"大米，不断开拓奋进，创新出了"企业+合作社+种植大户"的优质大米产业化新模式，同时发挥龙头企业优势，成立了苏州市相城区金香溢农机服务专业合作社，成为集贸、工、农、产、加、销于一体的民营企业。

"金香溢"一步步在苏州扎稳脚跟，与其掌门人朱伟琪洞察市场需求、准确进行市场定位分不开。他坚持认真学习国家出台的农业文件、经济发展政策，主动研究并按照市场需求调整自身的经营策略，瞄准粮食的中高端市场，致力于"金香溢"的品牌经营，实现了两大跨越。一方面，实现了从做农民到做泥腿子CEO的跨越。苏州市迎湖农业科技发展有限公司利用自身优势，以种植精品有机稻为主导，着力延伸产业链建设，实行生产、加工、销售有机结合，集成优化资源配置，拓展生存空间，推进产业化快速健康发展，实现了从单一种田到生产、加工、销售一体化模式的转变。另一方面，实现了从做品质到做品牌的跨越。朱伟琪认为，除了品质，就是品牌。苏州市迎湖农业科技发展有限公司倾力做优、做强品牌，从而扩展市场，提升产品"附加值"。早在2008年刚承包耕地时，他就注册成立了公司，并为自己生产的稻米创立了"金香溢"品牌。基地条件得天独厚，紧临太湖，远离工业区，空气清新，土壤肥沃，水稻引用太湖水灌溉，农场（水、空气、土壤）没有任何污染，特别适合发展绿色生态农业，尤其大米种植，全力打造"绿色、生态、有机"大米。

"金香溢"在农业生产的产前、产中、产后管理方面形成了比较完整的紧密联系、有机衔接的产业链条，规模化管理具有较高的组织化程度，形成了高效率的现代农业管理体系。公司实行产业化开发、市场化运作，除了完成订单任务以外，还进行优质稻谷生产，优质加工，并注册"金香溢"牌大米商标，实行统一包装，品牌销售，同时还通过了绿色食品认证，其中200多亩优质稻米通过了有机食品认证，年销售优质品牌大米超过1000吨，产品在苏州国际农产品展销中心、苏州市农产品展销会和直销门店等销售。"金香溢"的这种经营模式，使产业链得到了延长，产品在加工和销售中得到了增值，有效提高了经济和社会效益。2009年到2012年，"金香溢"大米获评为"绿色食品A级产品"；2012年获"有机转换产品认证证书"（中绿华夏有机产品认证中心）；2009年到2012年，"金香溢"大米获得"苏州市名牌产品"称号；2011年，"金香溢"大米获"最受苏州老百姓喜爱的地产大米"第一名，并获"金奖"；2012年12月，"金香溢"大米获评为第十届中国优质稻米博览会交易会优质产品；2013年1月，"金香溢"大米获得"江苏名牌农产品"称号。目前"金香溢"大米的销售网络已覆盖苏州市各区。

在短短10多年的时间里，"金香溢"成为姑苏大地上引人瞩目的农业品牌，其成功经验告诉我们：推进农业现代化，打造具有市场竞争力的品牌，需要各级党委和政府的扶持，同时也需要经营者自身的努力与创新。朱伟琪正是这么做的，"金香溢"已成为市场经济条件下粮食生产经营的成功样本。

六、统一建设为农服务社、农民"六个不出村"

吴江区171家为农服务社遍布全区,为农服务社让农民"六个不出村"。

早在2002年,在吴江区供销合作总社等单位的指导下,杨坟头村就创办了苏州第一家为农服务社,该服务社集农村超市、庄稼医院、文体娱乐、体育健身、警务卫生、代办服务于一体,广大农民通过服务社即可实现"六个不出村":购买日常生活用品不出村;购买农资、饲料不出村;咨询农技不出村;修配小农具不出村;小病治疗不出村;文体娱乐不出村。截至目前,吴江区已建有为农服务社171家,基本覆盖了该区各个乡村。吴江区平望镇双浜为农服务社由该区供销合作社和双浜村委会联合组建,2010年被命名为"省级为农服务社样板社"。服务社集农业生产资料供应、庄稼医院、医疗卫生服务、体育健身、文体娱乐于一体,经营服务面积1500多平方米,其中:日用品超市180平方米,经营品种1000多个;农资超市30平方米,经营品种60多个。服务社里还设有图书阅览室、警务室、卫生室、文体活动室、党员之家、老年活动室等,并提供委托代办邮政、旅游、保险、律师、劳动中介等服务。双浜为农服务社是吴江区为农服务社建设的一个缩影。

随着服务范围的扩大和服务功能的提升,村民对为农服务社的要求也越来越高。近年来,吴江区积极回应村民服务需求,以每年改造5~6个为农服务社的速度,稳步推进为农服务社改造升级,全面实施标准化建设。到目前为止,已有30家为农服务社完成改造任务,实现了面貌新、业态新、服务新,在农资配送、农产品销售等方面不断创新,进一步擦亮为农服务品牌。

1. 农村综合服务向信息化延伸

在全面实施为农服务社标准化建设,建好生活超市、农资超市,维护公益项目的基础上,吴江区在服务社引入了"邮掌柜""@农宝""惠农通"等金融、电子服务项目,为农民提供查询、转账、缴费、小额取款等服务,帮助解决支付难、结算难、取款难等实际问题。

2. 农资统一配送向现代农业延伸

吴江区已经建起了2个配送中心、24个配送点,连接171个为农服务社。在农药集中配送的基础上,从2015年开始,率先开展本区域水稻测土配方肥的统一配送,每年完成化肥农药配送销售3000万元以上,其中农药销售1800万元以上,同比增长16%;配方肥销售1200万元以上,同比增长56.8%。2016年,同里镇北联国家级现代农业示范园区农资配送分中心正式启用,实现了农资配送与现代农业的有效对接。

3. 农产品销售向"互联网+"延伸

以吴江国家现代农业示范区电商合作点为示范，引入全国"供销 e 家"平台，并与江苏"供销网城"对接，以首批 20 家为农服务社为全区农村电商服务先行点，加快农村电商网络建设。此外又加盟省社"地平线"平台，开设"吴江馆"，目前已吸引、动员 100 多个本地品牌加盟。同时，加快筹建吴江农村电商平台，其自主开发的"经纬线"电商平台的 PC 商城已实现试运营，结合建设吴江农产品展示展销中心，将逐步形成线上线下融合发展。

吴江区为农服务社的发展离不开吴江区供销合作总社的支持。近年来，吴江区供销合作总社每年用于加强基层组织体系建设、创新为农服务的投入在 100 万元以上，通过拓展服务来扩大经营，通过经营效益来推动为农服务，实现了"服务—经营—再服务"的良性循环和可持续发展。平望中心供销合作社是苏州市创建"三体两强"基层社的试点之一，这里场所机构健全，业务开展良好。该社已创办 23 家为农服务社，实现了全镇适宜建点全覆盖，其中"三星级"为农服务社 16 家，省级"样板社" 2 家；经营服务总面积 5200 多平方米，实现年经营额 6000 多万元。同时，该社还创办了 12 家农民专业合作社，带动农户 3000 多户。

七、统一服务标准、提升基地水平

常熟市董浜镇拥有 3.96 万亩蔬菜田，是苏州地区最大的蔬菜种植基地，年产蔬菜的总量可以满足 100 万人的消费。董浜镇自 20 世纪 90 年代产业结构调整以来就一直种植蔬菜，有 1 万多个农户利用各家各户的剩余劳动力在自家承包地从事蔬菜种植，经营规模一般维持在 3～5 亩/户，采用露地与大棚种植的模式。叶菜类种植面积占蔬菜生产总面积的 41%，其他类蔬菜占 59%，蔬菜品种 200 余种，复种指数近 3。董浜蔬菜基地被评为江苏省省级蔬菜产业园区，为了适应小农户生产经营，董浜镇重点做好这样几个方面的服务：

1. 加强基础设施建设服务

经过多年来的不断发展壮大，董浜蔬菜基地在蔬菜生产、加工、销售等环节已形成完整的产业链，基础设施、公共服务、金融信贷、技术创新等软硬件一应俱全，加之董浜作为"三路一桥"交通重镇，具备蔬菜生产得天独厚的条件，园区先后投资 5 亿元，用于新建蔬菜设施大棚、智能育苗温室大棚、智慧农业控制中心、机耕路、U 型渠、环境整治等。目前，园区建成节水灌溉等设施面积 5 万亩，智能温室 25000 平方米、钢质大棚 6500 多亩、连栋防虫网室 1000 多亩。这些项目的实施，极大地改善了园区基础设施水平，提升了农业生态环境和信息化水平,为小农户与现代农业发展架起了桥梁。

2. 加强社会化服务管理

园区现已组建智慧农业服务中心、种苗培育中心、农产品冷链配送交易中心、农业科技服务超市、农机服务中心、职业农民培训中心、农产品质量安全检测中心等多个农业公共服务平台。其中智慧农业服务中心建成的智慧农业一体化管理平台系统,是国内领先的农业信息化服务平台。该平台系统涵盖4大平台10个模块,涉及农业产业链的前、中、后各个环节,融合了农业、水利等多方面的功能,将精准农业管理、农产品质量溯源、节水灌溉远程监控、土壤墒情监测系统、测土配方和平衡施肥、农信通等系统进行集成和整合,实现了农业服务精准化、科学化,以信息化带动农业现代化。种苗培育中心占地面积约50余亩,其中智能温室25000平方米,生产管理用房3000多平方米,雨水收集灌溉池1000多平方米。中心配备自动控制设备和传输设备,实现种苗培育环境的自动控制,主要开展水稻、蔬菜育苗,整个育苗中心每年可为农户和合作社提供育苗服务5000万株以上。农产品冷链配送交易中心为集蔬菜收购、加工、包装、冷链配送为一体的企业,占地面积6000余平方米,2015年销售额达9500万元。农业科技服务超市园区现有2家,主要为农户生产提供专家咨询与解决方案。农机服务中心占地面积约1000平方米,现有旋耕机、开沟机、撒肥机、蔬菜移栽机、播种机、搬运机、蔬菜收割机等先进机械60余台,在一定程度上提升了园区蔬菜机械化水平。职业农民培训中心占地约600平方米,主要开展农产品质量安全、高效栽培技术、惠农政策解读等方面的培训,每年组织培训不少于12期,惠及种植户1600人左右,现有274人拥有国家、省市授予的职业农民证书。农产品质量安全检测中心成立于2012年,现拥有农残快速检测仪器、电子显微镜、便携式土壤养分测定仪、pH测定仪、土壤水分测定仪等仪器10余套,并安排专人对园区蔬菜收购点及种植户送检的农产品进行检测。该中心于2013年开始建设农产品溯源系统,每年检测农产品不少于1500个批次,接受上级抽查不少于90个批次,没出现过农残超标现象,为确保农产品质量安全做好把关服务。

3. 建设农业"三新"展示基地

园区与南京农业大学(常熟)新农村研究院合作成立了"南京农业大学常熟新农村发展研究院综合示范基地",基地规划面积500亩,一期为50亩。其中,标准化连栋大棚7亩,有日光温室1.5亩,钢架大棚20亩。实验楼1栋,其中包括栽培实验室1间,育种实验室1间,组培实验室2间,实验条件和设备齐全。基地先后展示番茄及黄瓜嫁接技术、丝瓜早熟栽培技术、水肥一体化施肥技术、绿色防控技术等新技术10余项，"南水2号"黄瓜、"南水3号"黄瓜、"苏粉"番茄等新品种，无土栽培及丝瓜、松花菜立体栽培等新模式，为小农户提升科技兴农水平起到了很好的示范带动作用。

4. 打造区域特色农产品品牌

针对园区农产品销售难、售价低等痛点，围绕农业供给侧结构性改革，园区从打造符合当下消费者需求的特色农产品入手，出台相应政策，推进品牌战略，积极开展区域性品牌打造。在前期试点探索的基础上，成立董浜农旅公司，以"董浜乡情十二品"等特色农产品为抓手，通过创建区域性品牌，用足用好各类政府资源；通过搭建公益性服务平台，大力发展农村电子商务，打造以"黄金小玉米"为龙头网红爆品的"童颜"系列农产品；通过区域性品牌的打造，来提高农产品的溢价，发展订单农业，倒逼农业标准化种植体系，带动农民从负责任的耕作中获得更高收益。同时，为保护董浜镇特色产业及提高特色农产品价值，董浜镇蔬菜基地积极开展各类农产品认证，董浜"筒管玉丝瓜"成为常熟市第一个通过中国地理标志认证的农产品，并成功续展江苏省名牌产品。

5. 搭建农业创业创新平台

依托园区现代农业产业协会和南京农业大学（常熟）新农村研究院的技术和资源，整合各方资源优势，不断拓展培训方式，以讲座、现场指导、田头实训、相互交流、外出集中学习等方式，为广大农民提供农业技术培训和互相交流学习的平台。搭建了"董浜好农场""董浜星农"这两个农业微信群和"董浜农业"QQ群，为政府主管部门、行业专家、农技服务人员、研究院科技人员、农户、合作社等涉农经营主体提供融技术服务指导、互相交流学习、整合资源和促进沟通了解于一体的平台。通过完善产业协会和协会党建联盟联合运作机制，发挥好基层党员在群众中的核心引领作用，让"党员带头种、党员带头试"，促进不同经营主体间的资源整合和共享，让广大农民得到实实在在的好处。基地也因此获得了江苏省"教育服务三农高水平示范基地"称号。

同时，结合"董浜智慧田园"星创天地建设，大力扶持新型大学生、返乡青年等在农业领域创业创新。在园区建立农业创业孵化区，出台相关孵化政策，通过资金、金融、技术等方面的扶持，采取组织集中外出考察学习、培训等方式，引导有技术、有思想、爱农业的有志青年进行创业创新，培养了一批现代农业创新创业者。2016年，"董浜智慧田园"星创天地通过市级产业孵化平台认证。2017年,"董浜智慧田园"星创天地通过了科技部第二批星创天地认定。

统分结合催生了一批新产业、新业态。全市初步构建了农业融合型、功能拓展型、新技术渗透型、精深加工型等新型整合发展模式,为推动农业供给侧结构性改革,促进农村一、二、三产业融合发展,助力农民就业增收,做出了积极贡献。

第十章 插上信息化技术的翅膀

农业信息化是农业现代化的重要标志,直接决定并反映农业现代化的进程与水平。苏州的农业信息化起步较晚,但发展迅速。近年来,苏州市各级党委、政府和农业部门牢固树立"互联网+"发展理念,大力实施"互联网+现代农业"发展战略,在加强农业信息化基础设施建设、完善"三农"信息服务体系、加快培养农业信息人才的同时,从2014年开始,市级财政每年安排1000万元专项资金,重点围绕打造一个平台(苏州现代农业信息服务平台)、建设两个中心(市级中控中心和现代农业数据资源中心)、开发七大系统(农业地理信息系统、农产品质量监管系统、农产品产销对接系统、现代农业执法管理系统、农业物联网应用示范系统、信息服务综合管理系统、农业辅助决策支持系统)的发展目标,启动实施了"农业信息化三年行动计划",积极推动信息技术与农业一、二、三产业的深度融合,全市农业智能化生产、现代化管理、科学化决策水平得到了显著提升。2015年,苏州市农委被农业部评为"全国农业农村信息化管理创新示范单位"。2016年9月,全国"互联网+"现代农业工作会议暨新农民创业创新大会在苏州市吴中区召开,时任国务院副总理汪洋同志出席会议,参观吴中区、吴江区的现场,并做重要讲话。2017年11月,全国首届新农民、新技术创新创业博览会在苏州工业园区国际博览中心举办,时任中共中央政治局常委、国务院副总理汪洋同志再次来到苏州参观展览并发表了重要讲话。

2017年苏州市政府制定出台了《关于加快推进"互联网+"现代农业发展的意见》,提出了总体思路,明确了发展目标,确定了重点工作,为推进农业信息化发展提供了政策依据。总结近年来苏州农业信息化的成就，可以概括为"六个化"：

一、资源保护可视化

坚持把"四个百万亩"（百万亩优质水稻、百万亩特种水产、百万亩生态林地、百万亩高效园艺）作为经济社会可持续发展的重要支撑，作为苏州的生态红线和生存底线，全市保护优化"四个百万亩"总面积达412.99万亩，并全部实现了落地上图。同时，建立了全市湿地、古树名木、畜牧等农业资源地理信息库，在地图上可便捷实现查看、统计、分析等功能，并通过森林防火监控、畜禽养殖监控等视频显示系统和渔船、农机等定位显示系统，有效强化了农业资源的保护与监管，为苏州现代农业的健康可持续发展提供了强有力支撑。

2017年，完成了农业地理信息系统（二期）和现代农业信息服务平台建设。农业地理信息系统（二期）采用数据交换和数据集成的方式，整合对接已有相关业务系统的数据资源，实现了农业空间数据资源的汇集和补充，对农业专业信息和基础地理信息数据进行空间化关联，各类农业资源和农业生产情况在地图上以渲染、画点、画带等形式展示，补充完善了农业动态分布"一张图"；现代农业信息服务管理平台共设置资源保护等10个模块，通过苏州市农业数据资源中心以端口形式获取相关数据，即时呈现各类农业动态信息，快速展示农业重点工作的推进情况，实现了农业数据的可视化。

二、农业生产智能化

全市先后建成了以吴江区国家现代农业示范区、张家港常阴沙现代农业园区为代表的稻麦精确管理技术信息系统，以常熟董浜现代农业产业园区、相城区望亭现代农业产业园区为代表的智能化蔬菜种植信息系统，以昆山巴城现代渔业园区、吴中区临湖现代渔业园区为代表的集水产养殖管理、鱼病远程诊断功能为一体的渔业综合信息系统，形成了一大批以物联网应用为重点的优质水稻、特种水产、高效园艺、规模畜禽等智能化生产基地。据统计，目前全市共有智能化规模设施种养基地94个，应用农业物联网面积6.2万亩，占规模化种养总量的比例达到22%，覆盖辐射面积14万多亩。农业物联网技术的推广应用，实现了农业生产的精确化管理，加快了现代农业转型升级的进程。

1. 吴江同里稻麦智慧管理系统

吴江区农委从2004年开始，依托南京农业大学国家信息农业工程技术中心，以水稻、小麦作物为主要对象，开展了基于模型的作物精确管理技术的示范与应用。将吴江区域的气象条件、主推品种及土壤资料等输入基于模型的作物精确管理系统，即可为吴江定量设计作物播前栽培方案（产量目标、品种选用、播栽方案、肥水运筹等）和产中调控指标（生长指标动态及养分指标动态等），进一步与地理信息系统相结合，即可实现田块和区域尺度上栽培管理方案的定量化设计。该技术助推了吴江粮食作物的持续稳定增产，提升了作物生产管理水平与综合效益。南京农业大学研制的"基于模型的作物生长预测与精确管理技术"荣获2008年国家科技进步二等奖，并于2010年水稻生长季节在吴江召开了技术应用现场交流会，来自全国农业领域的10位院士高度评价了该技术在提升吴江水稻栽培管理水平中发挥的重要作用。

2012年以来，在农业部行业科研专项"稻麦生长指标光谱监测技术与产品的开发应用"支持下，吴江国家现代农业示范区同里核心区依托高空卫星遥感、空中无人机、地面农田传感网和便携式作物监测仪等不同平台，实时获取作物生长信息（叶层氮含量、叶层氮积累量、叶面积指数和生物量）和农田环境信息（冠层温度、湿度和CO_2浓度及土壤温度和含水率），进一步依托稻麦智慧管理服务平台，应用手机或电脑终端定量诊断作物生长状况并动态调控作物追肥方案，有效克服了传统作物生长信息获取过程中破坏性采样与化学分析实效性差、程序烦琐等不足，为农民和种植大户提供量化的管理建议。该项目授权国家发明专利32项、国家实用新型专利5项，登记国家计算机软件著作权16项，"稻麦生长指标光谱监测与定量诊断技术"荣获2015年国家科技进步二等奖。

稻麦智慧管理技术以作物生长监测诊断仪、监测诊断应用系统、农田感知与智慧管理平台等为主要应用载体，以作物长势分布图、肥水调控处方图、产量品质分布图等为主要技术形式，在吴江国家现代农业示范区同里核心区进行了多年的示范应用，实现了传统农业向现代农业的技术升级，取得了显著的经济、社会和生态效益，据统计，平均节氮5.2%、增产5%左右，提高了作物生产管理的定量化和科学化水平，带动了精确农业和现代农业的快速发展。

2. 常熟董浜智慧农业

近年来，常熟市董浜镇依托江苏省常熟现代农业产业园区建设，致力于智慧农业新技术的示范、引领和推广，从2010年就开始进行基于物联网的节水灌溉远程监控系统建设，从以色列引进智能温室控制系统、智能灌溉系统，再联合科研单位进行消化和本地化改造并先后开发了多个智慧农业系统。在2013年，依托常熟智慧城市的地理信息系统建设，建立了一个完善的农田地理信息系统（GIS），并借助该系统作为二次开发平台，开发了基于精准农业技术的农田基础地理信息系统。同时还在此基础上整合园区原有的多个智慧农业信息系统，集合南农大、南理工、中国电信、梦兰集团等农业、机电、IT行业等领域专家的智慧，应用地理信息系统和现代物联网技术，开发了国内领先的智慧农业一体化管理平台，实现了农业生产信息和地理空间位置的关联和整合，实现了园区全覆盖"一张图"式的信息共享和互操作。

智慧农业综合支撑系统平台及两大模块农业基础信息采集和 GIS 分析以及现代农业资源与环境管理的建设，有利于实现生产资源、生产过程、流通过程等环节信息的动态获取和数据共享，为农民、采购商、销售商提供全方位的综合服务信息，为农产品的种植和流通提供指导，建立起以土壤、作物信息等数据为基础进行技术分析并提出最佳施肥方案的 GIS 施肥指导系统，实现精准施肥；有利于实现可视化管理，包括报表定制、查询、专题图显示与打印输出、基本统计与趋势模型分析和基本辅助决策等功能。

2011 年，为解决已建节水灌溉工程的管理问题，董浜率先建成基于物联网的节水灌溉远程监控系统，对全镇已建泵站实行远程无人化管理，大大提高了管理效率。通过建立该系统，目前，全镇 5 万亩灌溉面积、111 座泵站的全年维修、管理、养护，仅需要 5 名工作人员。节水灌溉监控服务中心机房和远程监控系统的建设有利于实现工作人员对节水灌溉泵站的远距离监控管理，大大节约了成本，提升了效率。实施节水灌溉后的蔬菜田较常规灌溉的蔬菜田亩均增效（节水+产量+品质+劳务）在 1000 元左右。节水灌溉工程亩投资（含灌水器具）一般在 1500 多元，加上折旧维修，最多 2 年即可还本。同时，高效节水灌溉的普及也为现代设施农业的发展创造了良好的条件，为未来农业的进一步转型升级打下了基础、提供了平台。

综合平台的建成显著提高了产业园区的现代农业装备水平，使得园区的新品种、新技术覆盖率增加了 10% 以上。利用 GIS 趋势分析模型，可以分析区域内各地块土壤肥力情况，结合各类农作物生长特性，提供合理科学的农作物施肥指导方案，实现精准施肥。以蔬菜田块周年种植番茄、大白菜为例，测土配方及平衡施肥系统可节约劳动用工 35%，单位面积产出率提高 15%，生产效益提升 15%，减少投入品使用 12%。

同时，综合平台还丰富了本地农业管理部门的监管手段，提升了农业部门的服务支撑能力，带动农业生产方式转型升级，促进农业增效、农民增收，实现民富、村强。

3. 申航智能化生态养殖系统

苏州市申航生态科技发展股份有限公司 2008 年独立注册，当前注册资本 1 亿元。公司先后承担国家级四大家鱼水产原种场和国家级草鱼遗传育种中心项目的实施工作,同时也是"农业部大宗淡水鱼类繁育与健康养殖技术重点实验室""农业部水产健康养殖示范场""全国休闲渔业示范基地""江苏省博士后实践基地""江苏省草鱼良种研究开发中心""江苏省草鱼遗传育种工程技术研究中心"等荣誉称号的挂牌所在地和实施点。公司于2015年1月6日在上海股权托管交易中心正式挂牌,成为吴江区平望镇首家进军资本市场的农业企业。

公司于2013年从美国奥本大学引进低碳高效池塘循环流水养鱼新技术,并在国内率先把该技术应用到草鱼的养殖上。目前,该技术已经在全国9个省市推广,养殖面积超过15万平方米。2016年,公司在示范区内实施了320亩水面的池塘高效循环流水槽物联网养殖系统示范工程,建有29条流水槽,其中养殖面积占总面积的1.5%,净化区面积占98.5%。

智能化生态养殖技术包括以下6个方面的技术:

(1) 智能化生态养殖网络平台采用云服务与客户端相结合的柔性组网模式,通过数据传输、视频查看、设备控制实现了互联网+现代渔业的科技应用。

(2) 在传统气提增氧推水的基础上,通过变频器推水,并在控制系统中运行,这样风机依据水质参数、养殖密度、品种、生长周期等复杂变量,经过数据分析来决定推水量,可以大大降低养殖能耗浪费。

(3) 水质在线监测系统通过对池塘温度、pH值、溶解氧、COD、氨氮、电解质、亚硝酸等7项指标进行实时在线监测,及时掌握水质环境的变化,指导养殖生产。

(4) 采用正压稀相气力输送装备,利用高速空气流将饵料输送到养殖槽进行抛洒。可根据鱼的不同品种、不同规格、不同生长阶段及气候变化等因素,通过计算机控制,实行实时、定量、定参数自动投喂,并自动读取数据进行存储。

(5) 采用微滤和机吸这两种尾水处理方式,可根据水质环境的变化自动控制吸污和微滤机的工作状态,实现无人值守的智能化尾水净化管理。

(6) 通过执行系统在养殖标准、养殖工序、养殖计划、设备运行、设备维护、日常管理、池塘管理、投饵管理、执行管理、采集监控、视频监控、历史数据等方面对养殖全过程进行管理,实现渔业的智能化管理。该系统的优势在于构建起工业化养殖向未来智能化定制养殖的升级。系统运行后,逐步完成大数据的积累,可以指导渔业养殖由传统经验养殖向精准化数据养殖的转型。同时,智能化生态养殖系统的推广应用可以大大节省用工,用工人数可降低80%左右。

2016年9月，在全国"互联网＋"现代农业工作会议暨新农民创业创新大会召开期间，时任国务院副总理的汪洋同志特地莅临同里基地指导工作，并做出如下指示：要切实做好循环流水养殖工作的基础研究，牢牢把握"十三五"规划对农业及水产业的指导思想，做好池塘工业化循环流水养殖系统在全国范围内的复制及推广工作。

三、行业监管精准化

全市统一开发应用的"农产品质量安全监管系统"，为产地准出、市场准入和全程可追溯提供了技术平台，为引导生产者标准化生产、经营者依法经营，保障城乡居民健康安全消费提供了保障。开发应用的"农业行政移动执法系统"，实现了立案、执法、文档等案件处置全过程的信息化，提升了农业行政执法工作的效率和水平。开发应用的渔政、水产、林业、动植物疫病、农机等信息管理系统，提高了行业日常管理水平和业务能力，保证了行业监管的更加精准到位。

苏州三港农副产品配送有限公司成立于2004年，是一家集农副产品种植配送于一体的专业化公司。2014年，公司抓住苏州"菜篮子"项目发展的机遇，在吴江国家现代农业示范园内投资建设了吴江区政府实事工程——吴江"菜篮子"工程示范中心，共投入资金5000万元，初步形成了以200亩蔬菜种植区、356平方米猪肉分割中心、日产8000斤芽苗菜生产中心、200多平方米农产品展示展销中心、63平方米质量检验检测中心、8000多平方米农副产品配送中心为内容的"一区五中心"，该公司是一家拥有蔬果种植水肥一体与物联网系统、农产品加工储藏视频监控系统、全程冷链物流与配送监管系统、蔬果种植与配送农产品全程追溯系统等四大物联网的现代农业产业化龙头企业。

1. 物联网系统贯穿全程

公司建立蔬菜种植智能化管理平台，发挥物联网在生产要素配置中的优化和集成作用，运用物联网技术，配套大棚使用的灌溉系统、施肥系统、通风设备、温湿度探测设备等管理设备，通过对种植、灌溉、生长、采摘等环节的视频监控，完成各项参数的采集和自动分析，运用物联网技术实现对参数的远程智能化控制，模拟出蔬果生长的最佳环境，实现了改善品质、增产增效的目的。

同时，公司还建立了农产品加工储藏视频监控系统、全程冷链物流与配送监管系统。客户下载公司APP后，可以查看所购产品的加工、分割、储藏和装箱情况；通过扫描送货单的二维码，可以掌握产品生产单位、采购时间、数量、保质期等所有信息。所有产品通过物联网冷链系统配送，公司仓储堆放区域占地面积 2000 平方米,配有 6000 立方米的冷冻库、冷藏库、恒温库和低温周转车间,拥有 19 辆装有 GPS 系统的冷链车,并指定专人对车辆运行实施全天候不间断实时监控,确保公司在所有产品运输过程中可以进行实时定位和调度。

2. 追溯系统保障安全

为确保公司配送蔬果的质量安全,公司自行开发了蔬果种植与配送农产品全程追溯系统。种植区域全部覆盖视频监控,记录育苗、栽种、施肥、用药、采摘和检测的全过程。购置农药残留快速检测仪,组织专人对生产、购进的每批次蔬菜进行农药残留检测、残溶检测、卫生指标检测,同时委托苏州农产品检测中心进行添加剂检测、重金属检测。公司将自产农产品从种植到采收管理的生产记录全部数据及检测结果录入数据库,外购食材的索证索票单据、采购数量、生产商、供货商和检测结果等录入数据库。配送农产品全程追溯配送系统将根据线上或线下的客户订单生成配送单。客户通过扫描配送单上的二维码可以查询生产基地蔬菜生产记录情况、外购产品的票证单据情况及检测结果,还可以申请查询物流配送车辆的实时 GPS 运行轨迹及生产基地、贮藏仓库的实时影像。该系统的开发应用使公司实现了"源头可溯、质量可控、问题可追、责任可究"的可溯源目标。

四、特色产业电商化

近年来,苏州市牢固树立"互联网+"现代农业发展理念,围绕转变农业发展方式、推进农业转型升级、促进农民持续增收,深化农业供给侧结构性改革,以整合线上线下两种资源为主攻方向,大力培育发展电商企业,积极推动电商平台建设,打造以电商为纽带的新型农产品供应链,有力推进农产品电商快速发展,并呈现出良好的发展态势。

1. 农产品电商的发展情况

到 2017 年,全市网上营销主体 1428 个,网店数量 1553 个,当年实现农产品电子商务销售额 30.3176 亿元。

从网店的销售情况看,第三方平台 1417 个,占网店总数的 91.2%;实现销售 19.7872 亿元,占总销售额的 65.27%;自建平台 136 个,占网店总数的 8.8%;实现销售 10.5304 亿元,占总销售额的 34.73%。

从电子商务销售的产品来看,农产品销售 29.4033 亿元,占总销售额的 96.98%;休闲观光农业网上销售(农家乐和乡村旅游点门票、食宿、农产品、民俗产品)0.9123 亿元,占总销售额的 3.01%;农资(种子、肥药、农机、薄膜)网上销售 0.002 亿元,占销售总额的 0.01%。

从网店和销售的地区分布看，吴中区、相城区网店个数和销售额均分列全市第一、第二位。吴中区有网店934个、实现销售79207.27万元，分别占全市的60.14%、26.13%。相城区有网店292个、实现销售64555万元，分别占全市的18.8%、21.29%。

2. 不断创新发展电商模式。

坚持市场主导，因势利导鼓励引导农业龙头企业等新型经营主体利用自身资源优势和品牌优势，加快信息技术应用，创新农产品产销对接方式，积极推进农产品电商平台建设。

(1) 壮大提升自身电商平台

通过整合资源、资金、人才等优势，不断完善自身平台功能建设，加大电商品牌、产品信息宣传，强化服务效能，提升市场占有率。全市涌现了江苏随易信息科技有限公司、常熟市新合作常客隆电子商务有限公司、苏州淘豆食品有限公司等一批大型农产品电商企业。江苏随易信息科技有限公司利用C2B2F模式的优势，独创社区智慧微菜场，全年电商销售额达到3.6亿元，成为苏州市农产品电商中规模最大的企业。

(2) 积极联建共建电商平台

积极引导企业主动对接各电子商务平台，注重在京东、淘宝、天猫、阿里巴巴等开设官方旗舰店、微店，加快推进苏宁易购苏州吴中太湖馆等地方特色馆建设，大力推广B2B、C2C、O2O等营销模式，建立了1400多个第三方平台和5个地方特色馆，全力推进提升农产品品牌化营销。苏州口水娃食品有限公司、苏州太湖雪丝绸股份有限公司、苏州市阳澄湖苏渔水产有限公司等一批特色农产品生产加工企业迅速成长，且带动能力强、辐射范围广，年销售额均超过了5000万元。

(3) 加快发展电商营销新模式

大力发展农产品生产、经营、物流、冷藏、配送与电商一体化发展，互融互通，培育电商发展新业态，苏州三港农副产品配送有限公司、江苏绿品食品配送有限公司等一批农产品物流配送企业电商发展势头迅猛。阳澄湖生态休闲旅游度假区启动智慧旅游项目，通过建设移动终端微站、智慧停车和微信系统开发，实现景点票务在线购买支付、渔家乐预订、农产品O2O在线交易和游客统计分析等功能模块。结合农业部"信息进村入户"工程，加强镇村电商服务站点建设，打通农业电子商务"最后一公里"，2017年年底760个包括电商服务在内的村级益农信息社全面建成，农产品购销更加便利快捷。

3. 电商经营效果不断显现

加强宣传推介，注重服务指导，积极引导农业经营主体发展电子商务，做大做强农业特色产业，带动产业转型升级，助力富民增收。

（1）打造了一批品牌农产品

地产优质农产品搭乘电商销售模式，改变了传统销售模式，拓宽了销售渠道，打造了阳澄湖大闸蟹、渭塘珍珠、碧螺春茶叶、苏州品牌大米、枇杷、杨梅、太仓肉松、苏太猪肉、凤凰水蜜桃等众多富有地方特色的网络营销系列品种，区域内品牌更响，购买力更旺，消费群体更多。阳澄湖大闸蟹电商年销售额超过10亿元，成为苏州特色农产品电商第一品牌。

（2）构建了一批特色产业

2017年全市农产品电子商务销售超过30亿元，基本形成了一个电商销售超过10亿元的大闸蟹产业和丝绸、珍珠、茶叶、休闲食品等4个超过1亿元的特色产业。"口水娃"品牌休闲食品在天猫网食品行业品牌排行第12名，网上会员超过10万人。渭塘珍珠电商产业园建成3000平方米集聚区和1000平方米创客空间，集聚了天猫类企业近20家、淘宝类企业超80家、微商团队近百家。

（3）涌现了一批专业营销村

全市建有国家级、省级农村电子商务村12个，被中国阿里研究院授予"淘宝村"58个，据初步统计，农副产品、生活用品等销售额超过20亿元。相城区有6个"淘宝村"，约有500家电商企业，网店超过1500家，主要销售大闸蟹、家具、珍珠以及当地农副产品等，直接带动农村就业人口4500人。消泾村有664户农家，建有电子商务平台76家，电商企业注册的商标达100多个，从事大闸蟹养殖、电子商务的就有1436人，全村大闸蟹总交易额超过5亿元，仅电商销售就达4.5亿元，村民人均收入3万多元，成为远近闻名的"电子商务村"。

4. 农产品电子商务示范基地（企业）

江苏梁丰食品集团有限公司

梁丰食品的电子商务部成立于2010年，进入网络营销领域后，梁丰食品不断创新营销手段，改进传统产品，提升产品品质，扩充产品系列，挖掘产品的附加值，打造梁丰品牌的网络影响力。2016年，江苏梁丰食品集团有限公司被认定为苏州市智慧农业示范基地（农产品电子商务型）；2017年被认定为江苏省农业电子商务示范单位。

梁丰食品电子商务采取的策略是以品类推品牌，即用打造麦丽素品类的影响力来塑造梁丰品牌。通过梁丰品牌的推广，再进一步跟进梁丰牛奶、金莎巧克力等其他系列产品，目前梁丰草莓三角包牛奶已经是天猫上的网红牛奶。

梁丰电子商务网络营销渠道多元化，在天猫上有梁丰旗舰店、梁丰食品专营店，并入驻了天猫超市；在淘宝上有金莎巧克力旗舰店；非淘渠道如京东、拼多多、萌店、各大银行APP等均有梁丰系列产品销售。

梁丰食品电子商务经过几年的发展，目前已建立起成熟的专业团队和一流的配送系统，销售额也从2010年的1万多上升到如今的年均1200万。下一步梁丰食品将继续努力，提升产品档次、扩展产品系列、创新产品包装，打造更多优质产品，在发展企业自身的同时为农业产业化发展做出贡献。

常熟市新合作常客隆电子商务有限公司

常熟市新合作常客隆电子商务有限公司于2013年6月开始打造"家易乐生鲜直投平台"，按照统一规划、分步实施、加快推进的原则，依托公司3万多平方米的配送中心和6800多平米的冷链配送中心，以及120个农副产品加工基地，以新的O2O商业模式为载体，以e店和生鲜自提站为社区服务点，由生产基地直供地产生鲜至社区，短途冷链配送直投电子智能保鲜柜，全程监控农产品质量，全方位保障食品安全。2015年，常熟市新合作常客隆电子商务有限公司被认定为苏州市智慧农业示范基地（农产品电子商务型）。

"家易乐生鲜直投平台"形成了集基地订单、网上订购、统一分拣包装、定点冷链配送、食品全程溯源等功能为一体的智能体系。为推进"订单农业"线上线下融合发展，公司对传统的连锁网点进行了升级改造，目前在乡镇打造了12个农村e店，在城区打造了30个社区e店和128个生鲜自提站。消费者可以在线上通过"供销e家"平台"常客隆模块"购买所需日用品和各地特色农产品，并享受代缴水、电、煤、话费、有线电视费、订购机票、车票等增值服务。

家易乐生鲜配送平台打破了传统购菜的时空局限，优化了整个食品供应链，不但使消费者可以自主选购、轻松取货，还能监控物流状态，追溯食品安全，实现了健康食品与网络的无缝对接。平台目前已被列入江苏省商务厅鲜活农产品直销社区示范工程项目及苏州市农产品平价直销点示范项目，深受社区居民欢迎。

苏州食行生鲜电子商务有限公司

食行生鲜是一家线上预订、线下社区智能冷柜自助提货的生鲜零售新业态企业，主营为社区智慧微菜场。食行生鲜从全国各地甄选优质的农业生产基地及供应商，为用户提供日常所需生鲜食材的配送服务，是目前国内全品类生鲜电商第一品牌。公司先后获得"国家电子商务示范企业""江苏省电子商务示范企业""苏州市服务业创新型示范企业""苏州市放心消费先进示范单位"等多项荣誉。2016年，苏州食行生鲜电子商务有限公司被认定为苏州市智慧农业示范基地（农产品电子商务型）；2017年被认定为江苏省农业电子商务示范单位。

食行生鲜首创C2B2F（Customer to Business to Farm/Factory）模式，以电子商务为载体，以社区智慧微菜场为服务点，通过大规模的基地直采和集约化的冷链配送，直接连通农产品生产基地与消费者。食行生鲜提供的产品包括蔬菜水果、鱼肉蛋禽、粮油副食、零食酒水等12个品类5000多个品种。食行生鲜自建面积约50000平方米的冷链物流配送中心，集检测中心、冷藏库、冷冻库、低温作业区、专业冷链车、信息化的管理系统为一体，采用全程冷链配送模式，将用户订购的产品全程冷链配送至社区智慧微菜场内的智能冷藏柜，用户网上订单、社区提取。食行生鲜已在苏州、上海、无锡开设2800多个社区智慧微菜场，为230多万户家庭提供生鲜配送服务。

食行生鲜建立了一整套安全管控体系，在体系内每盒生鲜食材均可见、可控、可追溯。食行检测中心每日对所有批次产品进行抽检，并把检测结果公布在官网上，方便用户随时查看。食行检测数据也会实时传送到苏州市质量技术检测中心，方便政府部门监管。公司以严格的质量管理，成功通过ISO9001质量管理体系认证。

食行生鲜从全国各地甄选政府认证的农业生产基地及优质供应商，采用基地直供、以销定采模式，解决生鲜行业高损耗的问题，从前端大量降低成本。食行可以通过大数据分析指导农产品生产基地根据客户的需求及时调整种植结构，食行生鲜订单式农业已经开始试点，以解决农业领域产销不对接的问题，促进农民增收、农业增效。

江苏华佳丝绸股份有限公司

江苏华佳控股集团是集种桑、养蚕、育种、缫丝、捻线、织造、印染、服装等研发、生产和贸易于一体的集团化丝绸生产的省级优秀农业龙头企业，年销售收入约5.7亿元，利税约7000万元。企业先后获得"国家级火炬计划重点高新技术企业""江苏省高新技术企业"，"国家纺织科技型企业""国家'真丝面料与服装'开发基地""中国纺织服装企业500强""江苏省农业产业化龙头企业""中国丝绸企业10强""国家文化出口企业""国家质量管理示范单位""江苏省服务业创新示范企业"和"江苏省企业知识产权管理化示范创建先进单位"等荣誉称号；集团旗下两大品牌"迎春花"牌桑蚕丝和"桑罗"牌真丝服装获得过多项荣誉。2017年，江苏华佳丝绸股份有限公司被认定为苏州市智慧农业示范基地（农产品电子商务型）。

公司从2010年开始通过淘宝、京东等电商平台进行网络销售，2012年开设了天猫旗舰店，到目前已打造了线上线下同时销售的综合营销模式。公司在线上建立电子商务平台，在网上发布各类产品和活动信息，消费者可以方便地在网上购买公司产品；公司在线下于一线城市设立专卖店，供消费者实地体验公司产品，推广产品品牌。

公司建立专业团队负责品牌专卖店、淘宝、天猫和京东的销售服务，聘请国际知名设计师打造品牌形象，并与杭州数云信息技术有限公司签订服务协议，以保障网络运营的先进性和稳定性。2017年，公司网络销售额已达到9360万元，发展速度明显。

太仓市绿阳蔬果专业合作社

太仓市绿阳蔬果专业合作社成立于2009年8月，注册资金500万元，是由半泾村大学生村官带头发起、村委会控股、村民以土地和现金入股成立的农民专业合作组织。合作社目前拥有社员222人，种植面积1000亩，年销售额超过2500万元。2017年，太仓市绿阳蔬果专业合作社被认定为江苏省农业电子商务示范单位；2018年被认定为苏州市智慧农业示范基地（农产品电子商务型）。

合作社成立了专门的农产品配送公司太仓市绿阳农副产品有限公司，让基地与企事业单位食堂直接对接。通过招投标，目前已与全市34所中小学、幼儿园以及22家企事业单位签订了蔬果直供协议。

为发展"互联网+"农业经营，2015年7月，太仓市绿阳蔬果专业合作社参股成立苏州市菜玩家电子商务有限公司，引进专业管理团队，开发运营"菜玩家微商平台"。以"线上+线下"同步销售的模式，经营绿阳特色农产品及国内外优质绿色食品。"菜玩家"以"新鲜、优质、快速"为宗旨，快速成为区域型农产品网络销售优势品牌。目前"菜玩家"已于太仓市及周边城市开设多家O2O门店，经济及社会效益显著。

2017年7月，"菜玩家"进一步策划搭建社区、社群宝妈创业孵化平台，致力于开发生态食品、绿色农产品供应链，同时为居家宝妈提供创业机会，预计未来两年内"菜玩家"将在全苏州扶持宝妈1000人在家创业，目标是2019年平台实现销售额8000万元。

昆山市城区农副产品实业有限公司

昆山市城区农副产品实业有限公司（昆山市玉叶蔬食产业基地）是昆山市政府和高新区共同投资建设的政府"菜篮子"工程企业，也是江苏省农业产业化重点龙头企业。企业核心基地位面积400亩，建有连片防虫网设施、连栋大棚设施、自动喷滴灌系统、农业综合研究与培训中心、鲜活农产品配送中心、标准化豆芽生产中心和蔬菜工厂化育苗生产中心，并配备了植物生理、生化和农残检测等设备。基地围绕标准化生产、设施化栽培、机械化作业、市场化运作、科技化引领，构建了一个完善的现代蔬菜产业发展平台和示范窗口。2015年，昆山市城区农副产品实业有限公司被认定为苏州市智慧农业示范基地（农产品电子商务型）。

昆山市玉叶基地在农业电子商务领域发展迅速。2014年9月，"玉叶家常客"电商平台入住小区54个，平台用户3114个，通过在小区安置智能配送柜，使市民能够网站订货、社区取货，解决了蔬菜配送的"最后一公里"问题。2017年8月，"玉叶生鲜馆"网上商城正式上线。2017年9月，玉叶基地入驻依加米米连惠商城，依托第三方平台开展网上交易，同时与顺丰快递签约合作，市民网上订单、顺丰同城配送。

基地还与盒马网络科技有限公司等企业建立了B2B电子商务模式，订货、交易、结算全部网络运作。2017年，基地在电子商务平台的销售额为1683.4万元，其中盒马、欧尚、大润发等超市网络订单是主要销售渠道。

苏州优尔食品有限公司

苏州优尔食品是一家专业从事粗粮杂豆类、坚果类休闲食品生产制造的农产品深加工企业。公司自2003年12月注册成立以来，在组织原料采购、生产加工、产品销售等产业链上全面快速发展。目前公司已通过ISO22000（食品安全体系）、ISO9001（质量体系）、OU（犹太洁食）、HALAL（清真食品）、BRC（全球食品标准）、IFS（国际食品标准）等质量体系认证，并通过沃尔玛、SGS社会道德认证以及美国FDA官方审查。公司已荣获"中国出口食品三同示范企业""全国放心粮油示范加工企业""工信部两化融合贯标试点企业""江苏省农业产业化省级重点龙头企业""江苏省民营科技企业""江苏省电子商务示范企业""江苏省农业电子商务示范企业""江苏省创新发展先导企业""2014年度江苏省电子商务淘宝英雄榜最具成长力企业""吴中区电子商务协会会长单位"等荣誉。2014年，苏州优尔食品有限公司被认定为苏州市智慧农业示范基地（农产品电子商务型）；2015年被认定为江苏省农业电子商务示范单位。

优尔公司在保持现有客户的同时，注重通过电子商务平台（阿里巴巴国际站、慧聪网、食品伙伴网等商务网站）提高企业知名度，快速开拓新市场，发展新客户，公司产品远销美国、欧盟、澳洲、中东、非洲、东南亚等50多个国家和地区，据海关数据统计，2007年以来优尔公司始终是中国出口芥末豌豆至美国的最大供应商。近几年公司在电子商务领域迅猛发展，公司于2011年成立网络营销团队，2011年7月分离成立独立电子商务公司苏州淘豆食品有限公司，建立电子商务运营中心，组建客服、运营、物流等专业服务团队，核心建设"淘豆网"B2C电子商务服务平台。品牌在新浪微博、百度百科、微信公共平台等进行推广，并积极进行校园品牌及网络品牌推广。公司积极入驻天猫商城、京东商城、QQ商城、1号店等B2C平台，并与拉手、美团建立长期合作关系，展开大型促销、特卖等电子商务活动，与阿里巴巴、腾讯、微信平台展开深度战略合作，进行电商配套软件的开发运用和运作。公司积极发展苏州地产优质农产品网络销售，与吴中区粮食局合作大米网销，与太湖现代农业园区合作太湖大闸蟹、苏州地产蜂蜜、碧螺春茶叶等的网销，为当地农业产业发展贡献力量。

吴中区东山镇

东山镇是国家太湖风景名胜区十三景区之一、5A级景区、全国历史文化名镇。东山是农业大镇，农业特色资源丰富，是全国十大名茶洞庭山碧螺春原产地、中国太湖蟹之乡、全国枇杷传统四大产区之一。全镇种养面积达10万亩，农业产值8亿元，占全镇总产值的10%左右，农民收入的60%来自农业。2017年，吴中区东山镇被认定为江苏省农业电子商务示范乡镇。

2016年，东山镇以全国"互联网+现代农业"大会在苏州召开为契机，投资建设了东山电商产业园，产业园区占地面积100亩，建筑面积19000平方米，规划建设了产品展示中心、创客中心、电商客户体验店、冷链物流中心、金融及餐饮配套服务区等五大功能区，吸引了东山茶叶行业协会、东山果品行业协会、东山水产行业协会、东山农家乐协会等四大协会以及60家网店和238名创客入驻。东山农产品电商产业园成立物流中心，与"四通一达"、邮政EMS、"联邦"等快递公司建立战略合作关系，为农户和电商企业提供方便。2016年9月，国务院副总理汪洋同志来到苏州东山产业园，对园区电商各项工作给予了高度赞扬。当年，苏州东山产业园作为全国电商园典型先后接待农业部、商务部、各省市领导考察参观团队30余批。基地先后获评为苏州吴中区创业孵化示范基地、苏州市创业孵化示范基地、江苏省创业示范基地众创空间、上海复旦大学技术转移中心工作站、农村淘宝大学示范大讲堂、农村电商服务先进工作站、苏州市青年电商创业园、苏州吴中区洞庭青商联盟站、顺丰商业特色农产品直供基地、中国饭店业优质大闸蟹采购基地。

据统计，东山镇2017年白沙枇杷电商销售量达到1150吨，占全镇枇杷总产量的23%，电商销售额3500万元；碧螺春茶电商销售额1000万元，大闸蟹电商销售额4000万元。

昆山市巴城镇

巴城镇是一座有着2500多年历史的江南水乡古镇，镇域面积157平方公里，常住人口约12万人。巴城是昆山西部的农业特色镇，大闸蟹产业是巴城生态农业发展的最大亮点和品牌。巴城是国家农业部认定的"中国阳澄湖蟹故乡"，2015年"巴城阳澄湖"牌大闸蟹被授予国家驰名商标，2017年"巴城阳澄湖大闸蟹"被评为中国百强农产品区域公用品牌。2017年昆山市巴城镇被认定为江苏省农业电子商务示范乡镇。

巴城秉承"产品生态化、养殖标准化、销售品牌化、服务全程化、管理规范化"的发展理念，依托现代渔业产业园等产业基地，高效渔业公司、蟹业公司、电子商务等渠道平台及蟹舫苑、渔家灯火、春秋水城、巴城湖第二蟹交易市场和正仪巴解蟹市场五大蟹市场，逐步形成了集产、供、销、品于一体的大闸蟹产业链。一只螃蟹催生500多个交易码头、近300家餐船、1300多家餐饮饭店，一个电商产业园带动就业1.1万多人，产业年销售收入达30多亿元，致富了巴城一方百姓，并辐射带动全市及周边地区大闸蟹产业的发展。

借助"互联网+"和"大众创业、万众创新"的政策东风，巴城通过大力发展农村电子商务、搭建网络营销平台等举措，成功实现了大闸蟹销售模式的华丽转型，推动村民致富之路越走越宽。目前全镇专业从事大闸蟹销售的电商54家，多家网店销售额超千万元，2017年共计实现网上销售额3.5亿元。

吴中区秉常村

秉常村位于金庭镇中南部，东邻太湖、西靠群山，全村面积6.498平方公里，总户数1478户，常住人口4229人，下辖16个自然村，21个村民小组。全村党员162人，村党委下设6个支部。全村以种植青种枇杷、碧螺春茶叶为主，是一个纯农业村。2015年，吴中区秉常村被认定为江苏省"一村一品一店"示范村。

秉常村以"互联网＋基地＋合作社＋农户"为发展模式，建设了全国一村一品罗汉坞青种枇杷示范基地和秉场里农产品专业合作社，投资20多万元光纤免费进户，保证村民开展电子商务业务网络通信的绝对畅通；针对鲜果物流要求的特殊性，秉常村邀请顺丰、跨越速运、邮政EMS等快递公司进驻，充分满足了本村农产品电子商务物流配送需求。

通过互联网的手段积极打造"一村一品一店"，并结合举办青种枇杷采摘节、枇杷花闻香观赏节等节庆活动以及赴外地进行旅游推介，逐步扩大青种枇杷和本地农产品对外的影响力，使网销产品在"标准化、设施化、产业化"建设方面得到充分保障。

该村"互联网＋文旅农商产业"融合发展，邀请苏州大学教授黄斐，苏州农业职业技术学院老师顾金峰、周南，牛人部落联合创始人杨国周以及爆品思维践行者徐荣华等相关专家讲解电子商务基本知识，举办电子商务沙龙，帮助农民逐步了解网络销售渠道和销售方式，掌握基本操作技能等，吸引更多的青年返乡创新创业，引导青年村民开设网店，打开电商销售渠道，培育了一批以"太湖客""青年货栈""雅雯妈妈"为代表的返乡创业电商青年。

据统计，秉常村约有三分之一的农户直接开设网店或参与网络销售，通过"互联网＋基地＋合作社＋农户"的形式，电子商务直接和间接从业人员超过2000人，占全村常住人口的50%，2018年秉常村网络销售枇杷超8万单。

相城区消泾村

消泾村地处阳澄湖北畔，区域面积6.99平方公里，位于阳澄湖国家现代农业产业园内，于2003年4月由原二亩塘、消泾、范浜、十善四个村合并而成。全村现有农业生产面积10190亩，其中渔业生产面积9630亩，占94.51%。全村农户664户，2504人，其中从事大闸蟹电子商务、大闸蟹养殖的有1436人。2015年，相城区消泾村被认定为江苏省"一村一品一店"示范村。

2009年，相城区消泾村进行池塘标准化改造，拥有标准化池塘养殖面积9630亩，并被评为江苏省现代渔业示范村、江苏省农业标准化示范区。

消泾村鼓励电商发展，目前电商企业注册商标达100多个，其中"金旺""碧波""一品莲花""紫澄"牌大闸蟹在网络销售平台上排名进入前10位。消泾村集体注册经营的"阳澄湖"牌阳澄湖大闸蟹，已通过绿色食品认证、出口许可认证，品牌无形资产高达1.65亿元，在全国开设了122家大闸蟹连锁加盟店，对接了55家大型超市和5家礼品公司。全村在京东商城、天猫、一号店、淘宝等第三方交易平台上开设网店80多家，年交易额超过5亿元，其中销售额达到1000万元以上的有10家。

消泾村先后获得"中国淘宝村""江苏省电商示范村""江苏省电商十强村""江苏省科普示范村""江苏省'一村一品一店'示范村"等荣誉称号。

苏州市五月田有机农业科技有限公司

"五月田"占地近300亩，在苏州市水乡古镇同里"吴江国家现代农业产业园"内，投资2000余万元，已于2011年4月正式投入使用。农场内有有机蔬菜、有机果树、生态家禽养殖等。公司还开辟了农耕体验园，让热爱自然、支持环保的人们通过农耕和体验有机餐，真正感受有机生活的乐趣。2015年，苏州市五月田有机农业科技有限公司被认定为苏州市智慧农业示范基地（农产品电子商务型）。

五月田农场规模达到300亩，其中连栋大棚6座、单体棚135个，并拥有防虫网室、喷滴灌等，设施总面积约为175亩；此外，农场内还配备完善的水、电、路基础设施。五月田在有机生产过程中应用优良抗病性强的蔬菜品种，农场自有一套完善的生产技术规程；农机装备齐全并设有150平米的农具堆放室；设有专门的育苗棚，面积约3亩，实现了集约化育苗，并且有利于培育壮苗，便于加强后期的田间管理。

五月田有机农场以蔬菜种植为主，有近100个品种，占地面积150亩，种植比例达到90%。农场设有专门的蔬菜清洗间、蔬菜包装间。目前，农场与顺风物流合作，采用冷链车配送模式实现保险运输，所有出库蔬菜包装上都贴有五月田的注册商标。

五月田第一家有机农场直供店于2010年4月正式开业。从此，这些用"最难的办法"生产出来的优质有机农产品逐渐为大家所认知。随着市场需求的日渐扩大，五月田又相继入驻了"新光天地""天虹"等百货超市。

五月田有机农场是较早开创线上电子商务的企业，早在2015年5月便开设了"五月田"淘宝店，将蔬菜水果，菌菇杂粮、礼盒套餐等产品开展线上售卖，方便外地包括远方的消费者直接购买。农场并于同年6月份开设了"五月田"微店，让普通大众点开手机就能自助线上购买，而不需要再电话联系农场客服人员，既方便又快捷。2017年6月，五月田正式入驻拼多多平台，将农场的更多优质产品以拼团优惠的价格让利给消费者，让更多的人真正了解和接触到有机产品。近两年是外卖平台的高速发展时期，外卖在改变了人们的生活方式的同时增添了更多的便捷，五月田有机农场的实体门店也于2018年5月正式加入"饿了么"外卖平台。除了销售农场自产的新鲜蔬菜水果外，还同步上架了门店所售卖的所有商品，如休闲零食饮料、菌菇杂粮、生鲜、油盐酱醋等，从下单到蜂鸟专送到家只需30分钟，大大方便了门店辐射范围8公里内客户的购买。"五月田"有机农场目前已拥有宅配会员500多家，通过顺丰冷链配送，保证24小时从田间到餐桌的健康新鲜供应，并减少了食物的碳足迹。

五、信息服务便捷化

苏州市全面加快信息进村入户整市推进工作，从满足城乡居民日常生产生活信息需求出发，积极推进信息进村入户工作，全市已有20个涉农乡镇共建设了近200个益农信息社，通过触摸式信息终端，为农民提供农技信息、便民查询等各项服务。大力实施信息免费为农服务工程，12316热线电话、种养技术短信群发以及水产疫病远程诊断等已在各市（区）、各条线得到广泛应用。积极借助苏州有线技术优势，大力推进智慧镇村发展，先后打造了太平街道、龙翔社区等一批智慧街道（社区），启动建设了乐惠农业、农情万家等为民服务栏目，通过电视平台真正让信息走进千万城乡居民家中。到2017年底，全市共建成村级益农信息社774个，为村民提供公益服务、便民服务、电子商务、培训体验服务等四项服务。

常熟市自2014年9月被确定为农业部信息进村入户试点工作整体推进县以来，按照"加强领导、迅速行动、力求创新"的要求，市、镇、村三级联动，有序推进，取得了阶段性成效。

1. 积极推进信息进村入户

常熟市全面开展农业信息进村入户试点工作，10个乡镇共建设了120个标准型和30个专业型益农信息社，积极推进信息免费为农服务，如12316电话服务、短信息群发以及远程教育、远程诊断等。常熟市梅李益农信息社、吴中区潦里益农信息社成功入选2017年全国百佳益农信息社。

2. 建设村级信息服务站

根据部、省要求，试点工作的重点任务就是建设村级信息服务站这一信息服务载体，这是试点工作的硬任务，也是开展服务的主阵地。常熟市作为整体推进县之一，要完成150个村级信息站建设。按照这一任务要求，常熟市根据全市现代农业发展格局、农技推广服务体系发展以及农村信息化基础等状况，确定了信息服务站以建在村综合服务中心为主，以市政府农资集中配送点、现代农业园区（基地）、村合作经济组织、农村科技超市、农业企业等为辅的原则，在全市九镇一区明确了建设120个标准型、30个专业型信息服务站的任务。同时，为了扩大示范效应，各镇（区）必须在各自区域内选择2个站点进行高标准建设，并对其进行全程跟踪服务，以不断总结经验、完善提高、争得实效。截至目前，除尚余小部分高标准站点外，绝大部分站点已按"六有"标准建设到位，包括触摸屏更新维修、12316电话安装、职责制度上墙等。

3. 配备信息服务员开展各类服务

按照试点要求，信息站须配备一名信息员开展各类服务。常熟市按照"有文化、有热情、懂信息、能服务、会经营"的基本要求，重点从村农业干部、大学生村官、农资店主中选择了一批有责任心、相对稳定、网络信息应用水平较高的人员担任信息员。经过各镇初报以及站点踏勘时的面对面交流，最终确定了一支平均年龄 34 岁、大专以上学历者占 95.3% 的信息员队伍。同时，为了使信息服务网络更加健全，推动试点工作的长效化管理，常熟市要求各镇（区）农技推广服务中心还须明确 1 名镇级信息员，负责所在地信息进村入户建设、协调、管理等工作。

信息员是试点工作能否取得成效的关键，为了将试点工作的政策内容等全面完整地予以贯彻落实，常熟市先后通过信息员座谈会、现场观摩会等形式统一思想认识。1 月 27 日组织全体信息员、镇农服中心主任等共 170 人在市委党校开展了一次全面培训，标志着全市信息进村入户试点工作进入实质性运作阶段。同时，为了充分利用现代化手段，提升信息服务效率，常熟市为 150 名村级站信息员、10 名镇级信息员全部配备了农技宝移动终端；开通了 18 个市级专家移动座席和 10 个镇级农技移动座席，2 年运行费用全免，并建立了常熟市信息进村入户试点工作群——一个涵盖市、镇、村级站，联结信息员、农技专家及管理部门的农业信息服务网络基本形成。

4. 创新和拓展信息服务的方式与内容

常熟市充分利用原有农村信息化基础，努力探索服务方式与内容的创新拓展，"进村"与"入户"并重，力求体现特色。

（1）建好信息服务平台

常熟市在对试点工作需求认真进行分析研究的基础上，确立了"强化公益服务、拓展便民服务"的总体思路，依托"智慧常熟"五大数据库建设成果，在村级站信息服务终端嵌入市民卡应用，逐步建立农业大数据共享平台，让信息更具价值、让服务更接地气。目前平台建设方案已通过市信息化工作领导小组办公室的专题论证，正按程序进入政府采购环节，所需经费也已被纳入财政预算。今后，该平台将成为广大群众获取农技信息、开展自助服务的新渠道。

（2）整合多部门资源

以信息进村入户试点工作为契机，逐步将就业信息、社保信息、金融服务等其他信息服务资源引入村级信息服务站，集中打造一站式的村级信息服务窗口，做到真正吸引群众、方便群众、服务群众。同时推动"智慧社区"建设，将信息、服务通过电视机推送到千家万户。

（3）因地制宜开展服务

根据不同的建站主体，进行分类指导，各有侧重。依托村委会建立的村级站，以开展农业公益服务和便民服务为主；依托农资集中配送点建立的村级站，重点开展网络代购、物流代收、费用代缴等服务；依托现代农业园区建立的村级站，重点开展农技咨询指导、农民培训体验；依托专业合作组织建立的村级站，主要开展特色农产品的上网销售。

六、决策支持数字化

重视农业资源基础库建设，开发了"农业数据资源中心（一期）"和"农业地理信息系统（一期）"，完善了森林防火监控平台，实施了"农业辅助决策系统（一期）"项目建设，413万亩优质水稻、特色水产、高效园艺和生态林地全部实现了落地上图，并实行动态管理。全市66个涉农乡镇（街道）、70个农业园区和规模基地都建立了农产品快速检测室，并统一开发应用了"农产品质量安全监管系统"；开发应用的"农业项目管理系统""农业行政移动执法系统"和渔船定位、动物卫生监督等监管平台，实现了对各类农业项目的规范化、标准化管理。2017年，通过对相关业务数据的深入挖掘和综合分析，为小麦赤霉病与蔬果斜纹夜蛾防治、农机机械化水平辅助评价与农机资源动态发展分析、生猪养殖规模辅助指导等提供信息服务，为农业生产的管理决策提供辅助支持，提升了农业行政执法工作的效率和行业日常精准化管理服务水平。

第十一章　建设现代农业园区

改革开放以来,苏州的经济社会发展水平随着工业化、城镇化的快速发展不断提升,而农业则相对薄弱落后。20世纪90年代末,现代农业示范园区开始出现。现代农业园区的建设,借鉴了工业园区发展的成功经验,是用工业的理念来发展农业的一个成功范例。

1998年,国家农业综合开发项目、苏州首个现代农业园区西山国家现代农业示范园区成立。在该项目的带动下,苏州自2000年起先后启动了常熟国家农业科技园区、吴江江苏省林木种苗示范基地、昆山国家农业综合开发现代示范区。之后,又相继启动了相城区生态农业示范园、太仓现代农业园区、昆山大唐生态园。2004年初,苏州市政府正式发文《关于加快我市现代农业园区建设和发展的意见》,高新区树山现代农业示范区、吴江众城鸭业生态园、吴中区东山水产新品园等一批现代农业园区相继推出。2007年,缘于全市农业"四个百万亩"总体规划的实施,以及城乡一体化配套改革和"三集中"带来的机遇,苏州现代农业园区建设进入快车道。

苏州的农业园区建设经历了20多个年头,进行了积极有效的探索,实现了从注重硬件建设到硬件、软件一起抓,从做"盆景"示范到成为现代农业的主要形态和实现"路径",从要我搞到我要搞的转变。2010年,农业部在昆山市召开全国农业厅局长会议,会议期间,与会代表们参观了昆山、太仓、相城区的现代农业园区建设现场,对苏州市的现代农业园区建设给予了高度评价。

近年来,苏州全市现代农业园区建设贯彻落实习近平总书记视察江苏重要讲话精神,围绕"现代农业建设迈上新台阶"的总体要求，明确功能定位、强化基础建设、提升产业发展，不断推进现代农业园区的内涵建设和面貌改善。目前，已拥有国家级现代农业园区[①] 6 个、省级现代农业产业园 9 个、市级现代农业园区 36 个及一批县级现代农业特色园区。至 2017 年 10 月，全市现代农业园区面积达 120.25 万亩，占基本农田面积的 48%，其中市级以上农业园区面积达 85 万亩，农业总产值达 102 亿元。

一、现代农业园区的发展定位

1. 保护发展现代农业的主阵地

（1）优化空间布局

明确现代农业园区是保护基本农田的重要载体，实施"以园区化推动农业现代化"发展战略，以县（市、区）为单位创建国家现代农业示范区，在产业规模较大、特色鲜明的区域创建省现代农业产业园区，在有一定规模的农业乡镇创建市现代农业园区，通过创建各级现代农业园区，有效保护发展全市现代农业，农业基本现代化水平持续位于全省前列。

（2）集聚优势产业

积极引导优质水稻、特色水产、高效园艺、生态畜禽不断向农业园区集中，打破行政区域界限，实施跨县、跨镇区域产业布局，形成优质水稻、高效园艺、特色水产、种子种苗等一批优势产业园区。具体有跨县域的沿阳澄湖周边的相城区阳澄湖镇、常熟市沙家浜镇、昆山市巴城镇 10 万亩特色水产养殖区，有跨乡镇的常熟市董浜、梅李、碧溪的 9 万亩蔬菜产业区，有在太仓市城厢、双凤、沙溪三镇结合部建成的 3 万亩水稻产业园区。全市市级以上现代农业园区中粮油作物、蔬菜瓜果、特色水产等的种养面积分别达到 26 万亩、18.3 万亩和 12 万亩。

（3）完善基础设施

统筹各级财政资金和社会资本，积极推进高标准农田建设、标准化池塘改造和蔬菜园艺标准园区建设。按照"田成方、林成网、渠相通、路相连、旱能灌、涝能排"的生产要求，近两年共完成高标准农田 13.4 万亩，标准化池塘改造 4 万亩，新（改）建蔬菜园 6900 亩，新增高效设施农业面积 9380 亩，市级以上现代农业园区基本做到田地平整、土壤肥沃、路渠配套、设施完善、环境优良。

---

① 即江苏常熟国家农业科技园区、江苏省昆山市国家现代农业示范区、江苏省太仓市国家现代农业示范区、江苏省苏州市吴江区国家现代农业示范区、苏州西山国家现代农业示范园区、江苏省苏州市相城区国家现代农业示范区。

2. 推进农村一、二、三产融合的新载体

（1）加快主体培育

农业园区依靠特有的土地、资金、技术、服务等优势资源，按照市场配置资源，引入各类经营主体，开展家庭经营、集体经营、合作经营、企业经营，积极发展农产品初加工和精深加工，着力拓展农业产业链、价值链。2016年全市市级以上农业园区共有入园企业383家，经营总面积达16.87万亩，其中市级以上农业产业化龙头企业67家；农民专业合作社311个，经营面积28.56万亩；家庭农场273个，经营面积5.09万亩，农业园区融合发展效应日益明显。

（2）发展新型业态

大力发展农业园区新型业态，扶持园区农产品电子商务，拓宽产品销售渠道，积极鼓励农业龙头企业发展农产品电子商务，2016年金麦穗、优尔等80多家农业企业实现网上交易近21亿元，由10多家农业龙头企业出资入股组建的"苏州市汇农电子商务有限公司"已开始运行。积极引导园区农业龙头企业发展现代物流业，先后涌现了骏瑞、三港等一批农产品现代物流企业。农业园区新业态的占比逐年上升，进一步推动了园区的健康发展。

（3）增强服务能力

农业园区不断加快农产品检测中心、育苗中心、农产品营销配送中心等公共综合服务平台建设，为园区内的种养大户提供优良的农产品质量检测、种子种苗和产品营销服务。农业园区不再是过去的仅局限于丰产方，而是像工业开发区、经济开发区一样，有独自的管理决策综合服务场所，有规划展示、生产加工区域房。2016年，全市市级以上现代农业园区共建成各类公共服务平台96个，设有农业技术服务中心、农机化服务中心、工厂化育苗中心、农资配送中心、农产品检测中心，建有农机、烘干设备库房、优质农产品营销配送中心等，园区综合能力和服务水平不断提升。

3. 带动农民持续增收的新引擎

（1）辐射带动持续增强

农业园区成为新品种、新技术、新模式集聚区、先导区，不断加强示范辐射的功能。加快引导一批乡镇农业技术、农业信息等服务机构，下沉到各级农业园区，开展生产引导、技术创新、科技示范、培训教育，2016年全市共有482名科技人员入驻现代农业园区，园区共引进推广新技术645项、新品种1850只，园区亩均产值11789元，是大面积农业亩均产值的1.6倍。

（2）品牌优势逐步彰显

各级农业园区充分利用苏州市丰富的名、特、优、新物种资源，大力发展具有地方特色的"苏"字号精品特色农业，鼓励建设专业园区、特色园区，加快无公害农产品、绿色食品和地理标志农产品的认证。创建了"常阴沙""田娘""金香溢"大米，"董浜""仓润""雨花绿""虞河"蔬菜"阳澄湖""太湖"大闸蟹等品牌，形成了凤凰水蜜桃、巴城葡萄、树山翠冠梨、桃源生态苗木等名特优农产品生产基地。2016年，全市市级以上农业园区的"三品"总量达645个，市级以上农业名牌产品61个，农业园区成为苏州市优特农产品进社区、入厨房的首选地，园区的品牌影响力在不断扩大。

（3）创业创新不断涌现

充分利用苏州市国家现代农业示范区、省级现代农业产业园、苏州市级现代农业园区，为农村创业创新提供良好的平台和载体。2016年，全市各地认定的1049名新型职业农民大部分在农业园区创业致富。目前，全市返乡下乡人员创业创新典型有600多名，带动就业4.7万人，一批规模种养基地、农业企业、农业社会化服务组织、电子商务新业态等创业创新载体应运而生。苏州市小林农业科技发展有限公司经理林亚萍的"林莓莓成长记"入选"2016年全国首批新农民创业创新百佳成果"，苏州市相城区漕湖农发生物农业有限公司创业基地、苏州市相城区御亭现代农业产业园发展有限公司创业基地、常熟市虞山镇都市生态农业产业园入选"2017年全国农村创业创新园区（基地）"。

4. 展示鱼米之乡风貌的新窗口

（1）示范水平高

坚持用工业化的理念发展农业园区，全市共建成农业部评定的国家现代农业示范区4个、省级现代农业产业园9个。国家现代农业示范区体现了一个地区农业园区发展的最高水平，测评得分有一整套严格的考核指标，包括示范区物质装备水平、科技推广水平、经营管理水平、支持水平、产出水平和可持续发展水平等方面。2014年，太仓国家现代农业示范区以83.8分的综合得分，在全国153个国家现代农业示范区中排名第一。在2016年4月发布的《2015国家现代农业示范区建设水平监测评价报告》中，苏州市4个国家现代农业示范区分别位列第2、第4、第6、第7名。

（2）科技实力强

加强农业园区产学研合作力度，加快用信息化的技术装备农业，不断强化科技兴园。全市有45个市级以上园区与中国农业大学、江苏省农科院等70多个科研院所合作开展技术服务，2016年全市园区农业科技贡献率超过70%，有力地促进了园区农业信息技术的推广应用。2016年9月时任国务院副总理汪洋同志在吴江国家现代农业示范园区视察"互联网+现代农业"时，对信息技术在现代农业中的应用给予了高度评价。

（3）生态环境美

农业园区突出绿色生态、优质安全导向，充分展示形式多样、环境优美、功能配套的苏南田园风光。推进农业绿色产业，大力发展生态、循环、有机农业，创新农业园区种养模式，推进农业废弃物综合利用，推行病虫害绿色防治，改善农业生态环境，促进农业园区可持续发展。2016年，全市农业废弃物综合利用率达98.6%，农药高效低毒低残留比例达99%以上。园区生态环境改善展现了原汁原味的江南田园风韵，从几年前的太仓现代农业园区"一枝独秀"，到如今的生态休闲农庄"遍地开花"，苏州市农业园区与休闲观光、乡村旅游相结合发展呈全面提速态势。

二、现代农业园区建设成效

1. 科学制定园区规划

张家港市提出"一园五区十基地"；常熟市规划"一中心、两园区、多基地"现代农业园区格局；太仓市明确"1+7"园区推进模式，2016年又将规划进行细化；昆山市围绕现代都市农业，做强做优特色产业园区；吴江区规划东南西北中"一核七片"八大现代农业园区；吴中区围绕"六个一"产业，建设太湖、澄湖和金满庭三大农业园区；相城区以四大板块建设国家级现代农业示范园区；高新区打造苏州西部生态城、西京湾农场。通过科学规划，推进全市现代农业特色基地、现代农业示范村镇、现代农业园区建设。各地积极引导优质水稻、特色水产、高效园艺、生态畜禽不断向农业园区集中，打破行政区域界限，实施跨县、跨镇区域产业布局，形成优质水稻、高效园艺、特色水产、种子种苗等一批优势产业园区。有跨县域的沿阳澄湖周边的相城区阳澄湖镇、常熟市沙家浜镇、昆山市巴城镇10万亩特色水产养殖区，有跨乡镇的常熟市董浜、梅李、碧溪的9万亩蔬菜产业区，有在太仓市城厢、双凤、沙溪三镇结合部建成的3万亩水稻产业园区。

2. 配套建设基础设施

按照"田成方、林成网、渠相通、路相连、旱能灌、涝能排"的生产要求，集中各级财政资金和社会资本，积极推进高标准农田建设、标准化池塘改造和蔬菜园艺标准园区建设。

(1) 推进高标准农田建设

以改善农田基础设施、提高农业综合生产能力为主要目标的农业综合开发土地治理项目，主要建设路、桥、涵、泵、渠、林、晒场、仓库等基础设施。该项目是多角度投入、多内容建设、全方位服务农业的集成项目。2006年起，江苏省政府启动高效农业规模化建设，每年拨付苏州市的项目资金从开始的500万元提高到5000万元以上，高效农业项目资金50%以上用于农田基础设施建设。2007年起苏州市启动"百万亩现代农业规模化示范区"建设，项目资金从3000万元提高到5000万元，而项目建设的重点也是农田基础设施和标准化池塘。省、市项目资金，加上各县（市、区）配套或专项资金，平均每年总计不少于1.5亿元的资金，用于高标准农田建设，涉及面积达20万亩。积极利用社会资本，推进高标准农田建设。主要是引用经济开发区的理念，向全社会进行招商引资。像昆山市的张大千农业园区建设、张家港市的凤凰生态农业园建设，都吸收工商社会资本进行高标准农田建设。2015—2016年共完成高标准农田13.42万亩，新（改）建蔬菜园6900亩，新增高效设施农业面积9380亩。市级以上现代农业园区基本做到了田地平整、土壤肥沃、路渠配套、设施完善、环境优良。2017年，全市完成高标准农田建设任务6.19万亩，超额完成了建设任务。张家港、太仓、常熟等地市政府都制订了高标准农田建设规划，并分年度推进实施。

(2) 加快了养殖池塘的标准化建设

全力打造沿太湖、阳澄湖现代渔业生态示范园区，建成一批生态养殖示范区、循环种养试验区、融合发展先行区，让苏州率先成为全国生态渔业发展样板区。目前，全市已先后建成1个国家级农业（渔业）示范园区、3个省级现代渔业产业园区、4个省级现代渔业精品园、7个省级现代渔业示范基地、12个省级现代渔业示范村，各类渔业园区建成总面积达14.5万亩。在园区建设的带动下，全市累计建设连片整齐分布、进排水渠分设、配套设施完善、生产方式先进的标准化养殖池塘达35万亩，设施渔业面积累计达31.6万亩。同时依托较为完善的服务支撑体系，在全面推广健康养殖方式的基础上，建成一批标准化、设施化、信息化、生态化的规模养殖基地，创建农业部水产健康养殖示范场50余家，逐步形成了水域资源利用率更高、水环境维护能力更强、水产品市场美誉度更佳、水乡风情更浓的具有苏州特色的渔业发展面貌。

3. 强化提升公共服务能力

全市市级以上现代农业园区共建成各类公共服务平台96个，设有农业技术服务中心、农机化服务中心、工厂化育苗中心、农资配送中心、农产品检测中心，建有农机、烘干设备库房、优质农产品营销配送中心等。农业园区不再是过去的仅局限于丰产方，而是像工业开发区、经济开发区一样，也有独自的综合服务场所，既有管理决策用房又有规划展示、生产加工等用房。

4. **全面实施信息技术覆盖**

积极引进推广农业信息技术，如：太湖、阳澄湖省级国家级渔业产业园的在线监测系统；常熟董浜省级蔬菜产业园利用移动互联网，对111座节水灌溉泵站及圩区排涝站实施远程监控，实现5万多亩农田节水灌溉；吴江国家现代农业示范区的神元科技物联网远程操控、三港配送物联网远程控制、申航流水养鱼物联网操作、精准农业物联网控制；等等。各地正引入工业化的理念发展农业，用信息化的技术装备农业。

5. **多元培育新型经营主体**

农业园区依靠特有的土地、资金、技术、服务等优势资源，按照市场配置资源，引入各类经营主体，开展家庭经营、集体经营、合作经营、企业经营，农业园区聚集效应日益明显。全市市级以上农业园区共有入园企业383家，经营总面积达16.87万亩，其中市级以上农业产业化龙头企业67家；农民专业合作311个，经营面积28.56万亩；家庭农场273个，经营面积5.09万亩。2016年全市认定的1049名新型职业农民大部分在农业园区创业致富。

6. **成功打造农业品牌**

各级农业园区充分利用本区域丰富的名特优新物种资源，大力发展具有地方特色的"苏"字号特色农业品牌，创建了"常阴沙""田娘""金香溢"大米品牌，"董浜""仓润""雨花绿""虞河"等蔬菜品牌，"阳澄湖""太湖"大闸蟹品牌，还有凤凰水蜜桃、巴城葡萄、树山翠冠梨等特色农产品品牌。全市市级以上农业园区的"三品"总量达645个，市级以上农业名牌产品61个，农业园区成为我市优特农产品集聚区和发源地。

7. **深入推进科技兴园**

各级农业园区加强产学研合作力度，全市有45个市级以上农业园区与中国农业大学、江苏省农科院等70多个科研院所合作开展技术服务，开展生产引导、技术创新、科技示范、企业孵化、咨询服务、培训教育。同时，一批乡镇农业技术、农业信息等服务机构参与到各级农业园区，2016年，全市共有482名科技人员入驻现代农业园区。农业园区成为新品种、新技术、新模式集聚区和先导区。

太仓市国家现代农业示范区

近年来,太仓市积极适应现代农业发展的新形势,积极实施农业内部一、二、三次产业联动发展战略,围绕高效设施农业规模化、生态休闲农业集聚化、科技创新农业载体化重点,高起点、高标准、快速度地推进现代农业建设,走出了一条具有太仓特色的现代农业发展之路。其中太仓国家现代农业示范区是为发展现代农业、加快城乡一体化进程而设立的一个集生态、高效、富民于一体的农业园区,规划总面积近6万亩。园区以建设工业园区的理念和管理模式来运行,成立太仓市现代农业园区管理委员会,作为园区开发建设和日常管理的常设机构。在园区建设机制上,坚持"政府主导、企业带动、农民参与、市场运作"原则;在投入机制上,搭建融资平台,切实解决现代农业发展大建设大投入的资金瓶颈。目前,园区主要分为陆渡、浏河设施农业产业片区和高新技术农业与休闲观光农业集聚区两部分。

太仓市现代农业园区陆渡、浏河设施农业产业片区,规划总面积2万多亩,依托已初具规模的陆渡现代农业园和紧邻的浏河都市蔬菜示范园,实行跨镇联动发展。以"统筹城乡发展、有效利用耕地、节约土地资源、优化空间布局、改善生态环境"为原则,在区域范围内实行"三集中",即土地向规模经营集中,农户住宅向规划居住点集中,村内企业向工业园区集中,全面整合土地资源,腾出纯农业片区,用于开发建设现代设施农业。

太仓市现代农业园区高新技术农业与休闲观光农业集聚区位于交通便捷的市域中东部,规划总面积3.5万亩,涉及沙溪、浏河、浮桥三镇6个村,核心区面积8000亩。核心区充分利用太仓市沿江沿沪的区位优势、相对人少地多的资源优势、良好的现代农业发展基础优势和生态环境优势,不断挖掘历史和人文资源,经过近10年的建设,特别是2008年以来的提速建设,园区的建设框架和形态已初具规模,并形成了休闲观光农业、高效农业、生物科技农业三个主要板块。休闲观光核心区内由财政资金投资开发建设的现代农业展示馆、花卉园艺展示馆、生态湿地馆、恩钿月季公园、月季研发中心、生态餐厅等已经建成并运行。同时,园区还吸引社会资本投入建设了艳阳农庄、盛兴生态园、新城兰花产业园等生态旅游项目。高效农业示范区建有皇达蝴蝶兰、华泰昌食用菌、戈林组培中心等一批高效农业产业项目,平均亩产值超百万元。生物科技农业园引进太仓戈林农业有限公司、江苏拜肯生物农业科技有限公司、安佑动物营养研发有限公司入驻园区。同时与南京农业大学合作组建了江苏省安丰生物源工程中心有限公司，工程中心将有效整合技术资源，集聚人才优势，努力申报国家级生物源农药工程中心，打造太仓生物农业科技高地。截至目前，园区共引进各类项目近30只，投资总额近10亿元。成功举办了2008、2009两届"中国月季高峰论坛"及第23届全国兰花博览会，恩钿月季公园还被中国花协月季分会确定为中国月季高峰论坛永久举办地。

自2006年对外营业以来，园区累计接受部、省、市各级领导视察200余批次，接待国内外游客超过百万人次，先后被命名为首批"省级现代农业产业园区""江苏省观光农业园""江苏省科技示范园""江苏省环保教育基地""江苏省四星级乡村旅游点""苏州市首批十佳现代农业园"和首批"中国特色农庄"，并被农业部认定为"第一批国家级农业产业化示范基地"和"国家级现代农业示范区"，于2012年底成为全国首家农业园区类国家级AAAA级旅游景区。目前，核心区已发展成为一个集农业科技展示、生态观光、休闲度假、商务会务于一体，能满足不同层次消费需求，长三角地区重要的农业生态休闲度假区。

苏州市吴江区国家现代农业示范区

近年来，吴江区紧紧围绕"发展现代农业、推进四化同步"中心任务，将建设现代农业园区作为发展现代农业的强大引擎和重要路径来抓，大力实施"一镇一园"现代农业园区建设工程，建成"一核七片"八大农业园区，涵盖农业六大优势主导产业，其中省级3个、苏州市级5个，实现了镇镇建园区、镇镇搞示范，现代农业园区总面积达15.65万亩，农业园区化率达27.9%。

在农业园区的建设上，重点抓好核心区——同里现代农业产业园区的建设。10年来，同里园区共投入资金近4亿元，建成面积3.22万亩，其中核心区面积1.5万亩，引进和培育农业企业16家，辐射带动农户3400户、1.03万人，农民人均年收入达3.5万元。同里园区环境优美、特色鲜明、装备先进、效益显著，是吴江乃至苏州现代农业发展的样板区和城乡一体化的试验区，2011年被评为"省级现代农业产业园"，2014年被评为"苏州市十大农业园区"，2015年作为核心区成功创建第三批国家现代农业示范区，2016年4月发布的发展水平居全国283个示范区第4位。同里农业园区在建设和发展上坚持做到了"五高"：

高起点规划。在区域经济社会发展中，统筹谋划农业园区建设，注重园区规划与城市规划和产业规划相衔接，实现以工促农、以城带乡，城乡良性互动发展。选择在同里北联建设现代农业园区，是因为充分考虑到了其地理位置、资源禀赋、生态环境和发展前景。同里农业园区的规划具有三大特点：一是位置优。园区自然资源丰富、产业门类齐全、区位优势独特，距离苏州中心城区不足10公里，为发展现代都市农业奠定了坚实的基础。二是要素齐。园区2.5公里范围内，集聚了国家现代农业示范区、国家经济开发区、国家出口加工区、国家综合保税区、国家5A级景区、世界文化遗产退思园、国家湿地公园等国家级平台，一、二、三产业集聚协调带动发展。三是水平高。先后邀请南京大学、南京农业大学和农业部农村社会事业发展中心专家团队编制园区发展规划，以规划的前瞻性和科学性引领园区发展。

高标准建设。"栽好梧桐树，才能引来金凤凰。"相关部门切实把建设现代农业园区摆上重要位置，像抓工业园区一样抓农业园区建设，加大政策扶持、财政投入和重点项目建设力度，全力抓好土地流转、基础建设和招商引资等工作。一是抓土地流转。每亩水稻生态补偿550元，推进园区核心区3000多户农户共1.5万多亩土地全部流转至3个土地股份合作社，实现了"土地变股权、农民变股东、有地不种地、收益靠分红"。二是抓基础建设。结合万顷良田建设工程，实施城乡建设用地增减挂钩项目，推进土地集中连片整治，动迁农户280户，建成田成方、路相通、沟相连、旱能灌、涝能排的高标准优质粮油6000亩、先进设施农业3500亩和高效特色水产2500亩。同时，加快推进休闲观光区配套设施建设，建成同里国家湿地公园3000亩。三是抓提档升级。按照2016年9月初在苏州召开的全国"互联网+"现代农业工作会议精神，以"互联网+"引领现代农业转型升级，应用物联网技术对农业生产、管理、服务等环节进行改造提升，建成智慧农业控制中心、农情万家信息服务平台和稻麦智慧管理、设施大棚智能化种植、池塘智能化生态养殖和全程质量安全追溯等信息化应用示范基地。四是抓招商引资。用完善的基础设施、先进的生产设施和优惠的扶持政策吸引农业企业入驻，引进和培育农业企业16家，注册资金1.4亿元，其中"新三板"和"E板"上市企业各1家、省级农业龙头企业2家、市级农业龙头企业4家，企业对农业生产的组织带动作用明显。

高效能服务。在抓园区硬件建设的同时抓服务体系建设，提高园区管理服务水平。一是扁平化管理。区、镇、村三级联合，落实专门人员，组建园区管委会，负责园区建设发展的规划、管理和日常事务。区农委派出管理技术人员5名，成立驻园区工作小组；同里镇农服中心全部搬迁至园区办公，强化农业技术服务。二是公司化运作。按照开发与管理、企业与政府双重分离的原则，建立开发建设主体与行政管理主体相分离的管理体制，管委会设国有控股投融资公司——苏州同里现代农业发展有限公司，具体负责园区的开发建设。三是社会化服务。把发展合作组织作为提高社会化服务水平的重点来抓，组建合作社11家，其中土地股份合作社3家，粮油、水产、农机等农民专业合作社8家。园区粮油生产和水产养殖实现了全部由合作社按"五统一"的标准承包经营。

高平台支撑。加强产学研合作和公共服务平台建设，实施重点项目带动战略，为园区发展提供强有力的科技支撑。一是推进产学研结合。依托上海交通大学、南京农业大学和华南农业大学等科研院校，建立罗锡文院士工作站、南京农业大学苏州信息农业教授专家工作站、农业部都市农业（南方）重点开放实验室等工作站和重点实验室6个；成立南农大技术转移中心工作站，实现科研院校与园区的无缝对接。二是建设服务平台。投入4500万元，瞄准现代农业高新技术和先进标杆，建设园区科技化服务中心、农机化服务中心、工厂化育秧中心、农资配送中心、智慧农业控制中心和现代农业展示厅等"五中心一展厅"平台，完善园区配套服务设施，提升园区公共服务能力。三是实施重点项目。引导农业项目重点向同里园区集聚，实施中央财政扶持粮食生产、农业部粮食高产创建、高标准农田建设、省万顷良田建设工程、现代农业园区及平台建设、"菜篮子"工程设施蔬菜基地建设、高效设施农渔业、农业三新工程和现代农业建设项目25个，争取上级财政资金6000多万元。

高水平发展。一是粮食单产高。实施高产创建，推广超高产优质品种和机插高产栽培、精确定量栽培、病虫草害综合防治、测土配方施肥技术，水稻单产全省领先。同里园区水稻示范片平均单产达790.9公斤，核心方单产最高达851公斤。二是现代化程度高。同里园区建有覆盖园区的物联网管理系统，稻麦油生产实现了全程机械化和产加销一体化，设施区高标准规模连片设施农业占比超90%，水产区主推池塘智能化生态养殖、生态高效虾蟹混养等模式。园区企业抢占"微笑曲线"两端，积极发展种源农业、高端农产品和综合配送服务业，延伸产业链，提高附加值，经济效益明显。三是示范水平高。同里园区先后承办2010年全国水稻精确定量栽培现场会、2012年全国油菜机械化收割现场会、2015年全国油菜育秧和机械化播栽技术现场会、2016年全国新型职业农民培育现场会以及2016年全国"互联网+"现代农业工作会议暨新农民创业创新大会现场考察点建设等多个全国农业会议现场，发展水平得到了各级领导和院士专家的肯定。2016年9月，时任国务院副总理汪洋同志、农业部部长韩长赋同志、时任江苏省委书记李强同志、时任江苏省省长石泰峰同志等领导现场视察指导，充分肯定了园区现代农业和信息农业发展水平；2010年园区水稻生产和农机化发展水平也得到了10位院士的肯定。同里园区年接待全国各地参观考察团超60批次。

昆山市国家现代农业示范区大唐生态园

　　昆山国家现代农业示范区大唐生态园是根据《苏州市农业产业布局规划》《苏州市城乡一体化总体》的要求，在土地治理改造中低产田项目的基础上自筹资金投资建设的。生态园始建于2005年3月，目前总建设面积达1万余亩，涉及千灯镇大唐、大潭、吴桥、陶桥四个行政村，总投资达12700多万元，是一个集种植、养殖、生态旅游、会展会议、休闲度假于一体的综合性现代化农业示范园区。园区位于千灯镇西南侧，距镇区5公里，东接千灯浦，南邻淀山湖，北靠新开河，西依昆山市张浦镇，地理位置优越，生态环境良好。园区遵循"科学规划、分步实施、集中投入、连片开发"的原则，秉承"亲商、安商、富商"的服务宗旨，先后入驻企业有昆山大唐农业生态园有限公司等4家龙头企业和两个专业合作社。

　　产业特色鲜明。生态园聘请江苏省农业科学院、南京农业大学等科研院所对整个园区进行科学规划，并得到了昆山市人民政府的批准。相关部门在规划上坚持"规划先行、起点较高、一次规划、分步推进"的原则,充分发挥园区功能布局的科学性和合理性。园区选址远离工业生产区、城市建设中心,靠近淀山湖边,布局合理,设计科学,产业区位明显,景观协调;并将大唐等4个基本农田保护区有效结合,具有连片规模大、资源条件好、环境质量佳等特点,从而确保了农业园区规划用地的科学性和稳定性,确保农业园区经济可持续发展。

生态园按照园区产业发展规划,分为三大功能区域,即生态园一、二期为大唐生态观光园,三、四期为高效农业示范区,五期为现代渔业示范园。

生态园一、二期为大唐生态观光园,分五大功能区:一是联栋大棚栽培区,占地65亩;二是优质果品栽培区,占地450亩;三是防虫网设施栽培区,占地85亩;四是优质水产养殖区,占地400亩;五是休闲观光区,占地550亩。

生态园三、四期为高效农业示范区,分六大功能区:一是优质粮油生产区,占地4650亩;二是设施农业栽培区,占地220亩;三是防虫网蔬菜生产区,占地150亩;四是绿色食品生产区,占地100亩;五是无公害水产养殖区,占地700亩;六是垂钓休闲中心区,占地180亩。

生态园五期为现代渔业示范园,规划总面积5000亩,标准化鱼塘3500亩,河道、人工生态湿地280亩,人工景观湖660亩,休闲观光560亩。

基础设施完善。昆山市委、市政府将生态园作为率先实现农业现代化的示范工程,成立了专门的领导班子,做到分工明确、责任到位、层层把关、分段检查、综合考核。已建成综合服务区、科普培训及农产品展示中心1000平方米,已建成沥青道路35000平方米,生产道路10500平方米,衬砌渠道7.95公里,改良土壤1000亩。此外还建成生态餐厅1500平方米,拥有影视厅、农展厅8400平方米,保鲜储藏库120立方米,道路绿化观赏树木43000平方米。

目前,园区已达到"田成方、路成网、树成行、渠相连、土肥沃"的标准,高效粮油生产区的农田达到了"旱能灌、涝能排"的标准。同时,对废弃物、污水、污物进行再处理利用,将废渣加工处理成有机肥,从而实现了资源的循环利用,取得了良好的生态效益和环境效益。

农机装备先进。园区根据不同的发展时期需要先后引进了适合不同种养类型的现代农业机械,引进高速插秧机6台,高性能植保机2台,秸秆还田机3台，中拖2台套，增氧机20台。2009年高效粮油生产区全部实行机插秧、机收割，机械化率达86%。同时，还引进GLP-622型连栋玻璃温室大棚（8800平方米）、GLP-832型单体大棚（16000平方米）、标准防虫网（18000平方米）、喷滴灌系统（50000平方米）等现代化设施。在现代渔业基地建成标准化鱼塘3500亩，全部配备了微喷设备，有独立排灌系统，并全部进入尾水循环处理系统。

园区组建了一支农产品信息发布队伍，通过信息的综合采集和发布、数字化信息处理、可视化服务等，提升农产品加工、营销、流通服务水平。

政策扶持强劲。千灯镇政府在扶持农业园区发展方面出台了农业用地、用水、用电的优惠政策，并给予信贷优惠，同时还制定了减免税收等优惠措施，并实行项目安排倾斜政策，凡是与农业综合开发、中低产田改造、农机示范推广等相关的项目，均安排在大唐生态园内实施。优惠的政策吸引了一批规模型农业企业的入驻，比如昆山大唐生态园农业有限公司注册资本达4900万元。园区鼓励各类科技人员入园创业发展，对中高职称的专业技术人员进行一定的补助，在工资、福利待遇上给予倾斜，每年选送3~5名技术骨干到科研院所深造。

运行机制灵活。生态园设有市、镇两级政府组织的综合管理服务机构，成立了以市政府分管农业副市长为组长的园区建设工作小组，以镇党委领导为首的园区领导班子，做到分工明确，规范有序，管理监督到位，确保了园区基础设施建设的顺利进行，后勤保障服务也很到位。

园区严格实行政企分开，入驻公司实行企业化管理。土地按照"依法、自愿、有偿"的原则，采取入股的方式推进园区土地承包经营权流转，大型基础设施由政府投资，并制定了减免税收等各项优惠措施，积极鼓励农业高新企业、农业加工企业入园投资建设，以租赁方式承租土地、设施，龙头企业实行市场化运作，实行按劳分配、按智分配的现代企业管理制度，实行总经理负责制，独立核算，自主经营，自负盈亏。

辐射范围广泛。园区已成为昆山市现代都市农业的样板工程，也是展示现代农业技术以及新品种引进、推广、示范的场所，在注重培育现代农民、种养能手以及产业致富方面起到了示范带动作用。2009年，园区示范辐射带动蔬菜种植2.5万亩，亩均效益增收1800元；辐射带动瓜果种植面积1.5万亩，亩均效益增收2000元；辐射带动果树种植面积1.1万亩，亩均效益增收 2500 元。辐射区农民人均增收 10% 以上。同时，园区还注册了"大唐农庄"商标，生产的"大唐农庄"牌蔬菜果品在 2007 年被认定为苏州名牌产品，生菜等 12 只农产品被认定为绿色食品 A 级产品；大米被评认定为无公害农产品。2008 年创办了昆山市千灯镇吴桥果蔬农民专业合作社，2009 年创办了昆山创新农机专业合作社，吸纳 350 名"4050"人员就业，增加了农民收入。

苏州市相城区国家现代农业示范区——苏州御亭现代农业产业园

苏州御亭现代农业产业园位于太湖之畔——相城区望亭镇，总规划面积 20000 亩。产业园秉承"像规划城市一样规划农村、像发展工业一样发展农业、像经营企业一样经营农田"的发展理念，立足农文旅创，以物联网、云计算技术为依托，以智慧农业为建设重点，融合农业休闲观光旅游，全面打造"典型江南，稻香小镇"。

园内拥有万亩水稻良田示范区、苏州市"菜篮子"工程建设永久性蔬菜基地、家庭农场等众多产业基地及草莓主题园、御田生态园、宽心园、美丽村庄等农业旅游载体，拥有注册农业企业（合作社）28 家、龙头企业 2 家，共注册商标 15 个，"虞河"和"金香溢"商标获认"江苏省著名商标"，"太湖稻城""林莓莓""麦田禾盛"获认苏州市名牌产品，"金香溢"大米成为第 53 届世界乒乓球锦标赛唯一指定大米合作伙伴。

截至 2017 年，农业产业园成功获得全国科普惠农兴村先进单位、全国百个新型职业农民培育示范基地、全国农村创业创新园区、国家级星创天地、省级新型职业农民培育示范实训基地、江苏省智能农业示范园区、苏州市现代农业园区、苏州市创业孵化示范基地、苏州市产业集群品牌培育基地等 20 余项市级及以上荣誉。"望亭稻香小镇"入选江苏省 105 个农业特色小镇，御亭产业园星创天地被评为江苏省第一批省级星创天地。

同时，园区持续推进省级农业标准化示范区建设，完成绿色食品认证 12 个、有机认证 3 个。设立院士工作站、博士后工作站等科研载体，引进农业技术研究人才 3 名，完成"农业废弃物资源化利用及智能农业技术"等 3 项课题研究。培育江苏省"双创"博士类 1 个，省民营科技企业 1 个，姑苏科技领军人才2个，姑苏科技创业天使计划2个，阳澄湖农业突出贡献人才3个，阳澄湖科技领军人才4个，阳澄湖农业领军人才1个，新型职业农民31个，实用人才33个。

产业园依托基于"云计算技术"的智慧农业公共应用服务平台，实现大田作物、设施蔬菜、相关资源环境监测、农产品质量控制与全程追溯等智慧农业应用，以江苏省企业院士工作站、江苏省博士后创新实践基地等科研平台为载体，建设农业众创空间，成功引驻"亭云智能""每日农业"等人才及团队7个。

产业园立足农文旅创，发展太湖乡村特色旅游，以"一带两翼"为核心，着力完善稻香小镇旅游配套设施。同时打造"互联网+现代农业"孵化器，提升"智慧农业"水平，整合2000平方米游客服务中心、星创天地农业众创空间、沿太湖美丽村庄、太湖湿地公园、湖滨民宿、精品农家乐、有机蔬果采摘体验等生态环境优势资源，全面打造北太湖休闲观光旅游风景区。

常熟国家农业科技园区

常熟国家农业科技园区是全国首批21家试点的国家农业科技园区之一，2009年11月通过科技部、农业部、水利部、国家林业局、中国科学院、中国农业银行等六部委综合评议验收，成为江苏省首个正式挂牌的国家农业科技园区，也是苏州市唯一的国家农业科技园区。

园区根据水稻、水产、蔬菜三大主导产业的布局特点，形成了"一核三带多园区"的总体发展格局。"一核"即国家农业科技园区主核心区，总规划面积13200亩，现已投入超2亿元，建成优质水稻繁育、蔬菜园艺、特色水产3个创新区以及"二花脸"猪种质资源保护与开发基地。"三带"即以江苏省沙家浜现代渔业产业园区为中心，沿锡太线沙家浜镇、古里镇、支塘镇、辛庄镇为主体的"南部高效水产示范带"；以江苏省董浜现代农业产业园区为中心，董浜镇、碧溪新区、梅李镇为主体的"东部高效蔬菜园艺带"；以海虞镇、虞山镇、尚湖镇、辛庄镇为主体的"西部优质粮食产业带"。"多园区"即依托常熟市各板块农业产业特色所建成的14个具有示范辐射效应的特色园区。到目前为止,"一核三带多园区"累计投入已超过32亿元(不含入园企业投入)。

园内共有涉农企业112家。其中农业龙头企业70家。省级农业龙头企业10家、苏州市级16家、常熟市级44家。全国农业龙头企业有直接连接机制的农民专业合作经济组织56家,建有各类农产品生产种养基地24.8万亩,其中在本市自建基地10.5万亩,收购订单合同基地14.3万亩,企业所需原料自给率达45%。联结带动本地农户12.2万户。2016年70家重点农业龙头企业实现销售收入总额达308亿元,实现利税13.09亿元。

园区设立党工委和管委会,管委会下设"一办三部",即办公室、产业发展部、规划建设部、财务部。管委会核定行政级别正科级,全额事业编制15个。园区实行市场化运作,运作主体为常熟农业科技发展有限公司,注册资金1.8亿元。

常熟国家农业科技园区的主核心区在优质水稻品种的选育繁育和示范推广方面取得了卓著的成效,在2012年三年建设期完成后的考核中名列第8,获"优良园区"称号。这与端木银熙领衔的常熟国家农业科技园区核心区创新中心团队做出的贡献密不可分。

近年来,这个创新团队以国家创新驱动战略为引领,紧紧围绕常熟市委、市政府农业发展规划,以全面推进农业供给侧结构性改革为工作主线,不断提升农业科技创新能力和综合实力,推动农业科技进步,带动现代农业发展,为常熟市率先实现农业现代化提供有力的科技支撑。

创新团队现有水稻育种创新基地450亩,先后投入近亿元,建成了硬件设施一流的县级水稻育种研发基地,并在海南三亚建立了20亩南繁育种基地。基地常年种植水稻育种材料1万多份,具有丰富的晚粳稻种质资源,在优质晚粳稻和三系杂交粳稻优势利用方面具有较好的工作基础和丰富的经验,每年参加各级水稻新品种中间试验的品系(组合)在30份以上。作为江苏常熟国家农业科技园区核心区创新中心,其先后被确定为中国水稻研究所、扬州大学农学院的试验基地,农业部长江中下游稻作技术研究创新基地(太湖地区),科技部国家农业科技园区创新基地,苏州市水稻育种工程技术研究中心,2009年被江苏省科技厅批准为"江苏省杂交粳稻工程技术研究中心"。"十二五"期间,中心科研成果丰硕,科技创新能力得到大幅提升,逐步确立了在全省乃至全国县级农业科研单位中的领先地位。在江苏省杂交晚粳稻工程技术研究中心的基础上,新增了5个重量级的科研平台,分别为国家杂交水稻工程技术研究中心常熟分中心、国家(常熟)农作物区域试验站、国家发改委新增千亿斤粮食产能规划科技支撑实验室、江苏现代农业科技集成创新与推广示范基地、常熟理工—端木银熙水稻育种研究推广中心。依托这些科技创新平台,经过10多年的发展,建成了技术先进、装备精良、功能齐全、管理科学、国内一流的粳稻育种工程技术研究中心,成为长江中下游地区具有领先水平的杂交粳稻研发创新研发基地、成果转化基地、技术创新基地及人才培养基地。

——科技创新取得新突破

水稻育种是创新团队的优势项目,近年来,在水稻育种家端木银熙的带领下,中心基本每年有一个水稻新品种通过审定,先后育成了"常优5号""常农粳8号"等8只水稻新品种,累计推广面积达1000万亩。2017年"常农粳11号"(原名"常粳13-9")"常优312"分别通过了江苏省、上海市的审定。中心的育种技术进入国内先进行列,育成的杂粳品种在国内同类型品种中处于领先水平,受到了各级领导和专家的充分肯定,袁隆平院士赞誉说:"短短十几年就育成了六个杂粳组合,不简单,人家二三十年没有做到的,你们做到了。"其中"常优2号""常优4号"和"常优5号"米质均达到国标一级,"常优1号"是农业部"全国50个水稻主导品种"中唯一的单晚杂粳组合,被定为国家中试对照品种。"常优2号"百亩示范方经农业部专家组实产验收,平均亩产835.6公斤,创国标一级优质米同类型杂交粳稻组合国内最高产量。"常优5号"被江苏省农委定为全省主推品种,并成为市民喜爱的优质稻米,先后荣获江苏省食味品质一等奖、第十一届中国优质稻米博览交易会金奖。"常优粳6号"在"首届江苏好品种评选活动——粳稻优质米品尝评比"中荣获金奖。在优质常规粳稻选育方面,"常农粳5号"米质达国标一级,推广应用面积400万亩以上。"常农粳8号"2014年通过江苏省审定,它具有优质、早熟高产、抗病等优点,为稻麦周年高产理想应用品种,2016年被定为苏州地区主推品种。常熟市农科所不断选育出的水稻新品种为确保本地区粮食安全和推进稻米优质化进程做出了重大贡献。

——打造了整体有序的农业科技创新体系

坚持以"科学布局,优化资源,创新机制,提升能力"为总体思路,提高科技持续创新能力和效率。一是推进科技创新平台建设。利用国家杂交水稻工程技术研究中心常熟分中心、国家（常熟）农作物区域试验站、新增千亿斤粮食产能规划科技支撑实验室等国家级创新平台，在种质资源交流、新品种栽培试验、鉴定检测、技术交流合作等方面进一步加强、深化同国家杂交水稻工程技术研究中心、中国水稻研究所、扬州大学农学院等的合作，提升农科所的核心竞争力。二是推进农业科技示范基地建设。加强基地与各级科研、推广、教育机构的联合协作，试验在基地内实施，成果在基地内展示，培训在基地内进行，实现科技与生产、集成与示范、教育与推广的紧密结合，着力解决全产业链的技术难题。三是强化农业科研人才队伍建设。结合农业重点实验室建设、院士工作站、博士后工作站、重大科研项目实施和现代农业产业技术体系建设，培养造就农业科技领军人才和科技骨干。创新并完善科研成果奖励机制，调动科技人员积极性，激发他们的创新活力。吸引高层次人才来基层农科所工作，鼓励所内科技人员到企业兼职或离岗创业，逐步形成充满活力的科技管理和人才发展机制。

——积极探索加快成果转化新途径

为加快科技成果转化，2017年5月，中心与江苏省内的种业集团就"常粳14-7"品种经营权转让签订了意向性协议，待2018年通过省级审定后正式签订有偿转让合同。如果该成果能顺利转让成功，将创苏州地区科企农业科技成果转让的首例纪录。

江苏省吴中现代农业产业园区——苏州澄湖现代科技生态农业示范园

该园区是吴中区委、区政府为推动甪直车坊片区现代科技生态农业的发展，增强特色、高效农业竞争力而成立的，园区设立了党工委、管委会和苏州澄湖现代科技生态农业发展有限责任公司。农业园区包括甪直车坊片区7个行政村，区域面积25平方公里，地理位置优越，与苏州工业园区仅一江之隔，苏州绕城高速、苏沪高速、苏嘉杭高速成复线穿区而过。园区生态环境优美，资源丰富，区内河网纵横密布，东依45平方公里的澄湖，水陆交通便捷。

苏州澄湖现代科技生态农业示范园立足"水八仙"资源优势和产业基础，

科学制定园区产业规划，合理确定园区产业布局，努力提升现代农业发展水平。澄湖农业园现有耕地面积近3万亩，现有水稻种植面积6387亩、水生蔬菜种植面积7321亩、水产养殖6142亩、园艺（绿化）3901亩。2015年"四个百万亩"落地任务为水稻6568.2亩、水产6142.7亩、高效园艺18052.2亩、增加生态林地158.2亩。以水生蔬菜、水稻、水产、绿化生态林"三水一绿"为主导，水果、花卉园艺为有效补充的农业产业格局已经形成。

苏州澄湖现代科技生态农业示范园坚持农旅融合发展，在稳步提升农业生产基本功能的基础上，按照规划设计逐步实施重点工程建设，由单一的农业生产功能逐步建成集产销、科研、展示、科普、体验、休闲、餐饮等功能于一体的农业示范区。澄湖农业园抢抓苏州市现代农产品物流园落户该园的有利契机，通过其辐射影响带动农业园区现代农业、特色产业、农旅融合发展。3500亩水八仙生态文化园成功创建为"江苏省四星级乡村旅游示范区"，澄墩六店桥、朱夏浜、甘蔗浜三个自然村的市级美丽村庄和长浜里、万古浜、中马塔三个安居村及龚家湾、西湾、节子浜、沙湾四个康居村建设已基本完成。该园进一步完善旅游基础设施配套建设和农家乐、民宿等农旅服务配套设施建设，加快推进重点农旅项目规划建设和万亩高标准农田整理、现代农业创业园、智慧农业、市级蔬菜基地、瑶盛果品基地等现代农业重点项目规划建设。依托良好的生态环境和优美的田园自然景观，引入慢城理念，着力打造农旅融合发展精品项目，构建宜居宜游、低碳绿色环境，进一步提升园区品位和档次，提升休闲观光生态旅游发展水平，推进园区农旅融合发展，打造清水绿田、蓝天白云的休闲观景新空间。

江苏省张家港现代农业产业园区——张家港市常阴沙现代农业示范园区

张家港市常阴沙现代农业示范园区原为江苏省农垦常阴沙农场，2004年属地管理以来，围绕"江南水乡、田园风光、现代农庄"的总体要求，持续完善基础设施，优化产业形态，提升民生福祉，不断开创张家港市常阴沙现代农业示范园区发展新局面，先后被评为"江苏省现代农业科技园""江苏省现代农业产业园区""国家农业产业化示范基地"等。

现代农业熠熠生辉。农业是常阴沙的根本，一代又一代常阴沙人不断为农业的现代化建设而努力奋斗。近年来，在张家港市委、市政府的正确领导下，园区紧扣发展现代农业的板块定位，科学谋划、统筹兼顾，不断推动现代农业繁荣发展。现今的园区，无论是在农业规模上还是在基础设施上，无论是在农业科技支撑上还是在产业效益上，均取得了长足发展。

目前，园区建有设施农业6500亩，建成江苏省水稻、蔬菜、食用菌、渔业科技成果转化基地4个，农业部健康养殖基地3个，产学研示范基地5个，农作物种植综合机械化水平达94%，初步形成了"南北高效果蔬、中部绿色稻米、滨江特色水产"的三大主导产业布局。农业配套生产设施不断完善，投资建成了占地面积40余亩，集粮食仓储加工、农机社会化服务、圩区信息化管理及稻田智能化灌排于一体的农业综合管理服务中心。先后与南京农业大学、江苏省农科院、扬州大学等科研院所联合建成创新平台9个，汇聚学科专家38名。常阴沙农业科技创新创业孵化中心入驻科技人才企业8家，建成专业实验室6个，新型农机、新品选育、生物农药"三大基地"建设初见雏形，农业科技支撑动力强劲。由张家港市现代农业投资有限公司联合园区7家社区经济合作社投资组建而成的联农农产品专业合作社，依托本土农业资源优势，不断壮大社员户数，扩大基地规模，拓展销售渠道，逐步走出了一条促进农业增效、农民增收的致富之路。同时，联农合作社建成了张家港首家农产品质量安全追溯管理平台，实现了"从田头到市场"全程可追溯，消费者通过手机扫码就可直接了解农产品生产、加工、流通全过程，从而实现买得安心、吃得放心。

生态旅游风生水起。常阴沙现代农业示范园区作为苏南地区为数不多的田园绿洲，地处沿海和长江两大经济开发带交汇处，优越的地理区位撬动了常阴沙人"以农促旅、农旅融合"的全域旅游发展思路。2012年，园区规划筹建常阴沙生态农业旅游区，为园区旅游事业的发展迈出了第一步。2013年首届"常阴沙油菜花节"的成功举办，为常阴沙人开辟旅游路径增添了信心，此后4年，上海、无锡、苏州等地的游客慕名而来。2014年，常阴沙生态旅游度假区获评国家3A级旅游景区。2017年，常阴沙油菜花节活动首次实现公司化、市场化运作，游客量、门票收入保持稳定增长，"苏南第一花海"品牌效应持续升温。

近年来，园区在生态旅游上不断发力，积极推动园区旅游向特色化、精品化、产业化、集聚化方向发展，通过整合澳洋生态园、知青馆、常兴橘园、通江公园、万顷良田、常南四季果园、长江江堤等特有资源，使旅游业充分切入农业和文化，推出果品采摘、亲子烧烤、休闲拓展、知青文化、滨江文化、田园乡村体验游，形成了春赏花、夏尝瓜、秋摘果、冬品鲜的四季旅游路线，景区每年游客接待量保持在10万人次以上。依托节庆赛事活动，园区先后举办了两届短程马拉松赛及自行车环形赛、美丽乡村健步行等赛事活动，通过"旅游+体育"的融合，有力提升了常阴沙旅游的知名度。同时，通过政府政策引导带动农户建办农家乐5家，有力地促进了地方农产品的销售，促进了强村富民。

苏州市黄埭循环农业示范区

苏州市黄埭循环农业示范区位于苏州市相城区黄埭镇绕城高速以西北区域，是2014年苏州市首批市级现代农业园区之一，2016年获评为"全国休闲农业与乡村旅游三星级示范企业（园区）"。区域总面积约16700亩，包括冯梦龙村、旺庄村、西桥村、胡桥村和三埝村5个行政村。其中优质稻米7000亩，高效园艺3500亩，特色水产590亩，生态林地3400亩，打造成"一心一带六基地"的产业布局。

示范区依托生态文明建设与新型城市化发展新机遇，突出生态循环与田园家园融合共生的特色与优势，构建绿色经济、宜居宜业、美丽休闲、都市体验的乡村生态循环农业产业集群，全面提优升级，把黄埭镇建成长三角区域最具特色的循环农业示范区。

示范区新能源玻璃大棚建设面积3072平方米，采用全太阳能发电，所有供电设备都通过太阳能板提供电能，新能源玻璃大棚的建设将清洁能源与绿色农业发展紧密结合，同时解决了新能源设施、无土栽培技术、水肥一体化技术、农业物联网技术等一系列先进农业科技的高度融合与应用难题，扫清了信息技术科技与农业生产间的各种障碍。目前，大棚主要采用无土栽培、盆栽技术来种植草莓、地产蔬菜及铁皮石斛等。

目前，示范区林果基地面积有1000多亩，种植的品种有猕猴桃、葡萄、樱桃、翠玉梨、东魁杨梅、蓝莓、冬枣、黄桃等。其中猕猴桃近800亩，品种有"红阳""武植3号""金霞""金魁""金桃""软枣"系列等。2012年，猕猴桃基地被苏州市农业委员会授予"苏州市果树高效示范基地""苏州市级果树标准园"荣誉称号。生产的葡萄、猕猴桃等均已获得"绿色食品证书"和"苏州名牌产品证书"。"黄玫瑰"葡萄在苏州市第五届地产优质果品评比活动中荣获银奖，"贵妃玫瑰"葡萄在苏州市第七届地产优质果品评比活动中荣获金奖，"新巷"牌翠玉梨、"东魁"杨梅在2017年第九届"神园杯"江苏优质水果评比中荣获银奖。

示范区建有开心农场，总面积约3500平方米。开心农场被划分成40个平均约80平方米的小区块，在区块与区块之间留有一条0.5米宽的田间小道，每个区块内安装一个电磁阀，用于肥水灌溉。同时，每个区块还架设一个监控摄像头，用以观察植物的生长状况和设备的使用情况。其他智能设备还有智能控制柜、灌溉首部和农村小型气象站。灌溉首部的主要功能是水质的过滤和肥水的输送，种植用户可以利用农业物联网和手机APP远程对自己的农作物进行精细化的肥水灌溉控制。农业小型气象站可以检测温度、湿度、风力、风向、气压、雨量和太阳辐射等各种气象参数，并通过物联网将这些参数反馈到用户的手机上，以供管理参考。当遇到恶劣天气的时候，手机APP会给每个用户发出生产预警。

种植者们不仅随时可以使用手机APP对开心农场内自己的果蔬进行观测和远程浇水施肥，还可以使用智能托管功能，如输入"除草""修剪"等植物维护信息，让农场工作人员按照要求对农作物进行养护，以确保能够享用到属于自己的绿色环保、健康放心的有机果蔬。

三、现代农业园区发展方向

按照实施乡村振兴战略的部署要求，紧紧围绕推进农业供给侧结构性改革这个主线，立足苏州农业资源禀赋和经济社会发展水平，以提高农业质量效益和竞争力为中心任务，以培育壮大新型农业经营主体和推进一、二、三产业融合发展及促进农民增收为重点，做响园区品牌、做强园区产业、做优园区形态、做高园区效益，努力探索一条具有时代特征、苏州特点的现代农业园区建设新路径，更好地发挥现代农园区的引领、示范和带动作用。

1. 突出体制机制的创新

要加快转变政府建园、政府管理、政府经营的模式，建立完善农业园区管委会和运行公司，实现建管分离、建运分离、责权明晰。农业园区七通一平等基础设施建成后，政府应改变大包大揽的做法，由"指挥员"转变成服务员，充分发挥市场在资源配置中的决定性作用，更好地发挥政府的作用，重点进行服务平台建设，为园区经营者营造更好的环境，提供更周到的服务，让经营主体在农业园区这个平台上充分施展才能，实现经济效益、社会效益、生态效益的高度统一，使园区走上一条可持续发展的道路。

2. 突出新型主体建设

要抓好招商招才引智工作，充分利用苏州经济社会发展快、地理环境优越、文化底蕴深厚等优势，加快吸引工商资本、外资企业、社会成功人士投身苏州农业园区建设，联姻一批资金实力雄厚、对"三农"有热情有激情的社会精英及团队在苏州农业领域大展宏图，建设一批产加销、贸工农一体化发展的农业集团。鼓励用科研成果、知识产权、技术专利参股农业园区建设、管理和经营，催生园区发展内生动力。开办农业园区众创园，引导大学生、高校定培地方生、校地联培专技生到农业园区就业创业，用新理念、新观念、新业态引领农业园区建设发展。继续巩固和发展龙头企业、农业能手、种田大户、专业合作社等主体参与农业园区建设与经营，形成多种经营主体创新创业、竞相迸发的良好势头。

3. 突出园区品牌打造

农业园区本身就是一个很好的品牌，如何把农业园区这个品牌打造好，是放在我们面前的一项紧迫而艰巨的任务。要整合园区内部的各种资源，利用各地的政策、人才、资金等优势，借鉴先进园区发展的经验，把园区的研发、生产、加工、服务、教育等各个环节做成品牌，并积极探索园区内部品牌的整合、园区之间品牌的联合，真正把现有一批国家级、省级和市级农业园区的牌子打造成市场竞争力强、产品影响力大的品牌，使农业园区真正成为现代农业的领跑者。

4. 突出技术与装备集成

"互联网+"现代农业是农业现代化的重要标志。农业园区要提升发展水平，很大程度上取决于农业信息化建设的水平。要推进精准农业技术、智能农业技术、感知农业技术在选种育种、种植管理、植保施肥、质量溯源、生态保护等方面的应用，积极发展机械化操作、程式化监测、自动化控制、程序化管理的生产经营模式，努力提高科技成果转化率、土地产出率和劳动生产率。推进农科教、产学研大联合大协作，创新、集成推广新品种、新技术、新装备，探索科技成果转化应用的有效机制，将现代农业园区打造成为应用技术先进、设施装备配套、经营管理高效的现代农业集成区。

5. 突出绿色发展方式

要充分利用绿色政策，推广绿色模式，发展绿色产业，大力推行高效节水灌溉方式，示范推广农作物使用缓释肥料，科学防除病虫草害，建立绿色、低碳、循环发展长效机制，实现无排放无污染，达到人与自然和谐统一，农业与环境友好共存。要深入推进农业园区秸秆和蔬果废弃物还田还饲技术应用，积极推广轮作休耕、绿肥种植、种养结合等高效生态循环种养模式和技术，实现种养平衡、资源循环利用。要大力推广有机肥、测土配方肥、生物农药和病虫草食物链防治方法，并要不断总结、提高完善，为大面积推广提供技术支持。

第十二章 用法规守护"鱼米之乡"

苏州是"鱼米之乡",历史上水稻种植最多时有近500万亩。随着工业化、城镇化加速推进带来的耕地锐减问题日益突出,全市农业可用耕地面积呈刚性减少趋势。1995年,全市耕地面积499万亩,其中水稻种植面积352万亩。到2006年,全市耕地面积下降到360万亩,10多年内年均减少12.6万亩。加上人口的大幅度的机械增长,当前,苏州人均耕地仅0.4亩,远低于全省0.94亩、全国1.4亩水平,也低于联合国粮农组织规定的0.79亩最低警戒线。耕地不仅是苏州的粮食生命线,也是苏州的生态环境生命线,保护耕地,已经是苏州人民刻不容缓的责任。

苏州市是全国首批14个划定城市周边永久基本农田和城市开发边界试点城市。2017年,全市完成"两界划定"工作,将"两界划定"与"四个百万亩""三优三保""土地综合整治"充分融合,划定中心城区城市周边永久基本农田面积21.44万亩,划定中心城区城市开发边界643平方公里,"两界划定"成果率先通过部级论证审核,进一步夯实了全市耕地和永久基本农田保护根基,真正做到守住苏州绿水青山,传承江南鱼米之乡,筑牢城镇开发底线。

一、走"四规融合"的规划改革之路

1."四规融合"的定义

"四规融合"就是通过制度创新,加强各类规划间的融合与协调,充分发挥规划在区域发展和城乡建设中的龙头作用。具体来说,就是以国民经济和社会发展规划为依据,将土地利用规划、城镇规划、产业发展规划、生态建设规划有机融合,通过部门之间互通信息,镇村布局、村庄建设、农业发展、乡村旅游、水网水系等规划紧密衔接,促进国土管理、城乡建设、产业和生态建设的协调发展。"四规融合"的规划体系层次分明，各个规划的内容明确，职能更加明晰。其中，土地利用规划为各类规划的实施提供空间载体和保障，城乡建设规划引领城镇（乡）村各类建设，是"四规融合"的中心，产业发展规划是"四规融合"的重要抓手，保证各项经济建设活动最终落地，生态建设规划着眼于城乡生态基底的保护和建设，为城乡一体化提供基础。在推进"四规融合"的过程中，昆山市和相城区渭塘镇率先进行了有益的探索。

2. "四规融合"的作用

"四规融合"可以解决城镇化进程中出现的不协调问题。

（1）指标衔接

根据人口指标，对经济增长指标和土地资源和能源需求指标进行衔接，分析资源环境支撑能力、公共服务需求、平衡空间容量环境容量等指标；通过城乡建设用地增减挂钩等方式，解决城镇化、工业化进程中建设用地的需求指标；对规划指标进行分类，明确指导性、指令性、约束性指标；对产业发展规划提出的产业结构、经济发展指标，在城镇建设规划时落实第一产业、第二产业和第三产业用地，同时根据城镇建设用地规模和地均产出，反过来校核产业发展规划中经济发展指标的合理性。

（2）项目对接

对单项规划提出的项目和工程分类对接；突出重大基础设施项目和重点产业布局项目的对接，力求实施一个重大项目，带动一批城乡发展，实现一方城乡统筹；突出统筹城乡发展的互动平台项目对接；强化教育、医疗、文化等公共资源城乡共享项目的对接。

（3）空间协调

实施空间开发分类指导，优化建设、产业、生态三大空间结构。依法加强对各级各类自然、文化资源保护核心区域以及其他需要特殊保护区域的强制性保护，依法保护基本农田，严格控制优化开发区域建设用地的较快增长，促进产业结构和空间结构优化，提高高端要素集聚能力；制定并实施与主体功能区规划相配套的差别化的财政、投资、产业、土地、环境、人口等区域政策，增强可持续发展能力；突出功能分区、基础设施、产业发展、社会事业建设重点及布局等重大问题规划；注重抓好功能定位，分区联动、优化结构、有序控制；着力探索解决重点开发所需空间资源不足的途径，进一步优化空间布局结构，努力通过集约节约开发、城乡一体开发等多种形式，高效利用空间资源。

3. "四规融合"的实践

在总结过往发展经历和落实科学发展观要求的基础上，苏州市通过"四规融合"率先开展了空间规划，根据区域的自然生态保护价值和经济开发潜力，将苏州市域划分为禁止开发区、限制开发区、调整优化区、适度开发区和重点开发区五类区域，对五类区域进行了开发与保护的引导，并以此指导苏州市城乡发展的空间管制，统筹城乡规划和生产力布局，实现城市和城镇、重大基础设施、公共设施以及产业等布局的优化，促进产业和人口向重点开发区和适度开发区集中集聚。

昆山市为城乡一体化规划管理市域空间，实现集约紧凑的市域发展格局，在市域空间利用规划上，突破了传统的城镇体系规划中空间利用规划的概念，建立了一个全新的构建于片区概念基础上的市域城镇架构和空间利用规划。昆山市将市域分为七大片区，以合理布局生产力，加速城市化进程。在市域城镇架构上，规划形成一个大城市级别的中心城区（人口80万），3个小城市级别的片区中心，即北部片区片区中心（周市镇和陆杨镇区整合形成，人口10万）、东部片区片区中心（花桥镇和陆家镇整合形成，人口15万），吴淞江工业园区片区中心（以张浦镇镇区为核心，人口10万）。七大片区的重要定位分别为：中心城综合片区，功能定位为高新技术产业发达、第三产业繁荣、适合居住的生态园林城市；北部片区，功能定位为高新技术产业和劳动密集型产业并举发展，依托太仓港；东部片区，以花桥国际商务区为依托，发展商贸物流等第三产业，同时发展以高新技术产业制造为主的现代制造业；吴淞江工业园区片区，定位为以高新技术为主导、劳动密集型产业为辅的现代生产制造基地；中部生态农业片区，以高科技农业研发、试验、生产为主；阳澄湖休闲旅游片区，以阳澄湖为核心，以休闲旅游度假为主要功能；南部水乡古镇旅游片区，以水乡古镇特色旅游为主题，重点发展第三产业。保留6个传统特色镇：周庄镇、锦溪镇、淀山湖镇、千灯镇、巴城镇和花桥镇。

二、制定并落实"四个百万亩"空间布局

为切实保护现代农业发展空间，保持"江南水乡"传统风貌，早在2006年，苏州市就结合本地实际情况及时编制了以"百万亩优质水稻、百万亩高效园艺、百万亩生态林地、百万亩特色水产"为主要内容的农业空间布局。2007年开始落实"四个百万亩"产业规划，启动"百万亩规模化示范区"建设，着力推进特色农业、高效农业、外向农业和生态农业的发展。2008年又围绕现代农业建设，不断优化农业组织方式、形态布局，调整农业结构。到2009年，苏

州的农业逐步形成了区域化、规模化、产业化、专业化、生态化生产格局。2010年，基本确立了现代农业的发展方向——绿色农业、生物农业和市场农业。在此基础上，2011年进一步加快了农业现代化建设步伐，把发展重点放在高效农业、绿色农业、生态农业和循环农业上，并继续推进农业的规模经营。2012年，苏州的现代农业建设已经初具规模。为深入贯彻落实党的十八大精神，苏州市又提出了有效保护"四个百万亩"的方针政策，大力推进生态文明建设，实现经济社会可持续发展的要求。苏州市人民政府于2012年12月10日出台《关于进一步保护和发展农业"四个百万亩"的实施意见的通知》（苏府〔2012〕254号），明确了保护发展"四个百万亩"的具体目标。2012年12月27日，苏州市委、市政府办公室出台《关于苏州市农业"四个百万亩"落地上图实施方案》，提出了"四个百万亩"落地上图的工作目标、任务、原则及程序。

一份"铁"的规划，引领苏州沿着绿色生态"航标"砥砺前行。苏州市专门成立了以市农委、国土、规划、统计等多个部门领导为成员的工作小组，强化统筹、加快推进。按照前3年各个板块的耕地保有量、人口规模和口粮安全等几个主要指标，把保护水稻、水产、园艺、林地"四个百万亩"的任务作为硬性指标进行分配落实，确保"四个百万亩"上得了图、落得了地。

2013年1月10日，苏州人民大会堂内掌声雷鸣。出席市十五届人大二次会议的全体代表全票通过了《关于有效保护"四个百万亩"，进一步提升苏州生态文明建设水平的决定》（以下简称《决定》）。这掌声，反映了全体代表和全市人民对《决定》的热切期盼与共同心声。"四个百万亩"是苏州战略性的生态资源，是生态安全的重要防线。有效保护"四个百万亩"，是确保地区生态安全、推进生态文明建设、实现可持续发展的内在要求，是建设宜居新苏州、打造创业新天堂、共筑幸福新家园的必由之路，是建设美丽苏州、率先基本实现现代化的战略举措。

1. 《决定》的主要内容

《决定》要求，要落实生态责任，推进生态惠民，加大强农惠农富农的政策扶持力度，确保农产品主产区、生态保护区农民收入增长有保障、不吃亏。要建立体现生态文明要求的目标体系、考核办法、奖惩机制，建立健全生态环境保护责任追究制度和环境损害赔偿制度。要严格执行有关生态文明建设的法律法规，依法惩处破坏资源、污染环境的单位和个人，表彰和奖励为生态文明建设做出贡献的地区和个人。要定期对生态文明建设目标完成情况开展督促检查，对落实不到位、完不成任务的单位和部门，启动问责机制。要建立保护"四个百万亩"的社会监督平台，公民、法人和其他组织可以通过各种途径参与社会监督。

《决定》强调，要认真编制和实施"四个百万亩"专项保护规划，确立最严格的保护制度，设立保护专项资金，实行水稻种植、水域面积"占补平衡"和重点生态功能区限制开发。要加快构建科学合理的城乡一体化格局、农业发展格局、生态安全格局，率先走出一条具有苏州特色的生产发展、生活富裕、生态良好的可持续发展之路。

《决定》指出，要充分发挥人大及其常委会的职能作用，依法行使立法、监督、决定等职权，加强法律法规实施和政策执行的监督，促进政府及其部门落实各项举措。要发挥人大代表的作用，动员广大人民群众投身保护"四个百万亩"，形成人人关心、人人珍惜、人人保护生态环境的良好氛围。要适时启动立法程序，制定《苏州市生态补偿条例》，全面提升苏州生态文明建设水平。

2013年3月全国"两会"上，习近平总书记在参加江苏代表团审议时，对苏州的做法给予了高度肯定："苏州'四个百万亩'工程提出要保护老百姓的庄稼地，水稻田就是湿地，种水稻本身也是一方美景。"他嘱咐苏州市的领导："要坚持不懈抓下去，让生态环境越来越好，为建设美丽中国做出贡献。"2013年9月，苏州市委、市政府专门召开全市落实"四个百万亩"工作推进会，明确要求410万亩生态空间在当年年底前全部完成上图落地。全市所有板块"一把手"在会上发言表态，表示坚决贯彻执行。2015年10月，苏州推出《关于加强"四个百万亩"用地长效管理的实施意见》，对"四个百万亩"进行调整补划和数据库更新，明确优先确保"四个百万亩"用地数量和质量，确保面积不减少、质量有提高。

2. 实施《决定》的主要做法

苏州市实施"四个百万亩"区域布局，主要是保护和发展"百万亩优质水稻、百万亩特色水产、百万亩高效园艺、百万亩生态林地"，总面积为410万亩。通过保护和发展"四个百万亩"，为子孙后代留下广阔的发展空间，为城乡人民提供优美的生态环境，为"米袋子""菜篮子"提供有力保障，永久展现江南"鱼米之乡"的自然风貌。主要做法是：

（1）统一思想，凝聚共识

深刻认识到，苏州如果没有良好的宜居空间就不能称为"人间天堂"，如果没有"鱼米之乡"就不能算是真正意义上的苏州。坚守"四个百万亩"防线，不仅事关农业发展，更关乎苏州走什么样的现代化发展之路，关乎苏州的生态环境保护，关乎城乡居民的生活品质改善。市委、市政府坚持把"四个百万亩"作为落实"四化同步发展"的重大战略，作为经济社会可持续发展的重要支撑，作为苏州的生态红线和生存底线，出台了保护和发展"四个百万亩"的实施意见、成立了领导小组，市人大做出了《决定》并对生态补偿予以立法，市政协专题对"四个百万亩"的落实进行视察并提出了建议。全市加快把思想和行动统一到市委、市政府的工作部署上来，从"不自觉"到"自觉"、从"一般做到"到"高度重视"，为推进"四个百万亩"提供了有力保障。

（2）分解任务，落地上图

坚持以经济社会发展规划为依据，实行土地利用总体规划、城镇建设规划、产业发展规划、生态保护规划"四规"合一，确保"四个百万亩"在城乡布局、耕地保护、农业空间布局上的一致性、协调性和融合性。加快将"四个百万亩"落地上图，制订下发了《苏州市"四个百万亩"落地上图实施方案》，开发了信息化管理软件，绘制了纸质图，全市先后开展落地上图培训150多批次，4000多名农技人员、镇村干部逐块踏田采集数据，先后完成底图描绘、数据采集、数据录入、数据核查和综合分析。2013年2月，苏州市全面启动了"四个百万亩"落地上图工程，建立信息化管理平台。全市确定"四个百万亩"总面积410万亩，按照区域人口、资源存量等因素，逐级分解任务，逐块踏田核实，将指标全部分解落实到了镇、村和具体田块。到2013年底，全部完成"四个百万亩"落地上图工作，建立了"四个百万亩"数据库。全市"四个百万亩"上图总面积为413.10万亩，完成率100.62%，其中优质水稻112.18万亩（落实难度较大，超额完成了预定落地上图面积）、特色水产103.05万亩、高效园艺96.90万亩、生态林地100.97万亩。2014年5月，苏州市委出台《关于进一步优化提升"四个百万亩"推进生态文明建设的决定》，继续把保护发展"四个百万亩"作为推进生态文明建设的战略举措和城乡一体化发展的重要内容。

（3）突出重点，合力推进

在保护重点上，做到两个"确保"、两个"优先"，即确保"四个百万亩"规划落实总面积超过410万亩、确保永久性保护水稻面积110万亩以上；优先发挥"四个百万亩"生态作用、优先保护优质水稻面积和生态林地面积。在计算口径上，坚持做到"四不"，即不交叉、不重复、不打折扣、不留缺口，明确"四个百万亩"不占用允许建设区、有条件建设区等规划区域，既确保总面积落实到位，又为发展留出空间。全市统一标准，统一口径，点面结合，典型引路，先后将太仓双凤镇、相城区新巷村等作为试点，及时积累经验，向全市推广。

各级农业、国土、规划等部门既各司其职、分工负责，又协调配合、步调一致，联合各镇、村共同推进"四个百万亩"落地上图等工作。

（4）政策配套，创新举措

市政府制定出台了"四个百万亩"生态补偿办法，对被列入"四个百万亩"保护种植的水稻田每年每亩统一补贴400元，县级以上生态公益林每年每亩补贴150元，水源地村和重要生态湿地村每年每个村补偿60万～140万元。市人大在全省乃至全国率先启动生态补偿立法工作，通过财政转移支付，对因保护水稻田、生态公益林、重要湿地以及水源地保护区等生态环境及其功能，且受到生态保护法律、法规限制而影响经济发展的镇村和农户给予一定的经济补偿，让"不开发者不吃亏"。积极推进"规模化、园区化"发展模式，打破村、镇行政界限，全市规划到2015年农业园区总面积超过120万亩，占耕地面积的50%以上，农业适度规模经营面积占比超过91%，使"四个百万亩"得到了有效保障。积极培育新型农业经营主体，研究解决"谁来种地"问题，全市重点发展和壮大家庭农场、集体农场、合作农场和专业合作组织、农业龙头企业等5类主体，目前全市拥有专业大户约1.4万户，家庭农场、集体农场、合作农场3000多个，市级以上农业龙头企业171家，2013年完成销售额1200亿元。

（5）加强管理 动态平衡

一是坚持用途管制，确保动态平衡。坚决守住"四个百万亩"底线，实行"用途管制，占补平衡"制度，任何单位和个人不得擅自改变或占用。因国家能源、交通、水利、军事设施等重点建设项目选址确需占用"四个百万亩"产业用地的，必须实行"先补后占"动态平衡，不得"占优补劣""占多补少"，经县级市（区）人民政府审核并报苏州市人民政府批准后方可实施，确保"四个百万亩"生态空间总量不减少。

二是建立科学机制，完善长效管理。制定出台了"四个百万亩"长效管理办法。对已落地上图为"四个百万亩"但未调整到位的地块，在规定的时间内，按照产业用途复垦耕种到位。对经批准允许占用"四个百万亩"的地块，将耕作层的土壤进行剥离，用于新开垦耕地、劣质地或其他耕地的土壤改良。保持"四个百万亩"落地上图数据的准确性和现时性，国土部门根据"四个百万亩"空间优化方案、占补方案、最新遥感监测成果等，定期更新"四个百万亩"数据库和电子地图。环保部门负责对"四个百万亩"生产环境进行监测和评价，及时采取措施处理环境污染事故，并定期向本级政府提出环境质量与发展趋势的报告。各级政府与下一级政府、乡镇政府与村民委员会层层签订"四个百万亩"保护和发展责任书，作为政府领导任期内目标责任制的一项重要内容。

三是保护发展并重，提升建设水平。加快推进基础设施装备建设，加快高标准农田、标准化池塘、蔬果标准园、农机化建设步伐，调整优化布局，推进规模化、品牌化、产业化发展，加大现代农业园区建设力度，进一步提升国家级、省级现代农（渔）业产业园区发展水平，开展市级现代农业园区的认定工作。全面布局和发展生态循环农业，推广农业标准化生产技术和生态种养模式，整体推进无公害、绿色食品和有机农产品的生产基地和产品认定，提高农业标准化生产和"三品"基地建设水平，努力实现经济、社会、生态效益的全面提升。进一步优化空间布局、优化产业结构、优化品种品质、提升质量效益。巩固稳定优质水稻种植规模，确保全市优质水稻种植稳定在110万亩以上，优良食味粳稻品种种植面积提高到50%以上。积极推行特色水产标准化养殖模式，加快池塘标准化改造，逐步实现湖荡、河沟的生态化放养。大力推进高效园艺设施化建设，扩大名特优新林果茶生产，建设一批"菜篮子"工程基地和蔬菜标准园，全市常年蔬菜地最低保有量稳定在32万亩以上。着力提升生态林地建设水平，推动绿化与珍贵化、彩色化、效益化相结合，调整林木结构，提升林木效益。

三、开展实施"三优三保"行动

从2013年开始，提出了"三优三保"行动（以优化建设用地空间布局保障发展；以优化农业用地结构布局保护耕地；以优化镇村居住用地布局保护权益），最终实现促进土地空间优化配置，促进土地资源集约利用，促进生态环境显著提升，使苏州经济社会继续保持可持续协调发展的目标。随后，苏州市和江苏省国土资源厅共同上报的《苏州市"三优三保"行动工作实施方案》（以下简称《实施方案》）获江苏省政府批准并报国土资源部备案，江苏省国土资源厅于2013年12月31日正式印发《实施方案》，这标志着我市"三优三保"行动正式进入实质性实施阶段。

1. 严格控制城乡建设用地规模

苏州市抓紧编制新一轮城市总体规划，完善以中心城区为核心，以4个县级市市区、50个重点中心镇为骨干和依托的城镇体系。尊重自然格局，传承历史文化，合理布局城镇各类空间，加强古镇、古村落环境保护，保持江南水乡特色风貌，让市民群众"望得见山、看得见水、记得住乡愁"。同时，实施最严格的水资源管理制度，全面落实水资源开发利用、用水效率、水功能区限制纳污"三条红线"，推进节水型社会示范区建设。严格落实城镇开发边界红线，完成中心城区城市开发边界划定工作。

2. 严格保护耕地资源

进一步研究保护耕地和控制建设用地增量、盘活建设用地存量的鼓励措施。苏州市国土局将研究制定耕地保护配套文件，通过责任传导和激励政策，制定具有苏州特色的耕地和基本农田保护制度，实现数量、质量和生态"三位一体"保护，为"鱼米之乡"这张靓丽名片保驾护航。

3. 合理布局镇村居住用地

镇村居住用地面广量大，既涉及广大镇村居民的合法权益，又影响到土地资源的节约集约利用。随着城镇化和城乡一体化的推进，农民集中居住区的建设将不断加快，结合乡村振兴战略的实施，尽快研究出台农村较大型集中居住区的设计和建设标准，既有利于节约土地，又能为被征地农民营造一个良好的人居环境。

苏州市首个"三优三保"专项规划——《常熟市辛庄镇"三优三保"专项规划（2014—2020年）》正式经省政府同意，获省厅批准实施。辛庄镇作为苏州市"三优三保"行动的首个试点地区，编制专项规划历时近两年，在"多规融合"的基础上，以盘活低效建设用地为抓手，划定城镇开发边界，促进城镇开发边界外、基本农田保护区内建设用地拆旧复垦，实现用地布局的统筹优化。该规划作为乡级层面的专项规划，将是常熟市辛庄镇开展"三优三保"行动的实施依据，规划实施后，辛庄镇建设用地总量减少88.3公顷，耕地净增129.4公顷。

近年来，常熟市按照全面推进节约集约"双提升"行动工作部署，积极推进"三优三保"行动：一是以"多规合一"理念为引领，优化国土空间布局。常熟同时担负省厅"多规合一"和苏州"三优三保"两项试点任务，在具体推进过程中将两项试点视作一个"有机体"共同推进，在已经形成的多规融合工作基础上，以"美丽常熟"战略规划为引领，将"多规合一"理念作为引领"三优三保"行动的纲领，通过划定生产、生活、生态边界线来控制土地开发强度，保护耕地和生态环境，优化国土空间格局。二是以村庄布局规划和村级工业用地整合规划为依据，确定存量盘活规模。根据城乡一体化综合配套改革试点要求，本市早在几年前就编制完成全市村庄布局规划并向全社会公布实施。全市20多万户农户中规划撤并农户达11万户，大部分都依托"三优三保"进行复垦复耕予以盘活。编制村级工业用地整合规划，将全市散落在乡村的工矿企业用地划分为搬迁提档、整治规范、关停退出三类。通过村庄布局规划和村级工业用地整合规划,基本可以摸清并确定全市可复垦存量建设用地潜力,"三优三保"行动"以潜力定规模"有据可依,确保行动科学可行。三是以高标准农田建设为载体,助推现代农业发展。研制出台《关于加快推进高标准农田建设的实施意见》,明确以土地综合整治项目为载体,加大资金投入,统筹项目管理,凝聚国土、农业、水利等部门合力,按照每年建成3万亩的目标,区域性、系统性着力推进高标准基本农田建设,全市面上农田基础设施改造基本实现全覆盖,进一步促进现代农业高效增收。四是以用地评价机制为平台,提升节地水平和产出效益。出台《重点产业项目用地评价实施意见》,对工业、仓储物流、服务业等新增建设用地,从八大系统、40多个指标体系实行亮分评级,同时拟将项目安评、环评、稳评等多项评价机制纳入用地评价,以"一机制"融合"多评价",以评价结果决定供地时序和用地规模,并将节约集约利用土地纳入政府年度考核。

第十三章　实施农业生态补偿

> 农业生态补偿，是在学习借鉴欧盟等发达国家或地区开展农业生态补偿的做法和经验基础上，结合苏州市的实际而进行的一种尝试。生态补偿机制实际应用于农业生产，不仅受到广大农民的欢迎，也得到了全社会的认可，在现代农业发展史上留下了浓墨重彩的一笔。

改革开放以来，苏州经济社会发展水平在全国名列前茅，备受瞩目，但以大量消耗资源能源为特征的经济发展，给苏州的生态环境造成了巨大压力，引起了全社会的广泛共鸣：苏州要实现高水平小康社会，率先实现现代化，就必须树立"环境有价、资源有限"的观念，树立发展经济与保护生态同等重要、保护环境资源就是保护生产力的理念。

早在 2003 年，苏州市就开始编制《苏州市循环经济发展规划》，提出以"减量化、再利用、资源化"为原则，加强自然环境的保护与建设，努力维护和修复生态系统的整体功能。2005 年 3 月，苏州市十三届人大常委会第二十次会议审议通过并做出了《关于批准〈苏州生态市建设规划纲要〉的决议》"，《苏州生态市建设规划纲要》确定了苏州市建设国家生态市涵盖生态经济、生态社会、生态环境保护三大类的总投资达 575.25 亿元（2010 年前）的 105 项优先项目和重大工程。在"十五"期间，苏州市全面完成了太湖水污染防治"十五"计划及阳澄湖水污染防治行动计划；提前实现了地下水禁采封井目标；且市区燃油助力车全面禁行，烟尘控制区和环境噪声达标区覆盖率均达 100%。

阳澄湖，盛产鼎鼎大名的阳澄湖大闸蟹，也是苏州饮用水水源地保护区，岸线 1 公里内禁止发展，2 公里内限制发展，3 公里内控制发展。阳澄湖边有一个阳澄湖镇，拥有阳澄湖湖岸线20公里，按市水源地保护要求，全镇60平方公里，有一半不能办工业、搞养殖、上房地产。

阳澄湖镇有个车渡村，就位于阳澄湖岸线1公里内。原先村里有15家工厂，根据要求这些工厂必须全部搬走，村里不仅会因此损失大量租金，还需要负担一部分搬迁费用。"一产只能种，二产不能动，三产空对空。"和阳澄湖镇一样，苏州不少处在生态敏感区的乡镇和居民，由于无法引进工业等开发项目，经济实力的扩张已明显被制约了。这些地方的部分村干部和农民，看到周围的村镇因得益于工业等项目的开发，已开始"富得流油"，禁不住产生了怨气：生存在生态功能区内真是"太吃亏"！面对生态功能区环境保护和经济发展的两难困境，如何既破解难题又不让生态保护者"吃亏"，成为苏州对生态保护的另一种思考。

一、探索建立生态补偿机制

实施生态补偿，就是通过制度创新，让生态保护成果的受益者支付相应的费用，激励人们从事生态保护并使生态资本增值。这样既可摆脱生态环境保护和经济发展的两难困境，又不让生态保护者"吃亏"。

2006年，苏州市人大常委会修订《苏州市阳澄湖水源水质保护条例》，第一次以地方性法规的形式对建立生态补偿机制做出原则规定，提出"建立保护区生态补偿机制，设立生态补偿专项资金"，规定由受益的下游地区对上游地区进行环境补偿，上游对下游造成污染而影响其经济社会发展的则进行反向补偿。2008年，市委、市政府将"建立健全生态环境补偿制度"列为城乡一体化综合配套改革的重点之一。

2010年1月，在苏州市十四届人大三次会议上，24位人大代表联名提出了"关于尽快制定实施生态补偿办法"的议案，本次人大会议也做出了《关于进一步加强苏州生态文明建设的决定》，明确提出要建立健全生态补偿机制，出台补偿办法，落实相关政策措施并组织试点。

在人大的监督和推动下，苏州市政府责成由市财政局牵头，会同市委农办、市农委和市环保局等部门，就建立生态补偿机制对全市不同地区、不同保护对象开展专题调研。2010年7月，市委、市政府出台了《关于建立生态补偿机制的意见（试行）》（以下简称《意见》），在全国率先建立了生态补偿机制。《意见》明确以基本农田、水源地和重要生态湿地、生态公益林为生态补偿重点，以直接承担这些生态区域生态保护责任的乡镇政府（含涉农街道）、村委会（含涉农社区）及农户为补偿对象，并设定基本补偿标准。根据"突出重点、分步推进"的原则,市委、市政府明确了生态补偿的具体办法和补偿标准,并建立了六大保障机制。

苏州市生态补偿机制的首次探索建立,立即引起了全社会的关注和认同,也得到了各市、区党委和政府的积极响应。截至2012年年底前,苏州市所辖的县级市、区陆续推出了生态补偿机制,实现了市域范围的全覆盖,各地还结合实际有所创新。

首次探索建立的生态补偿机制,从苏州实际出发,提出了"谁保护、谁受偿,谁受益、谁补偿,谁污染、谁治理"的原则,解决了生态补偿"补给谁、谁来补、补什么、怎么补、补多少"的问题,突破了五大补偿难点。

一是"谁来补"。生态环境属于公共产品,生态环境的受益者是社会公众,苏州市建立了由各级政府为主导、公共财政投入为主体的生态补偿机制。根据现行财政体制,各区生态补偿资金由市、区两级财政共同承担,其中水稻主产区,水源地及太湖、阳澄湖水面所在村,市级以上生态公益林的生态补偿资金,由市、区两级财政各承担50%;其他生态补偿资金由各区承担。各县级市的生态补偿资金由各县级市承担,市财政对各县级市生态补偿工作进行考核并给予适当奖励,自2010年苏州市创新实施生态补偿政策以来,8年共投入生态补偿资金77亿元。

二是"补给谁"。生态补偿要求解决的核心问题是保护好生态环境,必须让承担保护生态环境的责任主体得到经济补偿。生态补偿资金每年由市及各市、区核定后,拨付到镇、村,主要用于生态环境的保护、修复和建设,如对直接承担生态保护责任的农民进行补贴,发展乡镇、村社会公益事业和村级经济等。其中耕地保护专项资金专项用于开展土地复垦复耕、土地整理、高标准农田建设及对土地流转农户、经营大户进行补贴等。

三是"补什么"。生态补偿涉及面很广,必须突出重点,先易后难,分步推进。苏州市考虑到基本农田、水源地和生态湿地、生态公益林对生态环境保护的重要作用,且计量便利、操作性强,因此目前先将这些确定为生态补偿重点。

四是"怎么补"。考虑到财政转移的直接、有效、便捷和可行,苏州市将其作为生态补偿的主要手段。同时建立生态补偿的保障机制,调整优化各市、区所辖乡镇的财政体制,逐步增加生态环境保护重点乡镇的财力,增强其保护生态环境的能力。

五是"补多少"。根据当时的财力水平,在国家、省尚未建立和完善生态补偿机制,国内没有可借鉴经验的情况下,苏州市首先提出生态补偿只能是一种

"补助",还达不到真正意义上的完全补偿。作为先行先试城市的苏州,应先建立生态补偿制度,解决生态补偿机制有没有的问题,经过一段时间的实践再将之逐步完善,解决生态补偿机制全不全、好不好、到位不到位的问题。

苏州市《关于建立生态补偿机制的意见(试行)》出台后,各地认真贯彻落实各项政策,各方面工作有序推进,实现了当年实施当年见效。截至2010年年底,市、区两级财政共核拨生态补偿资金约1.1亿元,惠及31个镇、街道,204个行政村,受到生态补偿的水稻面积近4万亩,生态公益林24万亩。其中,沿太湖、阳澄湖19个生态保护重点乡镇共接受生态补偿资金9247万元,其中118个水源地村、湿地村共接受生态补偿资金7000万元,平均每个村增加可用财力约60万元。4个区生态补偿资金中对农民的直接、间接补贴共3186万元,占生态补偿资金总额的30%;其中直接补贴农户的资金为1148万元,安排公益性岗位等间接补贴农户2038万元。

二、调整完善生态补偿政策

生态补偿政策的实施,大大提高了基层干部的生态意识和保护热情,基层组织保护生态环境、提供基本公共服务等方面的能力得到有效提升,生活污水治理、农田基础设施等方面的投入不断加强,生态保护地区农民的直接与间接收入进一步增加,生态补偿工作在全市上下已经深入人心。

但随着生态补偿政策的逐步实施,这一政策正越来越多地被"挑刺"。村民们的心理预期提高了,不再满足于"有总比没有强",而是要求得到与付出相对等的"补偿"。加上《关于建立生态补偿机制的意见(试行)》出台以来,各地大胆实践、创新举措,现有政策已满足不了实际需求,为了在解决了"有没有"问题的基础上继续解决"好不好"的问题,苏州市委、市政府于2013年3月印发了《关于调整完善生态补偿政策的意见》,于2016年7月印发了《关于调整生态补偿政策的意见》,从而实现了生态补偿政策体系的两次提档升级。从调整的整个过程看:

1. 补偿对象逐步细化

政策实施一开始采用的是"一刀切"方式,只要是沿太湖、阳澄湖的重点湿地村,不考虑面积大小、人口多少,就进行每个村50万元的生态补偿。对县级以上集中式饮用水水源地保护区范围内的村,不管是一级保护区还是二级保护区,或者是准保护区,每个村均按100万元的标准予以生态补偿,补偿的范围相对宽泛。但在2010—2013年生态补偿政策执行的过程中发现,由于接受补偿的各个村所承担的保护责任不一样,这样"一刀切"补偿有点粗放和简单化。

在2013年的政策调整中，为了让生态补偿相对更合理，主要考虑了行政村面积的大小、湖岸线的长短、行政村常住人口的多少等三个方面相关因素，对生态补偿资金进行测算，采取了分类补偿的办法。

2. 补偿范围逐步扩大

重点扩大了水稻田生态补偿范围。2010—2012年确定的补偿范围主要是连片的基本农田；2013年政策调整，取消了水稻田须连片1000亩以上的条件，将耕地生态补偿范围进一步扩大，将苏州市开展的"四个百万亩"保护的水稻田及已被列入土地利用总体规划并经县级以上国土资源、农业部门确认需要保护的水稻田纳入补偿的重点。2016年政策调整，对经县级以上农林部门认定的实际种植的水稻田均予以生态补偿。同时，拓展重要湿地补偿范围，将湿地面积较大、涉及镇村较多的澄湖与太湖、阳澄湖一同纳入重要湿地补偿范围，这次拓展涉及澄湖湿地沿岸18个行政村。至此，苏州市面积超3000公顷且满足重要湿地补偿条件的太湖、阳澄湖和澄湖湿地均已被纳入补偿范围。常熟市还将省级以上风景名胜区纳入补偿范围。

3. 补偿标准逐步提高

2013年政策调整，将水稻田补偿标准从连片1000亩以上200元/亩、连片1万亩以上400元/亩，统一调整为400元/亩。同时，综合考虑湖岸线长度、土地面积及村常住人口等因素，分类、分档细化、提高水源地村、生态湿地村生态补偿标准。对生态湿地村的补偿，从原来的50万元/村调整为60万元/村、80万元/村、100万元/村3个档次；对水源地村的补偿，从原来的100万元/村调整为100万元/村、120万元/村、140万元/村3个档次。此外，还将县级以上生态公益林的补偿标准从100元/亩提高到150元/亩。2016年政策调整，水稻田的补偿标准统一在原有基础上提高到420元/亩。水源地村和湿地村的标准仍分三档执行，每档分别提高20万元/村和10万元/村。其中，以行政村为单位设置三个标准，即湖岸线长度在3500米以上、区域土地面积在10000亩以上、村常住人口在4000人（以2012年统计年鉴数据为准）以上，同时达到上述三项标准的，水源地村按160万元/村、生态湿地村按110万元/村予以生态补偿；上述达到一项以上标准的，水源地村按140万元/村、生态湿地村按90万元/村予以生态补偿；三项标准均未达到的，水源地村按120万元/村、生态湿地村按70万元/村予以生态补偿。为了减轻基层管护压力，保护基层对公益林建设保护的积极性，本次调整重点将县级以上生态公益林的生态补偿标准在原有基础上增加50元/亩，提升为200元/亩。风景名胜区的补偿标准仍按150元/亩执行。

4. 补偿机制逐步规范

(1) 明确部门职责

生态补偿工作主要由市级财政部门统筹协调，负责制定补偿标准，安排补偿资金，开展补偿资金申报、核实、拨付、管理、监督检查等工作。农林、水利（水务）等部门则配合财政部门做好相关工作，负责纳入补偿区域的补偿范围的确定，组织开展补偿区域内生态环境保护技术指导和管理，做好政策宣传工作等。

(2) 细化工作要求

根据生态补偿工作的进展，先后制订了《苏州市重要湿地认定管理办法》《苏州市生态公益林区划界定办法》《苏州市水源地村生态补偿考核办法》等管理办法，对生态补偿的范围、对象等具体工作进行了明确。

(3) 强化资金监管

市人大高度重视生态补偿工作，多次督查生态补偿的落实情况，对补偿资金的分配、使用情况进行监督。市财政部门联合相关部门每年开展资金专项检查，通过检查档案、核实台账，规范资金使用，保证生态补偿资金专款专用。全市先后下发《苏州市生态补偿专项资金管理办法》《关于进一步加强生态补偿资金管理的通知》《关于规范村级集体生态补偿专项资金会计核算方法的通知》等工作文件，不断对生态补偿资金的使用、管理及核算等进行规范。审计部门还专门对生态补偿资金开展专项审计。

三、立法固化生态补偿条例

由于全国此前没有可以参照的生态补偿方面的制度规范，各地在具体操作过程中也出现了一些问题。主要表现在：少数地方生态环境治理力度不够，部分村资金管理透明度不高，区级补偿资金用途不够具体，考核评价机制执行还不到位，生态补偿模式单一。目前，国家和省也尚未就生态补偿专门立法，之前，有关生态补偿的各项规定都分散在相关法律法规和文件之中，缺乏综合性和系统性，尽快将生态补偿工作从政策文件上升到地方性法规，是民之所望、施政所向，对健全生态补偿长效机制，实现生态补偿工作的法制化、规范化具有重要意义。

因此，苏州市根据国家、江苏省有关生态补偿与生态保护的法律法规及相关内容，结合有关地方性法规、系列政策措施以及生态补偿工作的实践，在全国率先启动《苏州市生态补偿条例》（以下简称《条例》）立法工作。2012年12月，市人大将《条例》列入2013年全年立法重点计划。通过认真研读法律法规、广泛调查研究、召开座谈会、全方位征求意见等途径，充分汲取法律专家、管理部门、补偿对象、人大代表等社会各界人士的意见和建议，字斟句酌，仔细推敲，精心打磨，经过30多次修改完善，最终形成了《苏州市生态补偿条例》。2013年12月，市十五届人大常委会第十次会议对《条例》草案进行一审。2014年4月28日，市十五届人大常委会第十三次会议进行了第二次审议，经表决全票通过《条例》。2014年5月28日，《条例》经江苏省第十二届人大常委会第十次会议批准，从2014年10月1日起实施。《条例》坚持政府主导、社会参与、权责一致、突出重点、统筹兼顾、逐步推进的原则，突出生态保护优先，凸显地方性、特色性，对适用范围、生态补偿定义、补偿区域、补偿对象、补偿标准、补偿申报和审核程序及补偿资金的承担、拨付、使用和监管、法律责任等内容进一步予以规范，推动程序法律化。

四、生态补偿机制成效显著

从2010年到2015年底，苏州市生态补偿投入资金已累计达60.78亿元，全市103.88万亩水稻田、29.24万亩生态公益林、165个湿地村、64个水源地村及8.97万亩风景名胜区得到了补偿。生态保护补偿不仅有效地建立了生态保护者恪尽职守、生态受益者积极参与的激励机制，而且有力地带动了全社会生态环境投入的不断增长，成效显著：

1. 全社会生态保护意识明显增强

生态保护补偿机制的创建，将生态保护的责任与适当经济补偿结合起来，充分体现了责、权、利相统一的原则。特别是环太湖及环阳澄湖的镇、村干部和群众都感到，有了生态补偿资金支持，身边的环境变好了，基础设施投入增加了，农民的收入也提高了，最明显的是大家的生态保护意识、责任意识大大增强了。2014年生态保护补偿制度以法规的形式确定下来以后，生态保护地区的可持续发展获得了长久保障，全社会关心、支持、参与生态保护补偿工作的氛围更加浓厚，生态文明理念更加深入人心。

2. 扭转了水稻种植面积下滑的局面

《条例》的颁布实施和生态保护补偿政策的贯彻落实，有效保证了水稻种植，扭转了水稻种植面积下滑的局面。据市农业部门统计，2001年至2010年的10年间，全市年均减少水稻种植面积13.6万亩，年均减幅6.5%。2010年实施生态保护补偿政策，有效遏制了多年来水稻种植面积持续减少的趋势，近年水稻种植面积基本稳定。

3. 保护力度不断提升，生态环境持续改善

过去，有些村曾经因为环保部门的要求，村办企业大多被关停搬迁，变成了村级经济薄弱村，根本没有资金来考虑生态环境保护。实施生态保护补偿后，村里有了启动资金，再加上其他支农资金的支持，先后开展了河道疏浚、污水处理、村庄绿化、田园整治、乱堆乱放整治、垃圾清理等环境建设，镇、村环境面貌焕然一新。

4. 基层组织服务能力得到改善

生态保护补偿的实施有效增强了农村基层组织的财力，使得农村基层组织带领村民致富的一些措施和行动有了财力支持，激发了基层管理人员的工作积极性，增加了村民对村基层组织的信任。2013年政策调整后，沿太湖、阳澄湖135个水源地村和生态湿地村每年接受生态保护补偿金1.34亿元，平均每个村增加可支配收入99万元。部分薄弱村不仅一举摘掉了"穷帽子"，而且在保护生态环境、发展社会公益事业、提供基本公共服务等方面做了很多工作。

5. 农民收入和补贴进一步增加

补偿政策实施后，在生态保护和生态修复等工作开展过程中形成的工作岗位，主要提供给低收入农民，通过解决就业来增加他们的收入，如公益林管护、环境整治、村庄河道保洁等。同时，对因病因残丧失劳动能力的农民给予适当补贴，还通过对全体农户参股的土地、社区等股份合作社进行分红，使农户获得收益。生态保护补偿政策不但改善了各生态功能区的环境，更减少和消除了生态保护地区农户的后顾之忧，农民的获得感、幸福感明显增强，他们保护生态环境的积极性也提高了。

第十四章 培育新型职业农民

在工业化、城市化快速推进的同时,农村劳动力95%以上转移到二、三产业就业,务农劳动力出现了年龄老化、文化水平低、青黄不接现象,"谁来种田"已成为迫切需要解决的现实问题,这个问题也是发达国家普遍存在并逐步解决的问题。经济发达、工业化程度较高的苏州市,更是较早遇到了这一问题。

近年来,苏州市新型职业农民培育围绕构建以家庭农场、专业合作社、现化农业园区和农业龙头企业为主体的新型农业经营体系,在政策引导、培育模式、培训方式、保障措施等方面开展了一系列改革和探索,并且取得了初步成效。各级政府和有关部门对新型职业农民培育工作的重视程度逐年提高,财政支持逐年提升;新型职业农民培育框架初步构建;新型职业农民培育试点工作取得突破,昆山市成为农业部确认的职业农民首批培育试点县;农业从业人员素质不断提升,截至2014年12月底,苏州市持有"涉农中专及以上学历证书、农业职业资格证书、职业农民培训合格证书"的农民有93792名,占全市农业从业人员基数的36.7%,在江苏省农业基本现代化进程监测报告中居首位。

一、明确目标导向

苏州市提出以"四个百万亩"产业布局为导向,以优先选择本地青年培育为重点,以培养生产经营型、专业技能型、社会服务型的新型职业农民为主线,以开展涉农类学历教育、继续教育等为主要形式,强化政策引导与市场运作有机结合,重点培育与整体提升统筹考虑,体制完善与机制创新相互配套,加快培养一支有知识、懂技术、善经营、会管理的新型职业农民队伍。职业农民的培训目标是每年培育本地户籍农业院校毕业生 300 名以上，吸引各类有志从事农业的中青年 200 名以上，培训现有农业从业人员 1000 名以上。到 2020 年，基本建成一支与苏州现代农业产业需求相适应的"专业层次分明、年龄结构合理、技能领先实用、从业领域明晰"的高素质现代生产经营和社会服务队伍。

二、加强制度设计

早在 2003 年苏州市就提出了"现代农民教育"的战略目标，发布了《关于加快实施现代农民教育工程的意见》。2010 年出台了《关于加快实现城乡教育一体化、现代化的意见》，明确了"以县为主，城乡一体"的教育管理体制。以市（县）职业、成人学校为龙头，乡镇成人教育中心校为主体，村、企业农民（职工）文化技术学校为基础的职业农民教育培训框架初步构建，农民农业科技素质不断提升，为新型职业农民培育奠定了良好的基础。2015 年 1 月，为进一步深化城乡发展一体化改革，推动现代农业转型升级，积极构建现代农业产业体系，全面促进新型农业经营主体发展，加快建立健全新型职业农民培育机制，苏州市政府在全省首先出台了《关于进一步加强新型职业农民培育的意见》（苏府〔2015〕1 号），形成了新一轮的新型职业农民培育政策。同年 10 月，市农委、人社局、财政局联合制定下发《苏州市新型职业农民社会保险补贴办法》。2016 年 3 月，昆山市率先制定了《新型职业农民认定管理办法》，开展新型职业农民认定管理工作；成立了新型职业农民培育工作领导小组和新型职业农民资格认定评审委员会，并于 6 月认定了 170 名新型职业农民。2016 年 5 月，苏州市政府下发了《关于加快推进新型职业农民认定管理工作的通知》，市、区两级鼓励大学生、复员军人、返乡年轻人投身农业开展创新创业，确保新型职业农民纳入社保体系，苏州新型职业农民培育工作走上了助推农业发展方式转变的轨道。2016 年全市共认定新型职业农民 1049 名。

三、选择三种途径

1. 学历教育

大力支持本地户籍的优秀初高中毕业生报考涉农专业的高等院校。鼓励有条件的地方与涉农高等院校联合办班，委托或定向培养一批高素质的新型职业农民后备人才，确保农业后继有人。

2. 继续教育

引导鼓励有志从事农业的非农专业高校毕业生、复员军人、农民工、工商企业人士中的青年人，参加涉农专业继续教育，加快吸引一批思想理念先进、创业欲望强烈、接受能力较强的青年热爱农业、回归农业、发展农业，不断充实壮大新型职业农民队伍。

3. 在职培训

以各类农业经营主体的负责人、带头人、种养能手、骨干人员和社会化服务人员等为主要对象,坚持"干什么、学什么,缺什么、补什么"的原则,分类别、分层次、分产业集中举办培训班,提高其组织生产、开拓市场、适应现代农业发展的综合素质。

四、出台配套政策

1. 教育资助

本地户籍优秀初高中毕业生在涉农专业高等院校学习期间,政府给予全额学费资助;鼓励有条件的地方给予一定的在校学习生活补贴。对参加涉农类继续教育、具备专业水准后从事农业生产经营或社会服务的各类人员,政府给予一次性学费补贴。直接从事现代农业的各种对象免费享有政府提供的职业教育、实用技术技能培训。

2. 创业扶持

积极试行在现代农业园区设立创业园、科技孵化基地,为大学毕业的新型职业农民提供创业支持。鼓励现有现代农业经营主体吸纳大学毕业生务农就业,政府给予一定的补助。对自主创业达到一定规模,且建立家庭农场、专业合作组织、社会化服务组织等经营主体的大学毕业的新型职业农民,享受政府现有的创业扶持政策。

3. 社会保险

2015年10月,市委办、市政府办转发了《苏州市新型职业农民社会保险补贴办法》(苏委办发〔2015〕82号),明确了新型职业农民社保补贴标准、社保补贴认定条件、社保补贴发放流程。对以单位或灵活就业方式参加社会保险且缴纳满一年的大学毕业的新型职业农民,在一定期限内给予单位或个人定额社会保险补贴。以单位就业方式参保的定额补贴标准以当地最低社会保险缴费基数计算的单位缴费数额确定(含养老、医疗、工伤、生育和失业保险),以灵活就业方式参保的定额补贴标准以当地灵活就业参保最低缴费数额的50%确定(含养老和医疗保险)。补贴实行"先缴后补"、按年发放,按照实际从事职业农民岗位工作月数计算,不满一个月的工作时间按照一个月计算。新型职业农民社保补贴列入各市、区财政预算安排。通过以上措施,建立起了企业缴费、个人缴费、政府补贴相结合的新型职业农民养老、医疗等社会保险制度。

五、各方统筹协调

苏州市每年将新型职业农民培训工作列入当年度苏州市城乡发展一体化重点工作考核指标。考虑到新型职业农民覆盖范围广、涉及产业多,结合现代农业园区等经营主体发展壮大和全市"菜篮子"工程建设等工作,以业务条线为抓手,按照"统筹规划、分级负责,突出重点、有序推进"原则,将全年职业农民培育任务分解到各市、区。

市农委主动与苏州农业职业技术学院对接,召开新型职业农民培育工作座谈,加快落实培训学校,商讨委培或定向培养和继续教育模式实施方案,研究培训教材、专业开设、课程设置等相关工作,并创办了苏州新型职业农民学院。与苏州报社联合开设"对话苏州新农民"大型新闻活动,营造新型职业农民培育的良好氛围。

六、形成苏州特色

围绕发展苏州特色现代农业,苏州市新型职业农民培育借鉴国内外的成功经验,积极创新职业农民培养新模式。张家港市、太仓市和常熟市积极探索基于高职学历教育的现代青年职业农民定向培养工程和现代新型职业农民培育工程,大胆进行农业高职教育改革和现代职业农民培养的尝试。

1. 张家港新型职业农民培育的实践

张家港市是苏州市最早与高校合作培育新型职业农民的县级市,该市通过开设"张家港班","定制"农业农村人才。张家港市政府根据现代农业发展需要大批农业专业人才到基层,而实际基层专业人才严重匮乏,且存在"培养难、下去难、留住难、使用难"的突出问题,及早谋划,积极探索创新农业人才培养、使用模式。

2010年4月,张家港市政府与扬州大学签订了合作定向培养农业专业本科生协议,计划用10年时间,累计培养300名左右农业专业人才,力争到2020年实现每个行政村拥有1~2名农业院校本科毕业生。

扬州大学开设"张家港班"。为保证教育公平和培养质量,协议规定培养对象须参加全国普通高等学校招生统一考试,由扬州大学按招生政策择优录取,单独组建扬州大学农村区域发展专业"张家港班",采取"定点招生、定向培养、协议就业"方式,考生自愿报名并签订定向培养、就业协议,学费全部由张家港市财政承担,毕业后统一安排到村或涉农社区工作,收入保底,服务期限不得低于3年。这一举措不仅开了定向培养农村专业人才的先河,同时也受到了考生和家长的热捧,报考与录取比例一直保持在6:1左右,录取均分一直比该专业全省统招生高出10多分。

根据张家港市的农业农村特点，学校按照"理念新、懂技术、会经营、善管理、能创新"的培养定位，将农业技术类课程与农业经营管理类课程相融合，专门制订复合应用型、实用技能型卓越农业人才培养方案，并逐步形成了"三双两段制"人才培养模式，即学校和地方实践教学双课堂、学术和实践双导师、毕业考核实行"双论文制"，毕业实习分为"学校科研系统训练""张家港乡土适应性实习"两个阶段。学校与张家港方面保持着密切的联系，无论是调整人才培养计划，还是开展教学研究活动，双方都共同参与，校地双方都努力将"张家港班"打造成为培养现代新型农民的示范班。截至2016年，扬州大学"张家港班"已经累计招收了6届共计175名学生。前两届60名学生已经毕业，"张家港班"毕业生由于就业方向明确、培养模式独特、熟悉本土乡情民风，受到用人单位青睐，全部在村（社区）从事农业农村工作。

> 陶凯俐是扬州大学"张家港班"的第一批毕业生，在同学们的眼里，陶凯俐是个"学霸"，大学四年综合测评成绩排名全班第一，包揽了国家奖学金、省级"三好学生"、省职业规划大赛"十佳规划之星"等诸多荣誉，并以笔试第一名的成绩考取了本校区域农业发展专业的研究生。在陶凯俐参加江苏省职业规划大赛的作品中，她和伙伴们演绎了自己未来的工作：帮助农户解决突发问题、带领农户筹建蔬菜基地、用专业知识构建家庭农场……如今，她放弃读研，回到张家港在沙洲新城负责生态农业园，主导农业休闲旅游观光项目，真正站在了田间地头，她的愿望正逐步变为现实。
>
> 一开始，沙洲新城生态农业园区里面规划了一个菊花园的项目，她考虑到菊花花期比较短，为了吸引人气，就向镇领导提出要一年四季都有花看。在领导的关心支持下，后来生态园就引进了香草农场这个项目，以及本土的水稻观光园项目，后期还引进了梅花园、玫瑰园等项目。
>
> 据了解，陶凯俐班上还有4名学生考取了研究生、近20名学生收到其他单位的录用函，但他们无一例外地都放弃了，并选择到农村工作。

2015年张家港又拓展了培训对象，启动了与中国农业大学的农业人才合作培养项目。通过3年的合作，每年送出40名左右的农业企业负责人、农委系统的农技人员、各镇区农业部门的负责人到中国农业大学进行为期一周的培训。培训的内容主要是现代农业的发展模式、农产品的品牌营销、互联网+农产品电子商务等。

张家港市与农业高校合作定向培养基层农业专业人才的模式反响强烈,周边地区纷纷推出类似举措:常熟市 2014—2016 年三年里选拔推荐 100 名左右基层年轻农技推广人员到南京农业大学或扬州大学进行学历提升和专业培养。太仓市提出用 3 年时间从往届高中毕业生中选拔 200 名左右学生,委托农业类职业技术学院定向培养,学成后调配到所在村、合作农场等从事农业技术服务工作。

这一举措破解了当前高校农业类专业招生难、就业难和基层农村人才短缺等三大困难,培养了一批扎根当地农业和农村的"下得去、留得住、用得上"的高素质技术技能人才,创造性地提出了现代职业农民培养的"苏南模式"。

2. 昆山市新型职业农民培育的实践

昆山市自 2012 年被农业部确定为首批新型职业农民培育试点县以来,结合现代都市农业"四个十万亩"的发展定位,始终坚持把新型职业农民培育工作作为发展现代农业的重点和战略工程,通过加强新型职业农民培育体系建设,创新培育机制,努力打造一支综合素质高、生产经营能力强、主体作用发挥明显的新型职业农民队伍,为全市现代农业发展奠定了坚实的人才基础。

(1) 健全组织机构

2013 年 12 月,成立以昆山市政府农业分管领导为组长的昆山市新型职业农民培育工作领导小组,全面推进新型职业农民培育工作。2017 年 5 月,成立新型职业农民培育专门机构——昆山市职业农民培育指导站,专司全市新型职业农民培育工作。该机构分类定性为公益一类,核定人员编制 9 名,经费渠道为市财政全额拨款。引导新型职业农民成立了"昆山市新型职业农民协会",并采取政府购买服务的形式给予协会运转资金资助。促进协会在产前、产中、产后发挥"培训、采购、销售、交流、合作"等综合性作用。以区镇目标管理考核为抓手推动全市新型职业农民的工作。昆山市政府办公室出台《2017 年区镇目标管理考核工作实施细则》,将新型职业农民培育数量纳入评分体系,推动了培育和认定工作的顺利进行。

(2) 出台扶持政策

2015 年 8 月,印发《昆山市新型职业农民培育工程实施方案》,明确用 6 年时间实施规模为 3000 人的新型职业农民培育工程。2016 年 3 月,出台《昆山市新型职业农民认定管理办法(试行)》,明确新型职业农民认定的条件、程序、管理和激励政策等。2017 年 7 月,出台《昆山市新型职业农民考核管理办法(试行)》,促进新型职业农民队伍管理规范化。从 2016 年开始设立新型职业农民培育资金,主要是为了补充在社会保险补贴、委培生学费补助、考核奖励、宣传报道、出境考察等方面的资金不足，确保各项培育工作顺利进行。

(3) 丰富培育模式

围绕"谁来种田"问题导向，注重培育质量，按照个人自愿和政策鼓励相结合原则，在全市范围内实施规模为3000人的新型职业农民培育工程。农业职业院校学历教育定向培养200人，目前已招生3届101人，首届毕业生已顺利就业。选拔涉农专业进村工作大学生100人进入高等农业院校进行中长期脱产培训，结业后在昆山市从事农业技术服务与经营管理工作。从种养殖大户或农业企业中选拔高中以上学历中青年300人参加省内农业院校的中短期脱产培训，使其成为主体创业型职业农民。在现有农业经营主体培训培育2400人，逐步将其培育成从事现代农业生产、经营与服务的新型职业农民。

(4) 设置职业门槛

昆山市在对新型职业农民开展资格认定方面取得了一定的实践经验。

昆山新型职业农民的认定方式共分为两种：受理认定和直接认定。受理认定要求培养对象具有昆山户籍，男50周岁（含）以下、女45周岁（含）以下，初中及以上学历，以务农为主要职业，有一定的农业专业技能，主要工作时间均投入在农业生产中，主要收入也来自农业。直接认定相比受理认定更加直接简明，能够进行直接认定的新型职业农民要具备昆山户籍并拥有全日制普通高等学校大专（含高职）及以上学历，目前全市职业农民持证数为537人。对新型职业农民的资格进行年审考核。新型职业农民的年审工作每年一次，新型职业农民每年1月将本人上年生产、经营、服务与效益等情况上报至昆山市农委进行考核年审。年审通过的，昆山市农委在其认定证书上加盖年审印章；对于未通过或者未申请年审的新型职业农民，昆山市农委将收回其认定证书，取消其新型职业农民资格；对达到认定要求、提出申请或已获得资格认定但变更岗位类型的，昆山市农委将对其资格重新展开认定。

昆山市新型职业农民培育的实践经验和做法得到了苏州市委、市政府的肯定，苏州市政府转发昆山的做法，在全市推广。

3. 太仓市"订单式"委托培养职业农民的实践

苏州要保持"鱼米之乡"称号，靠谁来种地、怎么种地？为了破解这个难题，太仓市认为农业现代化要走在前列，就必须有新型职业农民。如果在原有农民中培育，存在着年龄偏大、知识层次较低等问题，难以适应多层次、多需求、多岗位的要求。因此，要从源头抓起，开展学历教育，在广大青年学子当中培育"懂技术、能经营、会管理"又"下得去、留得住、用得上"的新型职业农民。

2013年，作为一项政府实事项目，太仓市与苏南地区唯一的"农"字高校——苏州农业职业技术学院联合招生组建"太仓班"，订单式培养新型职业农民。"太仓班"的操作路径是：在太仓市应届高中毕业生中招收"现代农业"专业学生，学制3年；在校期间，学生与太仓市政府签订协议，学费全部由太仓市政府资助，并享受学院奖助贷学金政策；学生毕业后，作为农业专业技术人员统一调配到太仓市基层农村、合作农场和农业园区从事农业生产经营、技术服务、管理等工作；太仓市政府与学生双方签订聘用合同，实行人事代理，工资待遇参照所在村（社区）定工干部副职，最低服务年限不少于5年。"太仓班"采用提前单独招生、定向选拔人才的特殊招考政策，实现了政府培育人才、学校招生、学生上学三位一体的紧密联系，确保了三方的积极性，这种'订单式'培养新型职业农民的方式在当时开了先河。

"太仓班"作为人才培养模式的一个创新，不仅体现在"订单式"培养，其教学方式也独具特色——根据太仓农业农村发展的需要，围绕培养农业现代化所需的新型职业农民展开教学创新。在具体的教学过程中，校、地双方共同制订培养方案、教学计划，提高人才培养成效。此外，设立两个班主任也是"太仓班"的一大特色。学校和太仓市各派出一名专业管理干部做"太仓班"的班主任进行管理，核心课程则由具有产业背景和学院背景的"双任课教师"分别授课。

培养新型职业农民，贵在一个"新"字。与培养传统农技人员不同，"太仓班"学生学习的知识更全面。在详细分析太仓农村农业发展需求后，"太仓班"采取了模块化培养，学习课程包括生产技术模块、现代装备模块、经营管理模块、生态休闲模块和职业素质模块。整个教学过程中，学生从事农业生产实践的时间占到总学习时间的一半左右，校外实训基地、太仓基层农村、农业企业、合作农场都是教室。如太仓市水稻工厂化育秧较为普遍，为了熟练掌握这门技术要求，"太仓班"要在水稻育秧期间钻进育秧大棚，一步步参与水稻浸种、催芽等环节，一待就是半个多月。

三年下来，对于学得怎么样、能否学以致用，"太仓班"也有自己的评判标准。在学院为"太仓班"学生量身制定的新型职业农民培养评价体系中，课程成绩只占50%、生产实践评价占30%、素质教育评价占20%。考核方式也是实用导向，没有试卷，全部是手动操作，解决实际问题。2016年6月，太仓市举行2016届农业委培生就业双选会，全班学生被当地村（社区）"一抢而空"，有的村和社区还比预先计划多招了人。

苏州市新型职业农民培育工作得到了上级部门的肯定。2018年5月16日，在河南省商丘市召开的"全国新型职业农民培育管理培训班暨农民教育培训工作现场会"上，苏州市农委应邀做典型交流，介绍了苏州市新型职业农民培育工作在"强化制度设计，凝聚培育合力；创新扶持政策，保障发展动力；实施精准培育，提升培育质量；加强认定管理，发挥典型带动"等方面的做法与经验。

新型职业农民培育着力解决未来"谁来种地""如何种好地"的问题，为现代农业提供人才保障和智力支撑。近年来，苏州市将具有一定产业基础的新型农业经营主体带头人、农业职业院校及其他高等院校毕业生、有志从事农业的"创客"等纳入新型职业农民培育对象库，在现代农业园区设立创业园、科技孵化基地，以"新技术新农民＋创新创业"为着力点，培育新型职业农民，为职业农民创业提供扶持政策，打造农业"双新双创"新格局，涌现出了一批创业典型。

农学女硕士林亚萍扎根乡村种草莓

换作10年前，大学生放着体面的白领工作不干，转而投身农门，种田养殖，背后定是一片哗然和费解。而今，随着规模化、现代农业的发展，有知识、懂技术、会营销的职业化新农民正在崛起，他们的新观念给田间地头吹去一阵清风。"互联网＋采摘、休闲观光、农事体验"等，因为新鲜血液的注入，颠覆了传统农事，从而成为大学生创新、创业、致富的新途径。

林亚萍，一位毕业于扬州大学植物营养学专业的优秀硕士研究生，毕业后没有留恋繁华都市，而是怀揣着创业梦想，一头扎进了望亭农村。从蔬菜基地技术员到草莓种植能手，再到创办小林农业科技发展有限公司，她不仅将自己的事业经营得有声有色，还带动一批大学生投身农田，用智慧和汗水推动相城农业的智能化进程。

出生于淮安金湖的林亚萍，2001—2008年就读于扬州大学植物营养学专业。2008年8月，林亚萍作为虞河蔬菜产销专业合作社引进的第一位硕士，走进了新埂村担任虞河蔬菜基地技术员。可是一身的书卷气，多少让村民投来质疑的目光。喊破嗓子不如"甩开膀子"。林亚萍挽起长发，卷起裤腿,一脚钻进了田间地头,除草、播种、浇水,老农民做的事,她照单全收,喷药、驱虫、插枝,她亮出最新、最前端的技术,身后的质疑声渐渐消失了。

在田间地头,科班出身的林亚萍让越来越多的专业知识派上了用场。2009年8月,林亚萍向村里租赁了15亩土地,自主创建"大学生创业园——草莓基地",培育脱毒草莓。相比于普通草莓品种,新技术更加避免苗株带病种植,而且还少用药,种出来的草莓更加绿色生态。由于是首次尝试,又没找对销路,2010年6月,结束了一季草莓种植的林亚萍却亏了近5万元,这相当于搭上了她一年半的工资。苏州团市委、相城团区委知道这个情况后,主动帮她联系小额贴息贷款,当时农业贷款并没什么先例,在团委的努力争取下,她申请到了5万元贷款,解了燃眉之急。

2010年9月,林亚萍刚出月子就召集工人进行了新一轮草莓种植。这次她调整了步调,在脱毒草莓的基础上融入水旱轮作的生态新技术。草莓与水稻轮作有助于提高土地产出,还能保持土壤肥力,减少病虫害,从经济效益上讲,每亩地还增加了2000多元的水稻收益。

皇天不负苦心人。这次技术提升,林亚萍赚到了真正意义上的第一桶金,不仅还上了贷款,还有盈余。2011年底,凭借水旱轮作技术,林亚萍获得江苏省农村青年创业大赛第一名。

2012年,林亚萍创办了苏州市小林农业科技发展有限公司,占地70亩,近3年公司累计投入资金150万元,主要进行脱毒草莓的种植、管理与营销,优良品种种植筛选、培育及技术推广,"互联网+采摘、休闲观光、农事体验"。

林亚萍虽然外表柔弱,但骨子里充满闯劲,6年多来,她创新的脚步从未停歇。林亚萍的草莓园年产草莓六七万斤,林亚萍还给她种植的草莓起了一个好听的名字——"林莓莓",并注册了商标,2015年"林莓莓"还获得了绿色食品认证。除了成功转化新技术外,林亚萍还依托网络微店进行营销推广,年销售额70余万元,她打造的集采摘、休闲、农事体验为一体的农家特色旅游,年接待游客5000人次以上。

如今的林亚萍还是御亭农业产业园的副总经理,她积极帮助周边的青年大学生设计他们的创业之路,并初步尝试了阳台蔬菜和盆栽草莓两个项目,带动周边草莓种植50亩。同时,有10多人跟着林亚萍打拼,其中4名是苏州农业职业技术学院毕业生,1名是扬州大学植物营养学硕士研究生。

从拖拉机驾驶员到家庭农场主

从拖拉机驾驶员到家庭农场主的吴健，是土生土长的张家港市塘桥镇金村人，2016年张家港市认定的第一批新型职业农民。吴健1990年高中毕业后从事农业，至今已经有28年。从一台中型拖拉机发展到现在拥有固定资产900万元的家庭农场主。28年来，吴健热爱农业、虚心学习、钻研业务，不断提高农业技术水平，不断拓宽服务内容和服务范围，取得了农业经济效益和社会效益双丰收。

一是拓展服务增效益。2007年起，吴健在做好农机服务的同时，从张家港市塘桥镇金村承包了200亩土地，开展粮食种植规模经营，成了一位种粮大户。通过自己种植粮食，他更好地了解大户对农机服务的需求。2009年，吴健召集村里5名农机手组建成立了金村农机服务专业合作社，扩充了农机装备，提高了服务能力，目前合作社拥有5台收割机，6台插秧机，12台植保机，5台中型拖拉机及配套机械，2台农用车，服务面积达到6000亩。2013年，吴健成立了张家港市华田家庭农场，投资250万元建成了日烘干能力100吨的谷物烘干中心，除了烘干自己农场生产的谷物外，还为周边种粮大户提供谷物烘干服务，从而改变了当地谷物干燥靠天晒的被动落后状况，并拓宽了农业服务渠道，引领了农业现代化的发展。

二是科学种田种好粮。在从事农业生产和服务的28年中，吴健深刻体会到，种田要相信科学，积极应用先进的科学技术。他积极参加各类农业技术培训，认真学习农业新知识，常常带头使用各种农作物新品种、农业生产新技术和发展各类新农机。在张家港市农委和塘桥镇农业服务中心的指导下，2013年，金村农机服务专业合作社开展了病虫害统一防治服务，服务面积达到6800亩，取得了良好的防治效果，得到了农户的信赖和领导的赞扬；2014年，华田家庭农场采用先进的无人飞机喷药防治病虫害技术，由于防治效率高、质量好，在大大减少用药防治次数和每亩农药用量的情况下，收到了令人满意的防治效果，不仅提高了稻米的安全品质，还保护了自然生态环境。

三是品牌建设上规模。通过几年来的发展，华田家庭农场目前种植水稻、小麦的面积达到了860亩。吴健投资210万元建成了日加工能力为30吨的大米精加工厂，把自己种植的稻谷加工成商品大米，并注册了"金村"

牌商标，实现了粮食种植—管理—收割—烘干—加工—包装一条龙，华田家庭农场也因此成为真正能够生产不落地大米的家庭农场，向农业产业化发展迈出了坚实的步伐。根据消费者的不同需求，华田家庭农场生产的大米有10公斤和25公斤两种包装规格，其中10公斤又有家庭实用包装和礼盒包装，此外还有2公斤的喜米包装，为市民家里办喜事增添喜庆气氛，这几种包装规格的大米都深受市民的喜爱。为方便消费者购买，华田家庭农场在金村古街设有销售门市部。

四是躬耕农田获表彰。吴健在农业上的发展也获得了政府和社会的肯定，他任社长的张家港市塘桥镇金村农机服务专业合作社2010年被评为江苏省"三星级合作社"和"张家港市先进专业合作社"，2011年被评为江苏省"四星级合作社"。粮食基地在2013年、2014年成为江苏省两个绿色防控和专业化统防统治基地之一，"金村"牌大米以优越的品质于2016年荣获首届"江苏好大米"特等奖，2017年被认定为绿色食品A级产品，深受消费者欢迎，在周边地区具有较高的知名度和良好的信誉。吴健本人在2012年被评为"张家港市劳动模范"，2013年被评为"全国种粮标兵"，2016年吴健光荣地当选为苏州市第十二届党代会代表。

每天让10万人吃上放心菜

苏同黎公路东侧，吴江国家现代农业示范区（同里核心区），苏州三港农副产品配送有限公司就在这里。

1979年出生的蒋春华是这里的当家人，他是当地屯村人，初一上了半年就开始在外闯荡，打过工、卖过猪肉、办过门窗厂，最终选择从事蔬菜配送事业。蒋春华靠一辆1吨厢式小型货车起家，最初仅配送1所学校，开车、进货、送货都是他一个人干。天道酬勤，2005年蒋春华购得五六亩地，办起了一家初具规模的配送公司，因公司位于三港村，故取名为"苏州三港农副产品配送有限公司"。

2014年，蒋春华抓住苏州"菜篮子"项目发展的机遇，在吴江国家现代农业示范区内投资建设了吴江"菜篮子"工程示范中心。中心占地200亩，经过近几年的建设，目前已初步形成了以蔬菜种植区、猪肉分割中心、芽苗菜生产中心、农产品展示展销中心、质量检验检测中心、农副产品配送中心为内容的"一区五中心"和拥有蔬果种植追溯系统、农产品加工储藏视频监控平台、全程冷链物流系统、农产品配送监管系统等四大物联网的现代农业产业化龙头企业。是吴江乃至苏州的"菜篮子"工程示范和配送中心。

专业化配送。2012年，吴江区教育局决定全区中小学校食堂食材配送实行公开招标，公司抓住机遇投标中标，成为吴江区40多所公办中小学、幼儿园食堂原材料供货及配送服务商。2016年，在苏州工业园区教科公司的招标中，公司中标，成为苏州工业园区10多所公办中小学、幼儿园食堂原材料供货及配送服务商。截至2016年，公司农副产品配送业务覆盖了吴江区、姑苏区、吴中区、相城区、工业园区的80多所大学、中小学校和其他企事业单位，为10万人就餐配送食材。为不断满足食材配送的要求，从2012年起，公司逐年添置设施设备提升配送能力，先后建成了356平方米的大型猪肉分割中心、5844立方米容量的冷冻冷藏库；配有10台日产8000～10000斤豆芽的芽苗菜生产车间；拥有20辆装有GPS系统的冷链运输车。企业已通过IS9001质量、环境、职业健康等体系认证，分别获评为江苏省农村交通物流示范点、江苏省放心消费创建活动先进单位、苏州市重合同守信用单位、苏州市农业产业化龙头企业、江苏省农产品质量安全追溯管理示范单位。

标准化生产。2014年，公司抓住政府大力建设现代农业园区和"菜篮子"工程蔬菜生产基地的机遇，积极整合财政资金和社会资本，在示范园区建设高标准的规模蔬菜种植基地。200亩蔬菜基地建有单体大棚130个，联体大棚3个，防虫网棚4个，年产200万斤左右的绿色、环保、无公害蔬果。

为确保蔬菜产品的质量，公司在蔬菜种植方面严把生产环节、强化准出制度、实施低温贮藏冷链配送。公司聘请的蔬菜种植专家在生产过程中经常与当地农技部门和农委进行技术对接，并组织人员参加相关的技术培训；基地蔬菜生产严格按照技术生产规程，做好生产台账记录，统一管理，做到施肥、喷药、用水科学合理，确保蔬菜种植规范化、标准化。基地使用的肥料，90%是自己沤制或购进的商品有机肥。这种有机肥不仅可以提供全面的营养元素，而且可以改良土壤，提高蔬果质量。基地严禁使用高毒高残留农药，全面使用生物农药，尽量减少化学农药的使用量，严格掌握农药使用的安全间隔时间，确保蔬菜放心食用。基地实施防虫网和大棚栽培，90%以上的地块使用防虫网和大棚，使用防虫网和大棚栽培蔬菜可以防虫、抗涝、保温，有利于蔬菜等作物的生长。在夏季，基地还采取点灯诱蛾等物理杀虫方法，以大大减少农药的使用。

为确保公司种植基地产出蔬果的质量安全，使配送单位吃上放心蔬菜，公司购置农药残留快速检测仪，组织人员参加培训，熟练掌握检测技术，加强基地日常农药残留检测，并将检测结果上传至上级相关部门。公司制度规定，每天每批次配送的蔬菜都要例行检测，无检测和检测不合格的蔬菜坚决不予配送；同时还必须做好检测留样工作，实现"源头可溯、质量可控、问题可追、责任可究"的可溯源目标。

2015年公司蔬菜基地被命名为"全国优秀蔬菜生产商"，2016年成功创建江苏省园艺作物（蔬菜）标准园。

智能化管理。为响应政府提出的"互联网＋"行动计划，公司率先发挥互联网在生产要素配置中的优化和集成作用，将互联网的创新成果深度融入农业管理、研发、销售等领域，提升公司实体经济的创新力和生产能力，形成更广泛的以互联网为基础设施和实现工具的经济发展新形态格局，公司以云计算、物联网、大数据建设理念，在种植、灌溉、生长、空气环境监测、水位监测、采摘等环节根据视频监控、现场卫生监测数据、空气湿度等相关数据，运用云计算、物联网、大数据手段进行科学种植、生态种植，并把相关作物的生长过程数据与苏州市农业技术推广中心共享。

海归工科男钟情盆栽蔬菜园

90后出生的卢申宝是个澳洲海归，他学的专业是和农业不沾边的机械工程。随着近几年盆栽蔬菜、阳台菜园的兴起，他看到了商机。恰好一个朋友的父亲在马来西亚种植有机盆栽蔬菜已颇有经验，他决定将这种新型技术引入国内。2015年，在相城区举办的首届阳澄湖创客年会上，他和其他两个海归小伙伴带着盆栽蔬菜项目被引进到相城，在御亭现代农业产业园租下了10个温室大棚，踏上了阳台经济的创业路。

卢申宝的蔬菜园其实更像是一个盆景园。规整有序的盆栽，郁郁葱葱。

装菜的盆，有圆有方，很像是栽种盆景使用的盆。他们的盆栽蔬菜采用先进的无土栽培技术，向市民提供不使用农药、化肥、保鲜剂、激素的健康蔬菜。每只蔬菜盆里装的并不是土，而是名叫椰糠的有机基质。这种基质取材于椰壳丝，打碎后经熏蒸消毒再被压成砖状运到国内。这样就不会因为使用土壤栽培而产生微生物病害、根结线虫等土传病害，也就不需要使用农药了。他们用海藻肥和营养液作为有机肥，替代了鸡鸭排泄物发酵制肥的传统，消费者购买活体蔬菜盆栽，只需配合使用他们提供的有机肥即可，既卫生又安全。

农场一盆盆栽茄果的销售价格在120~180元不等，叶菜一棵6~8元，品种越珍贵、生长周期越长，售价也就越高。比如，一盆进口品种的小番茄售价120~160元，一季可以生长1~2个月。整个农场，目前主要种植辣椒、茄子、黄瓜、小番茄、秋葵等爬藤茄果。这些茄果盆栽送到客户家里后，每天浇一点儿水，配合施有机肥，还可以继续生长，客户每天都能吃到新鲜蔬果。不仅如此，卢申宝的农场还可以根据客户对品种的要求进行蔬菜个性化种植与销售。

盆栽蔬菜放在阳台，既可以观赏也可以吃，一个阳台就成了一个菜园，这对生活在城市中的人来说，还是挺有吸引力的。阳台菜园的趣味性、蔬菜的安全性和蔬菜速递的销售方式，令他们刚刚起步的事业小有起色。卢申宝对客户群进行了统计，结论是：年轻人占了大多数，还有不少高端餐饮和百货客户。

很多人都好奇卢申宝为什么会选择农业，而在卢申宝看来，在把创意、技术以及年轻人关于市场的概念融入农业后，农业也就不再枯燥，而是变得有趣起来。卢申宝以盆栽作为切入口进军农业，缩短了盈利周期。目前他正有意向与农场合作种植，并进军商业综合体，推动盆栽蔬菜的销售。

第十五章　坚持"三生"[①]功能定位

农业不仅是一个古老的基础产业,也是一个有生命、有多种功能的特殊产业,还是一个不可替代的产业。台湾地区在20世纪80年代就提出了把农业的"生产、生活、生态"功能融合在一起建立一个农场的概念,其内涵主要包括:一,按照预期目标确定一两项种植业或水产、畜禽养殖项目,进行农产品的科技化、高效化、企业化规模生产;二,布局好一个休闲观光场所,并建设相应的生活娱乐教育设施,供民众休闲、观光、度假;三,生态自然化,保持自然生态景观,维护生态平衡,达到良性循环。这是台湾地区早期"三生"农业的雏形。90年代后,台湾"三生"农业的快速发展对台湾传统农业向现代农业转型、不断增加农民收入、缩小农民与城市居民的收入差距等起到了积极的推动作用。

随着工业化、城市化的快速发展,环境容量的压力不断增大。苏州城市化率已达到75%以上,陆地常住人口密度已经超过2300人/平方公里,环境问题不容小觑。人口的大量集聚也带来了农产品安全供给问题。苏州农产品自给水平较低,全市粮食自给率为1/3,生猪自给率1/4,蔬菜自给率2/3,一旦遇到重大自然灾害、突发性动物疫情或流通渠道不畅,农产品供给压力就会十分突出。

面对新情况新问题,苏州人把压力变动力,把现代农业建设放到经济社会发展的全局来考量,虽然苏州的农业在GDP中占比已经很小,在农民收入中的份额也不高,大多数农产品的自给水平不到50%,但是这些都不影响苏州农业对

[①] 指农业的生产、生活、生态功能。

经济发展、社会稳定所起的作用，特别是苏州现代农业在支持经济发展、保护生态环境、维护社会稳定等方面发挥着极其重要的作用。2005年在制定《苏州市"十一五"现代农业发展规划》时，第一次提出了坚持农业的生产、生活、生态的"三生"功能定位，并把农业的生态功能放到突出重要位置。全市各地适应形势发展需求，深入推进新一轮农业结构战略性调整，大力发展高效特色农业、生态循环农业、休闲观光农业，全面拓展农业多种功能，加速了农业发展方式的转变。

2008年苏州被列为江苏省城乡一体化发展改革试点市后，全市各地审时度势，紧紧围绕率先基本实现农业现代化总目标，坚持走生态、生产、生活"三生"功能并举之路。

一、优化农业生产功能

农业的生产功能，也称经济功能，是农业的基本功能。主要表现在为社会提供新鲜、卫生、安全的农副产品，以满足人类生存和发展对食品的需要。优化农业生产功能，主要是改变常规农业生产只见"生产"，不见"生态"与"生活"，只重视"高产、高效"，而忽视"生态、安全"的状况，推广应用绿色生产方式。

1. 转变生产方式

（1）保证地产农产品市场供应

面对农业可用"阵地"越来越小这一实际，苏州市从2006年开始，推动落实"四个百万亩"和"一个百万头"的农业产业布局规划；从2007年开始，全面推进百万亩现代农业示范园区建设和高效设施农业发展；从2010年开始，启动实施新一轮"菜篮子"工程建设，极大地提升了地产农产品生产能力，有效保障了市场供应。全市农业适度规模面积192万亩，占比达到80%；生猪、肉禽和奶牛的规模化率分别达到89.8%、97.7%和99.9%；高效农渔业面积199万亩，设施农渔业面积超过40万亩；年粮食播种面积228.14万亩，总产22.2亿斤；水产养殖面积117.11万亩（其中特种水产66.5万亩），总产28.41万吨；蔬菜播种面积135.54万亩次，总产293.37万吨；果树种植面积16.2万亩，产量10.2万吨。农业主导产业的发展，极大地丰富了农产品市场供应，特别是在遭遇重大自然灾害、突发性动物疫病时以及高温伏季、低温冬春等季节，地产农副产品在缓解市场供应矛盾、安定市民生活等方面发挥了不可或缺的作用。

（2）为二、三产业发展提供原材料和场所

城乡一体化发展以来，苏州市工业经济发展速度进一步加快。在这一发展过程中，农业作为"原料产业"，为农副食品加工业发展提供了丰富的原材料。2010年，全市农副食品加工业总产值达到了262.5亿元。与此同时，农业与三产的关系呈现同样的趋势：2010年以农畜产品为原料的商品购销总额为84.3亿元；全社会消费品零售总额为2402亿元，其中限额以上餐饮业营业总额为50.17亿元，占消费品零售总额的2.1%。2011年全市实现农产品出口4.14亿美元，农业实际利用外资2.51亿美元；休闲观光农业从业人员27872人，带动农户26500户，年接待游客2024万人次，实现旅游收入28.1亿元。

（3）给城乡居民生产生活创造优美环境

坚持把生态作为现代农业发展的首要任务和基本目标，充分发挥农业的自然属性和生命属性，大力发展有机农业、生态农业、绿色农业，保护资源，改善环境，实现农业的可持续发展，促进人与自然、经济与环境的协调发展。一方面，森林资源总量迅速增长，2011年绿地林地面积达到183.25万亩，陆地森林覆盖率和林木覆盖率分别上升到25.03%和17.7%；另一方面，湿地保护管理力度明显加大，出台并施行了全省首个地方性湿地保护法规——《苏州市湿地保护条例》，建立了湿地生态补偿机制，创建了8家省级以上湿地公园，保护面积达到62347亩。据监测评估，仅林业和水稻每年提供的生态服务价值就分别达到了100亿元和40亿元。再者，农业面源污染得到有效控制，化肥农药使用强度年均下降5个百分点，生物农药使用上升到41.4%，粮油作物测土配方施肥覆盖率80%，秸秆综合利用率达到90%以上，推广了"果园养鸡""稻田养鸭""立体循环生产"等一批种养结合、生态循环模式，建设了一批池塘循环水清洁养殖工程、氮磷流失生态拦截系统，极大地改善了城乡居民生产生活条件。

2. 推广清洁生产技术

苏州市全面推广农业清洁生产，减少农药化肥施用量，积极推广使用有机肥和低毒、低残留农药。到2020年，主要农作物测土配方施肥技术推广覆盖率将达到90%以上，太湖一级保护区化学农药、化肥施用总量较2015年削减20%以上。强化农业废弃物资源化利用，加强畜禽粪便污水资源化利用和处理。到2020年，规模畜禽场粪便无害化处理与资源化综合利用率达到98%，秸秆的综合利用率达到98%。加强农业资源保护，布局山水林田湖草等要素，有序推进耕地轮作休耕，加强森林抚育，加大湿地保护力度。到2020年，规模经营面积基本完成一遍耕地轮作休耕，新增绿化造林面积1.7万亩，陆地森林覆盖率达到30%，自然湿地保护率达到60%。

2015年，张家港市被列为苏州首个"生态循环农业示范城市"。近年来，张家港市以科学发展观为统领,以产业布局合理化、过程投入集约化、生产过程清洁化、农产品质量安全化、废弃物利用充分化为目标,以转变农业发展方式、提高农业资源利用水平、提升农业综合生产能力为抓手,推广种养有机结合、农牧循环发展、产业生态友好等先进模式,以建设生态循环农业示范园区、示范基地、示范企业和示范项目为载体,因地制宜开展生态循环农业示范建设,建立政府引导、市场主导、生产主体广泛参与的农业资源循环利用运行机制,促进农业转型升级,实现了农业的生态、循环、可持续发展。到2015年,张家港市建成1个生态循环农业示范区、2个生态循环农业示范基地、4个生态循环农业示范企业。全市农业机械化综合水平在92.5%以上;秸秆综合利用率、良种覆盖率、测土配方施肥技术覆盖率、病虫害统防统治覆盖率、高效低毒低残留农药推广率、绿色防控技术推广率分别达到98%、100%、95%、95%、100%、100%;规模畜禽场废弃物资源化利用率达96.8%;"三品"种植面积比重、农产品抽检合格率分别达到92%、98%;化肥、农药使用强度分别控制在215公斤/公顷、2.8公斤/公顷以内,全面完成了农业面源污染年度的减排任务。

(1) 农药使用量零增长

制定出台了《苏州市农药使用量零增长行动实施方案》。据初步统计,2017年全市农药使用总商品量为3650吨左右,太湖一级保护区化学农药使用量较2015年减少13.04%,实现了阶段性农药零增长的目标。通过进一步优化农药应用结构,全市主要农作物病虫害高效低毒低残留农药应用比例达88.7%,超过江苏省要求指标10.7个百分点。实施农药使用量零增长行动后,节本增收效果显著。据典型调查,全市粮食作物节本20.8元/亩,经济作物节本33.2元/亩,体现出了节本增效的优势,大大降低了农户生产成本,有效保障了农业生态安全和农产品质量安全。

① 积极应用绿色防控技术。全市认真贯彻绿色植保措施,优先选用理化诱控、生物防治、生态调控等绿色综防技术,共建立省、市、区级农作物绿色防控示范区54个,核心面积4.04万亩,辐射面积52.63万亩,其中太湖一级保护区已建成农作物绿色防控示范区10个,核心面积0.29万亩,辐射面积2.93万亩。据统计,2017年全市8400亩机插秧田全面应用无纺布覆盖技术,替代化学农药防治灰飞虱和条纹叶枯病,推广覆盖率达99%以上;张家港、太仓等地应用零天化除技术,通过在插秧机上安装滴药设备,选用高效安全型除草剂,在机插秧的同时将除草剂药液同步滴落到稻田水层,完成封闭除草,从而进一步减少除草剂农药使用量;太仓应用"互联网+植保"病虫监测预警系统,建立

水稻病虫害智能化监测标准园，大大提高了预测预报准确率；张家港、昆山等地应用香根草诱集和释放赤眼蜂、稻鸭共作等绿色防控模式，建立了多个水稻病虫害绿色防控示范区；全市推广蔬菜病虫害非化学防控技术，防治蔬菜害虫应用杀虫灯3500多台，85%以上蔬菜基地应用色板诱杀害虫，全年累计使用黄板20多万张，推广防虫网应用面积达10.1万亩。通过应用绿色防控技术，减少了施药次数，实现了农药减量控害的目标。

② 全面推进专业化统防统治。依托装备精良、服务高效、管理规范的病虫防治专业化服务组织及新型农业经营主体等，推行统一组织发动、统一技术方案、统一药剂供应、统一施药时间、统一防控行动的"五统一"防治，鼓励、引导发展全程承包防治，稳步提高农药利用率。据统计，截至2017年年底，全市组建了1860个专业组织，其中由工商登记注册的专业合作组织498个，从业人员共计24563人，其中持证上岗数为12992人；全市拥有高效植保机械11475台，日作业能力51.2万亩，无人机防治病虫作业总面积3.7万亩。2017年苏州市主要农作物专业化统防统治覆盖率达79.5%。

③ 示范推广高效低毒新药剂。全市依托各类项目开展联合试验，对有推广前景的多种新农药进行田间试验，设置处理共计418个，农药个数共117个/次，为推广适应绿色农业发展的高效、低毒、低残留和环境友好型农药新产品、新剂型做准备。为指导农民科学、准确地选用高效、低毒、优质农药，提高病虫草害防控效果，延缓农药抗性产生，保障农作物生产和农产品质量安全，市植保站制定了《2017年苏州市主要农作物重要病虫草害防治农药推荐品种名录》，并发放至各市、区植保植检站供参考，各地再结合当地实际制定农药推荐名录。

④ 优化实行农药集中统一配送。2010年1月，江苏省农委和江苏省供销总社联合发文，在全省范围推广农药零差率统一配供模式。苏州市作为全省样板，于2010年开始实施农药"零差价"统一配送，到2013年实现了全覆盖。经过多年的发展和改进，配送体系不断完善，补贴标准和配送覆盖率不断提高，安全、降本、减量、增收效益显著。2017年，苏州市农药集中配送中各级财政补贴金额为3925.6万元，建立集中统一配送点207个，配送农药占农药使用总量的82.8%。这一政策的实施有利于进一步促进农业增产、农民增收，引导农民科学用药，推动农作物病虫草害统防统治，杜绝高毒高残留和假冒伪劣农药的流入，从源头上确保农产品质量安全和农业生态安全，支撑推进农药使用量零增长行动。

(2) 开展化肥减量增效行动

为贯彻落实省、市"263"行动方案，扎实开展化肥减量增效行动，根据实际情况，制定了《苏州市化肥减量增效行动实施方案》。通过测土配方施肥、轮作休耕、秸秆还田、绿肥种植、机械化侧深施肥、水肥一体化等技术措施，2017年，全市主要农作物的测土配方施肥技术覆盖率达到90%左右。同时，苏州市重点推进配方肥推广应用，在全省率先实行水稻专用配方肥的补贴政策。据统计，2017年全市各市、区全面实行水稻专用配方肥的补贴，组织生产水稻专用配方肥2.6万吨，配方肥应用面积将达到全市水稻种植面积的80%以上，可以减少农民生产性支出780万元左右。2017年小麦季推广应用小麦专用配方肥9000多吨，主要在昆山和张家港等地应用，其中昆山应用面积达到昆山全市小麦种植面积的100%，圆满完成了2017年度全市化肥减量增效任务。据统计，2017年度全市化肥使用总量（折纯量）为70402吨，较2015年用量削减7322吨，削减率达到9.4%；2017年度太湖一级保护区化肥使用总量为4510吨，较2015年用量削减1064吨，削减率达到19.1%。

3. 加快规范畜禽生态养殖

苏州市按照生态文明建设和"二聚一高"的总体要求，坚持"政府推动、企业参与、标本兼治、长效管理"原则，以绿色发展为主线，以建设美丽生态牧场为抓手，推进畜牧业规模化、绿色化、生态化、信息化建设，加快构建产出高效、产品安全、资源节约、环境友好的现代畜牧业发展新格局。2017年2月，印发《苏州市畜牧业发展"十三五"规划》（苏市牧〔2017〕9号）；10月，市、县（市、区）农业与环保部门相继出台畜禽养殖区域调整布局优化方案；11月，市农委、环保局、财政局联合印发《苏州市美丽生态牧场创建活动实施方案》（苏市农〔2017〕48号）。2017年，全市新划定禁养区内320家养殖场户、太湖一级保护区内170家畜禽养殖场户已全部关停。非禁养区内规模养殖场污染治理检查认定率达63.64%，完成省定任务。

2018年，苏州市为加快畜牧业生态绿色发展水平，实现畜牧业发展和生态文明建设互利共赢，建立起具有苏州美丽乡村和田园风光特色的生态畜牧业，根据市政府统一部署，决定在全市范围内开展美丽生态牧场创建活动。创建对象为全市非禁养区内生猪存栏500头以上，家禽存栏1万只以上，奶牛存栏100头以上，羊存栏300只以上（省级以上畜禽遗传资源保种场存栏规模不在上述范围之内），符合畜牧业发展规划布局，环保手续齐全、措施到位，经工商部门登记注册具有独立法人资格的畜禽养殖企业和个体工商户。严格按照《苏州市美丽生态牧场创建标准》组织创建，通过设施提档、环境美化、管理规范，达到"场区布局合理、设施制度完善、生产全程清洁、产出安全高效、资源循环利用、整体绿化美化"的建设要求。2018年，苏州市将完成10家规模畜禽养殖场美丽生态牧场创建任务，基本达到"场区布局合理、设施制度完善、生产全程清洁、产出安全高效、资源循环利用、整体绿化美化"新要求。2019—2020年，全市每年完成5家左右美丽生态牧场创建任务。新建规模养殖场必须按照美丽生态牧场创建标准进行规划设计与建设。

农业废弃物资源化利用。全面推广秸秆1+X的综合利用模式，大力开展秸秆还田和秸秆肥料化、饲料化和能源化利用，建立健全政府推动、秸秆利用企业和收储组织为轴心、经纪人参与、市场化运作的秸秆收储运体系，降低收储运输成本，加快推进秸秆综合利用的规模化、产业化发展。推广畜禽规模化养殖，支持规模化养殖场开展畜禽粪污综合利用，配套建设畜禽粪污治理设施。开展区域性残膜回收与分解利用，加快建成农药包装废弃物收集处理系统。加快农村生活污水治理工程实施，加强农村环境综合整治，加大美丽镇村建设力度。2017年，全市农业废弃物总量148.49万吨，利用量146.25万吨，利用率达98.5%。其中畜禽粪便总量52.18万吨，利用量50.54万吨，利用率达96.9%。规模养殖畜禽粪便总量39.59万吨，规模养殖畜禽粪便无害化处理和资源化利用量38.81万吨，利用率达98.03%。

太仓市东林村合作农场拥有水稻生产面积2200亩，生态养殖场猪存栏量500头左右，羊存栏量30000头。在循环农业上，一是运用沼液浅灌技术。即运用沼液增压栓管技术，将生态养殖场猪和羊排泄的粪便输入沼气发酵装置，再将沼液进行增压处理，通过管道工程输送到农田。二是"粮—畜"循环，运用粮食生产全程机械化及秸秆全利用技术。农场水稻100%工厂化育秧，稻、麦等粮食生产实现全程机械化。农作物收获后，利用韩国先进机械设备将秸秆压缩、打包并添加发酵菌，利用有益微生物菌剂进行发酵后，和豆渣、酒渣等粮食废料混合制成饲料，用来喂养生态肥羊。通过该技术，一年消化秸秆达8000吨，每年所产生的羊粪7500吨，收集处理后用抛肥机抛入田间，大大减少了化肥用量。整个农场农作物秸秆循环再利用率100%，猪羊舍废弃物100%无害化处理和还田，种养资源综合循环利用覆盖面达80%，土壤肥力明显得到改善。可减少秸秆焚烧大气污染物排放PM10 96吨/年、PM2.5 37.4吨/年、SO_2 3.8吨/年、NOx 24吨/年。

循环农业工程实施后，培肥了土壤地力，土地有机质含量不断提高，种植业（稻、麦）化肥用量削减到原来用量的 40% ~ 50%，并运用植物病虫害绿色防控和肥水调控技术，使农药使用减量 20% ~ 30%。每亩节省化肥、农药等成本 70 元左右，农产品优质增产增效 180 元左右，亩均增效达到 250 元左右。2015 年，东林村农民人均纯收入达到 27800 元，村级可支配收入达到 2200 万元，实现了农业连年增效、农民持续增收、村级集体经济实力增强，东林村因此被列入太仓市集体经济"十强村"。

太仓绿丰农业资源开发有限公司地处太仓市浮桥镇新邵村，是一家集农业废弃物收集处理、各类生物有机肥料及农作物基质生产、生物菌肥研制生产、生态循环农业科技研究推广、土壤肥料社会化服务等功能于一身的民营农业科技型企业，公司通过 ISO9000 和 ISO14000 双体系认证，拥有 5 项发明专利，总投资 1.2 亿元，厂区面积 160 亩，现有生产车间 30000 平方米，搅拌机、槽式翻抛机、垛式翻抛机、造粒机、装载车、运输车等专业设备 20 台套。公司专业处理畜禽粪便、秸秆等农业有机固体废弃物。公司建立了养殖场畜禽废弃物收集体系，通过"集中收集、无害化处理、综合利用"的途径年处理畜禽养殖废弃物 40 万吨，处理农作物秸秆 5 万吨。年产"丰绿稼"牌优质系列商品有机肥 10 万吨，水稻育秧基质、经济作物专用基质 3 万吨。与科研单位结合，培植选育有益菌种组合 5 种，年生产生物菌肥 2000 吨。同时，公司创新农业服务模式，大力拓展社会化服务功能，建立了专业的机械化施肥服务队伍。公司购置大型施肥机 5 台套，履带式小型施肥机 2 台套。以合作社为平台，集施肥服务、肥料推广、技术服务为一体，切实服务农民，提高有机肥使用效率，节省大量人工，年施肥能力 5 万亩，为大力推广有机肥的使用提供了更好的保障。

二、拓展农业生活功能

农业的生活功能，也称社会功能，主要表现为对劳动就业和社会保障，促进社会发展方面的功能。农业作为城市文化与社会生活的组成部分，通过农业活动提供市民与农民之间的社会交往，满足其精神文化生活的需要，如观光休闲农业和农耕文化与民俗文化旅游。农业作为一个产业不仅能容纳劳动力就业，而且农副产品质量、数量及其安全性本身就直接影响着居民的健康状况、营养水平、最基本的生存需要以及所赖以生存的环境等，涉及社会发展问题。因此，农业的社会功能作用大，搞不好就会直接影响整个经济社会的发展和稳定。

1. 农旅融合成为新亮点

绿水青山就是金山银山。休闲农业成为苏州现代农业发展的新业态，乡村旅游业成为苏州现代农业发展的新动能。苏州乡村旅游兴起于 20 世纪 80 年代。

苏州拥有众多特色鲜明、保存完好的古镇古村文化，在城市旅游、风景园林旅游的带动下，水乡古镇周庄的开发，苏州太湖国家旅游度假区的建立，阳澄湖旅游度假区等一批高层次休闲旅游场所的建立，标志着苏州休闲农业发展进入起步阶段。90年代中期，苏州农林大世界的引进，三山岛等农家乐的开始与发展，穹窿山森林公园的开发，常熟蒋巷村的建设等，使得苏州的乡村旅游资源种类丰富起来。同里、甪直等水乡古镇相继开发，苏州太湖国家度假区初具规模，使得苏州的乡村旅游发展有了一个很好的基础。2005年，全市拥有各类休闲观光农业场所110个，年接待游客600万人次，实现旅游经济收入9亿元，增加就业岗位2万多个，带动农家餐饮、农产品销售等相关产业40多亿元。2006年到2010年的5年时间内，全市乡村旅游接待5200万人次，年均增长18%，实现旅游收入150亿元，带动相关产业实现收入600亿元，共吸纳农村劳动力就业6万余人，间接就业13万余人。截至2015年年底，全市共建成乡村旅游区（点）300多家，其中，全国农业旅游示范点30家，星级乡村旅游区（点）39家，省级乡村自驾游基地10家，具有乡村特色的农家乐数百家，星级农家乐89家，乡村旅游精品线路30多条，在全国处于领先地位。2015年度接待游客量4200多万人次，创造经济价值600多亿元，带动就业人数近30万人，乡村旅游总占比达43.7%，社会就业贡献率在6%以上。各地通过发展乡村旅游，让农民在不离乡不离土的情况下实现就业、致富发展。

2. 生态休闲农业的发展历程和主要形态

（1）生态休闲农业的发展历程

苏州休闲农业的发展经历了三个阶段：

起步阶段，20世纪80年代初至90年代初。这一阶段的生态休闲农业以现成的农业设施、资源及古村镇文化为主，产品品种相对单一，经营专业化水平不高，市场意识较差，比较有知名度的有周庄古镇、太湖旅游度假区、阳澄湖旅游度假区。

发展阶段，20世纪90年代中期至90年代末。在这一阶段，乡村旅游的专业水平得到提升、内涵和经营品种变得丰富，开始注重投资与资源开发，经营规模逐渐扩大，典型代表有苏州农林大世界、穹窿山森林公园、同里等水乡古镇、三山岛等地的农家乐。

相对成熟阶段，进入21世纪至今。这一阶段的生态休闲农业注重品牌效应和现代化科学经营，注重服务和产品质量，根据游客体验和市场变化，进行旅游营销和产品开发，典型代表有西山景区、东吴森林公园，包括未来农林大世界的后期完善。

(2) 生态休闲农业的主要形态

目前生态休闲农业主要有六种类型：一是以森林生态景观为主的旅游观光型，如光福自然保护区、虞山、穹窿山等8个国家级、省级森林公园等；二是以采摘、垂钓为主的农事参与型，如东西山果茶区、张家港神园农庄、双山岛渔湾、金锦鲤生态农庄等；三是以人文历史和革命传统及展示"四新"农业为主的科普教育型，如各级农业科技示范园、沙家浜风景区、未来农林大世界等；四是以名特优农产品品尝为主的美食餐饮型，如西山农家乐、莲花村等；五是以江南水乡与农家风俗体验为主的乡村度假型，如吴中区旺山生态农庄、太仓艳阳山庄、吴江东太湖度假村等；六是以政府搭台与多元化投入建设为主的各类生态园，如昆山大唐生态园、相城生态园、高新区白马涧生态园等。

目前苏州市已初步形成"四大乡村旅游集聚区"，即：在太仓、张家港和常熟沿江地带打造"江海文化与乡村观光"乡村旅游集聚区；在相城、高新区、吴中、吴江环太湖地区打造"绿色度假与文化休闲"乡村旅游集聚区；在环沙家浜、阳澄湖、澄湖、淀山湖等环湖泊芦荡地区打造"美食体验与生态休闲"乡村旅游集聚区；在昆山、吴中、吴江江南水乡古镇古村分布区打造"古镇观光与文化体验"乡村旅游集聚区。生态休闲观光农业正成为转变农业增长方式、促进农民持续增收的新途径，是苏州农业、农村经济发展的一个新亮点。

3. 休闲农业的典型案例

(1) 张家港市永联村

永联村是1970年在长江滩涂上围垦而成，这里缺山缺景缺历史，在旅游圈，永联是先天不足的"弱势群体"。永联旅游的"今生"，已经声名显赫。"中国最有魅力休闲乡村""中国十大最美乡村""国家AAAA级旅游景区"，在一块块金字招牌的映衬下，永联成为旅游圈里的"后起之秀"。

永联发展旅游紧紧抓住一个"农"字，始终围绕乡村旅游的本质特征和要求做文章。2009年，永联村投资5000万元打造了苏州江南农耕文化园。走进园区，游客们顺着农耕历史区、江南作坊区、农户设施区、农耕谚语区一圈玩下来，犹如逛了一个江南传统农业知识博物馆。目前，永联建成了以苏州江南农耕文化园、永联垂钓中心、永联水上乐园、江鲜美食街、永联展示馆为核心景点，集旅游观光、休闲度假、美食购物、会议商务等功能为一体的江南乡村生活体验地，年游客人次达100万以上。在旅游业蓬勃发展的基础上，永联人做起了"基地—加工—餐饮美食—销售—旅游观光"五个环节的农业全产业链文章。

围绕农业全产业链的五个节点,永联实施了"五个化":一是种植养殖基地化。重点扶持好以蔬菜供应、采摘观光为主的天天鲜蔬菜基地,以鸡、鸭、羊、鱼养殖供应、观光购买、餐饮美食为主的天天鲜江滩基地,以永联大米种植、供应为主的粮食基地以及周边水果种植、农场等配套基地。二是加工制作工业化。投资建设腌腊制品厂、谷物加工作坊及传统酿酒、榨油等作坊。三是餐饮美食特色化。通过改造升级江鲜美食街,进一步打响长江鲜、农家菜品牌。四是销售配送标准化。完善永联天天鲜销售、物流体系,实现产品可追溯。五是旅游观光产品化。整合永联区域景点及江苏张家港市东部区域的农业旅游资源,打造长三角市民喜爱的乡村旅游产品。

整合挖掘的农耕文化,精心烹制的江鲜美食,再加上景美人更美的新农村,永联乡村游"圈粉"无数。数据显示,永联村年实现旅游收入超亿元,年上缴税款 500 万~600 万元,提供就业岗位 450 多个。发展旅游不仅是村企转型的突破口,也成了富民惠民的重要抓手。

(2) 吴中区甪直镇

甪直"农旅融合"打造城市后花园。甪直镇水生作物丰富,其中水生蔬菜鸡头米(芡实)、慈姑、荸荠、莲藕、水芹、茭白、红菱和太湖莼菜,各具营养价值和经济价值,被合称为"水八仙"。由于"水八仙"对生长环境要求很高,目前主要集中在甪直澄湖沿岸种植。甪直在澄湖西岸投资 1.2 亿元,大手笔打造了占地 3500 亩的水八仙生态文化园,成为与上海、苏州繁华之地近在咫尺的一片世外桃源。苏州水八仙生态文化园以"水八仙"的"种、收、观、学"及互动采摘为主题,主要内容有"水八仙"特色美食文化体验、原生态餐厅、亲子休闲度假、企业团队拓展、体育健身活动等,成为体验农耕野趣、畅享江南水韵的生态园区,也是一个自然与文化相融的个性独具的生态时尚休闲景区。水八仙生态文化园以农旅融合推进农业与旅游业的深度融合,利用旅游业的联动效应,优化区域产业结构,增加规划区周边村舍居民收入、改善生活环境,提升区域整体经济实力。

(3) 太仓市电站村

电站村生态园农产品产销专业合作社成立于 2008 年 4 月,注册资金 5000 万元,共有入社农户 102 户。电站村合作社林果种植面积 1800 亩,无公害绿色蔬菜种植面积 800 亩。合作社凭借"四大依托",做强了产业链,确保农业增效、农民增收,2016 年合作社年经营收入 2100 万元,利润 210 万元,入社成员分配总额 189 万元。

——依托科技，降本增效。合作社先后与江苏省农科院、苏州农院等科研院所合作，引进了芋艿脱毒组培技术、病虫害生物防治技术，改进了梨树的栽培方式，不仅提高了产量，降低了生产成本，作物的品质也得到了提升。

——依托品牌，扩大知名度。"电站村生态园"品牌 2014 年获评为苏州市知名品牌，合作社先后获国家绿色食品产品证书 9 个，新毛芋艿在第九届江苏省农展会上获"畅销产品奖"，电站夏黑葡萄连续 5 年获中国"南方杯"金奖，翠冠梨获苏州市地产优质水果金奖。

——依托互联网，拓宽销售渠道。合作社现有农副产品销售中心实体店 4 家，配送车辆 5 辆；2010 年创建了网站和网店，2013 年申请了微信公众号，2015 年创建了合作社自营微店网销平台。还与太仓市广播电视总台、百度、淘宝、美团外卖等平台合作进行产品的销售。

——依托农旅结合，实现农业可持续发展。电站村通过做大林果产业带动休闲旅游的发展，以休闲旅游业的繁荣反哺林果产业，最终形成了一条完整的产业链。电站村生态园目前建有游客接待中心、三星级农家乐饭店、木屋住宿区、垂钓中心、游船码头、农家乐客房、花卉大世界、开心农场、亲子采摘园等景点和旅游配套设施，已形成了一个集"吃、住、行、游、购、娱"为一体的"农家乐园"。2015 年 10 月，合作社推出了"开心农场"项目，将农场内的地块以每半分地为一个单元进行出租，让有农事体验需求的城市居民前来租赁，把网络虚拟的"开心农场"转变为线下真实版的"开心农场"。截至 2016 年 11 月，开心农场已有 360 块土地找到了主人。为了方便"地主"们随时查看自家菜地的生长情况，开心农场投入 10 万元安装了摄像头，"地主"们通过手机下载 APP 软件后即可实现查看功能，随时了解自家地里作物的生长情况。"开心农场"项目的推出将更多的城市人吸引过来，带动了生态园内农家乐、农产品销售、采摘观光等综合收益。

三、凸现农业生态功能

农业的生态功能，也称保护功能，主要表现在农业对生态环境的支撑和改善作用上。农业作为绿色植物产业，是城乡生态系统的重要组成部分，它对保育自然生态、涵养水源、调节微气候、改善人们的生存环境有重要作用。

1. 加强农村绿化建设

"十二五"以来，苏州市按照"绿色苏州"建设的一系列部署，坚持生态文明建设主题，咬定打造宜居美丽新苏州目标，高度重视、精心组织、改革创新、攻坚克难，扎实推进林业发展，取得了四个方面的显著成效。

一是森林生态体系逐步完善，城乡生态环境明显改善。"绿色苏州"建设立足"生态、景观、长效"定位，通过实施河湖林网构建、绿色通道提档、生态片林建设、村镇环境美化、果茶苗木增效、森林质量提升等重点工程，带动全市新增绿化造林面积30.44万亩，完成森林抚育35万亩，到2013年全市森林资源总量达到184.77万亩，林木覆盖率由2010年的17.01%上升至20.36%，空间不断拓展，质量不断提升，水平不断提高，建成了35个500亩以上的大型生态片林，创建了2316个绿色村庄，完成了38项森林质量提升重点工程，高速公路、高速铁路绿化全覆盖，太湖、阳澄湖森林覆盖率均有大幅提高。

二是森林资源保护不断强化，区域生态基础有效夯实。严格执行《中华人民共和国森林法》《江苏省生态公益林管理条例》《苏州市古树名木保护管理条例》等法律法规，以国家省市级公益林管理为核心、以资源利用为重点、以综合监测为基础、以监督执法为保障的森林资源管理体系不断健全。严格落实林木采伐更新、林地征占用限额管理、征占用林地审核审批，不断强化国家级、省级公益林保护，启动市级公益林认定，共区划界定生态公益林33万亩，公益林保护范围不断扩大。建成了完善的森林防火、森林病虫害综合防治、野生动物疫情防控体系，连续9年无较大森林火灾和重大森林、野生动物疫情发生。完成了林木种质资源普查，紫楠、木荷自然保护区不断扩大，生态系统保存基本完整、生物种类较为丰富的省级以上森林公园及自然保护区总面积达24.66万亩。加大古树名木的保护力度，完成了50年以上名木古树后备资源的调查工作。随着森林健康程度的提高，森林固碳制氧等无形生态产品供给能力不断增强，经专家评估，苏州市森林固碳、吸污等生态服务价值达到104亿元。

三是林业产业发展提速增效，产品供给能力大幅提升。始终牢记兴林富民使命，大力实施高效果茶、特色林苗、观光休闲林业等一批林业重点产业项目，林业产业规模不断壮大，经济效益逐年提升，2013年苏州市林业总产值达292亿元，比2010年增长10.4倍。与此同时，林业发展解决了大量五六十岁农村富余劳动力的就业，拓展了林农增收致富的渠道，促进了社会稳定。果茶高效发展，年均新增果树1万余亩，形成了一批特色果品产区和百亩以上规模高效生产基地，产量、产值分别比2010年增加了56%和325%，亩均效益均超过5000元。林木种苗加快从数量扩张型向特色效益型转变，朴树、榉树等乡土树种培育面积不断扩大，紫楠人工繁育获得成功，2013年以占全省7%的苗圃面积创造了占全省9%的苗木产值。观光休闲林业年均门票收入15亿元，提供社会就业岗位超过5万个，成为促进农民增收的新亮点。

四是林业文化深入人心，社会生态保护意识显著增强。"绿色苏州"建设在不断强化林业生态、经济功能的同时，积极传播林业生态文化，组织各类生态创建，全社会对森林湿地功能和价值的认识不断提升，林业作用越来越被认识、被认同、被重视，各种社会主体参与林业建设和保护的积极性不断提高。利用植树节、湿地日、"爱鸟周"，广泛开展宣传，"绿化庭院、美化家园""双百"行动、"太湖万人植树""保护母亲河""湿地1+1""湿地自然学校""美丽苏州低碳行动"等绿色公益活动不断掀起高潮，营造了关注森林、关注湿地、关注林业的良好社会氛围。

认真贯彻落实《关于改革调整财政支农资金投入的意见》（苏市农计〔2017〕19号）精神，印发《苏州市农村绿化项目管理办法（试行）》和《关于做好2018年度市级财政农村绿化项目申报工作的通知》，按照绿化与彩色化、珍贵化、效益化相结合的要求，深入推进珍贵用材树种培育行动，全市掀起了以"三化"为导向的新一轮造林绿化建设。加快推动市级农村绿化财政专项投入方向由面上分散补助转向整合集中投入市辖区重点工程，由城乡接合部建设转向纯农区绿化改造提升。2017年，安排市级补助资金3164.2万元，大力实施农田林网等4大重点工程，实现财政资金的精准投入，发挥市级项目的示范引领作用。连续5年对全市范围内的4个小型定位观测站和15个森林生态定位监测点开展森林生态效益监测和评估工作，科学系统地用数据展现全市森林的生态价值。全面启动第二次林业碳汇计量监测，对全市16个全国LULUCF样地碳储量和变化量开展区划判读、外业核验，进一步推动碳汇计量监测制度化、长效化。2017年，全市共完成成片造林9670亩，占年度任务的161%，完成森林抚育5.17万亩，占年度任务的103%，种植榉树、银杏等珍贵用材树种191万株，建成张家港市金港镇长江村等省、市级绿化示范村10个（其中"三化"示范村9个），全市森林资源总量达到218.31万亩，陆地森林覆盖率上升至29.82%。

2. 开展自然湿地保护

苏州为江南水乡，境内河流纵横，湖泊密布，众多的江河湖田赋予了苏州丰富的湿地资源。全市有太湖、阳澄湖等300多个湖泊，有长江、京杭运河等2万多条河流。根据2009年湿地资源调查，全市自然湿地总面积为268762.41公顷，全省排名第三，内陆湖泊湿地面积位居全省第一。《苏州市湿地保护条例》于2012年2月2日正式施行，是省内首部地方性湿地保护法规。为进一步贯彻落实该条例，2014年10月苏州市政府又出台了《关于加强湿地保护管理工作的意见》，细化了湿地保护的工作思路和目标、重点任务、保障措施等方面内容。

成立了由相关部门和科研院所的专家、学者组成的苏州市湿地保护专家委员会，制定了《苏州市级重要湿地、一般湿地认定条件》，并经市政府批准。以建设湿地公园、划定湿地保护小区为抓手，加快抢救性保护自然湿地。截至2017年年底，全市已建成国家湿地公园6个，省级湿地公园7个，市级湿地公园9个，总数达22个，自然湿地保护率预计超过58%，位列全省第一。

（1）加快湿地公园创建

对市级以上湿地公园实行建设管理自查评估常态化，每年开展自查评估2次，对存在的问题排出负面清单，排出整改时间表，促进湿地公园健康有序发展。创新使用统一的网络数据平台和移动客户端，对全市湿地公园宣教活动的发布、招募、收费等进行规范化管理和考核。加强考评，率先在国内采用鸟类多样性、水微生物多样性和宣教工作三项指标，对湿地公园进行考核评价，评定星级，并通过《苏州市湿地保护情况年报》向社会公布。通过考核体系的建立，促进湿地公园不断创新管理模式，重视湿地保育工作。如沙家浜国家湿地公园将三分之二的面积划入保育区和恢复重建区，禁止游客进入，为生物留存足够的生态空间。虽然沙家浜湿地公园每年有200万游客，但仍有数万只鹭鸟在此繁殖栖息，公园在旅游发展与生态保护间寻得了平衡，成为湿地公园分区管理的典范。

（2）建设保湿地保护小区

贯彻国务院和江苏省政府"湿地面积总量不减少"的要求，苏州市立即开展湿地资源摸底调查，利用高清卫星影像图初步掌握湿地面积变化情况，并将湿地面积变化情况通报各地政府，要求尽快制定对策，充分挖掘湿地恢复潜力，落实湿地恢复面积，确保湿地面积总量不减少。实施湿地保护与恢复工程，加强栖息地修复，保护湿地资源和生物多样性。2017年，常熟市新建清水通道、昆承湖2个湿地保护小区，吴中区新建镬底潭、小雷山东侧太湖湿地保护小区，高新区新增乌龟山太湖湿地保护小区，共新增保护面积11077.65公顷。完成了常熟沉海圩湿地恢复工程、昆山锦溪湿地公园恢复工程等15个湿地恢复工程，共恢复湿地面积5715亩。通过湿地恢复和栖息地修复，生物的多样性得到了显著提高。近几年的鸟类监测数据显示，全市的鸟类种类和数量都在逐年增加，在太湖湖滨湿地已连续6年发现小天鹅，湿地生态环境明显改善。

（3）积极营造保护氛围

常熟市开展首批"国际湿地城市"创建工作，在全国10个创建城市中名列第一，获得国家林业局国际湿地城市认证遴选提名。作为示范现场，常熟沙家浜2017年数次承办国家林业局组织的全国湿地培训，获得好评。积极开展宣教活动，指导和推进湿地公园开展科普宣教活动。以苏州湿地自然学校为平台，利用"世界湿地日""江苏省爱鸟周"等大力开展湿地生态文化宣传。2017年，在昆山天福、太湖湖滨、吴江同里、常熟沙家浜等湿地公园开展了超过150次的自然教育活动，为超过2万人次的学生、游客和社区居民提供了环境教育等服务。通过微信公众号，向大众传播有关湿地保护的科学知识、报道各次宣教活动，并通过与电视、报纸等媒体的合作，进行湿地宣传和教育，不断增强全社会保护湿地的意识。

（4）加强湿地保护管理

一是建立湿地评价体系。湿地好不好，关键还是看湿地生态系统是否健康，因此对生态系统健康的评价是湿地保护与管理的重要依据。为了方便客观评价湿地好不好、湿地管理工作实不实，苏州市相关部门首先在湿地公园创建了一套考评体系，探索用鸟类生物多样性和水体微生物这两个因子来评价湿地健康，结合水质因子和宣教因子，对全市湿地公园进行考核评价。鸟类生物多样性是国际公认的评估湿地生物多样性的重要指标，通过调查湿地公园的鸟类种类和个体数量，来评价湿地公园的生境和湿地生物多样性保护的状态。水体微生物多样性可以直接反映水体自净能力，预测水质发展趋势，结合水质因子，可全面评估湿地公园的水环境质量。宣教因子评价主要从宣教专业人员配备、宣教设施及年度开展的宣教活动方面进行客观评价打分。对湿地公园的考核评价主要通过对鸟类生物多样性、水环境质量和宣教工作这三方面打分，再按照0.3、0.3、0.4的权重得出综合分，按照得分进行排名和星级评定，最终考评结果会通过《苏州市湿地保护情况年报》向社会公布。建立湿地评价体系，一方面为苏州市的湿地健康评价提供了标尺，另一方面也促进湿地公园不断提升湿地生态环境质量，重视湿地的保育和宣教工作。鉴于苏州对湿地评价体系的积极探索，《中国环境报》先后在生态专栏发表了《湿地好不好，鸟儿来评判——苏州湿地公园年度考评引入鸟类因子》《湿地红线在哪里，需听鸟儿怎么说——苏州湿地保护增设"鸟评"》《湿地好不好，看下微生物——苏州湿地公园评价增设生态评价因子》等文章，充分肯定了苏州在湿地保护工作方面的先进理念和积极尝试。

二是建立湿地自然学校网络。为推动苏州湿地的科普宣教工作，2012年正式启动苏州湿地自然学校项目，2015年又在湿地自然学校的创建标准等方面进行了完善。目前在建10所湿地自然学校成为第一批"苏州市湿地宣教基地"，湿地自然学校网络已形成，后期还将会有更多的自然学校加入。湿地自然学校并不是一般意义上的学校,而是以自然湿地生态为师,由专业热情的生态讲解员带领,面向大众进行科普教育的场所。生态讲解员有来自学校的教师和学生、企业的员工、自由职业者等,他们的共同点就是热爱大自然。湿地自然学校通过观鸟体验、亲子湿地探索、学生科普调查、企业员工农事体验等各类环境课程,让公众走进湿地、体验湿地,对湿地多一分认识和理解,从而对大自然产生敬畏和尊重,进而懂得守护自然环境,通过这样的自然教育来不断增进人与自己、人与他人、人与环境的关系。随着湿地自然学校各类活动的广泛开展,各个湿地公园的宣教内容也日益丰富。2016年湿地自然学校共开展了142次自然教育活动,包括动植物观察、观鸟、亲子DIY、湿地体验等,还创新推出了"青梅果酱制作""夜赏"等特色活动,引起了良好的社会反响。《中国环境报》在教育专栏还特别发表了"好个天地大课堂——苏州湿地自然学校带孩子走进自然"的报道。卢梭讲自然教育要"归于自然",这也是湿地自然学校一直努力的方向,我们期望苏州湿地自然学校的网络能越织越密、越来越广。湿地自然学校还通过游戏、故事,带孩子们感受自然的乐趣,让孩子们自动自发地构建与自然的连接。当自然的一点一滴与我们的感情日益亲密时,热爱自然、保护环境也就水到渠成了。

3. 有序推进轮作休耕

2015年,苏州市在昆山率先开展了耕地轮作休耕试点工作,是全省乃至全国较早实施耕地轮作休耕的地区之一,次年扩大到太仓、常熟、吴江等市(区)。从试点情况看,推进耕地轮作休耕不但是苏州市种植制度的重大变革,而且对化肥农药减量使用、改善生态环境等都具有很强的现实意义。一是从改善耕地质量来看,休耕可减少长期免耕带来的耕作层浅、土壤紧实、地力下降等问题,改善土壤通透性和保水保肥性能。轮作具有培肥地力、改良土壤等作用,实现用地与养地相结合。二是从优化粮食产业结构来看,适度有序推进耕地轮作休耕,对缓解季节紧张矛盾、控制草害发生,促进优质稻米产业提档升级,实现地产优质稻米产业化品牌化发展都有很大的帮助,这也符合苏州市作为苏南经济发达地区的农业主导产业发展方向和要求。三是从推进生态文明建设来看,2017年的"263"专项行动和农业面源污染治理明确提出,到2020年,苏州市化肥使用量较2015年削减5%,农药实现零增长,其中太湖一级保护区化肥、化学农药使用量均削减20%,推进耕地轮作休耕是化肥农药减量施用最直接有效的方法。

2017年,苏州市成立推进轮作休耕工作领导小组(《关于成立耕地轮作休耕工作领导小组的通知》，苏市农〔2017〕62号），开展专题调研，多次召开座谈会，起草实施意见。8月份经市政府常务会议讨论通过，《市政府关于推进苏州市耕地轮作休耕的实施意见（试行）的通知》（苏府〔2017〕124号，以下简称《实施意见》）正式出台，同时市农委、市财政局联合印发《苏州市耕地轮作休耕实施细则》（苏市农业〔2017〕29号）。2017年秋播以来，各地认真贯彻落实《实施意见》有关精神，以改革的勇气和担当积极推进耕地轮作休耕各项任务的落实。据统计，全市落实耕地轮作休耕计划面积20.85万亩，其中太湖一级保护区4.48万亩。各地计划面积分别为：张家港市1.0万亩，常熟市6.0万亩，太仓市1.95万亩，昆山市4.0万亩，吴江区4.3万亩（其中一级保护区1.7万亩），吴中区2.2万亩（其中一级保护区2.0万亩），相城区1.0万亩（其中一级保护区0.58万亩），高新区0.4万亩（其中一级保护区0.17万亩）。据测算，苏州市每年小麦休耕面积将达18万亩，到2020年，全市规模经营面积基本完成一遍耕地轮作休耕。

第十六章　擦亮地方名特农产品的牌子

> 特色，就是竞争力。做优做强特色是农业现代化的题中应有之义。
>
> 苏州农业资源丰富，地域特色明显。获益于得天独厚的地理位置和气候条件，苏州农产品品种丰富，一些地方特色的农产品因其口味、品质的独特性而具有不可复制性，其中阳澄湖大闸蟹、洞庭山碧螺春蜚声海内外，此外还有"苏太"猪肉，"金香溢"大米，"太湖雪"丝绸，太湖"三白"，洞庭东西山的枇杷、杨梅，甪直、车坊的"水八仙"，等等。这些产品古来有之，其养殖、种植史已达上百上千年。地方品种是宝贵的生物资源，苏州市政府十分重视这些珍稀资源的保护、开发和利用。2002年，全市初步建成了农林业优良品种资源库，收集整理地方优良品种资源5大类126个品种，涵盖水产、畜禽、林木花卉、粮棉油、瓜果蔬菜等产业。

改革开放以来，苏州各地十分重视特色农产品品牌建设，对加快农业供给侧结构性改革、转变农业发展方式、提高农业综合生产能力起到了积极的推动作用，实现了农业不断增效、农民持续增收，建成了一批"一村一品""一镇一业"的优势特色产业，涌现出了众多具有市场竞争力的特色农业品牌。

一、阳澄湖大闸蟹及特色水产

阳澄湖大闸蟹产于苏州阳澄湖，江苏省苏州市特产，中国国家地理标志产品。

阳澄湖大闸蟹之所以有今天这样的知名度，首先还是因为阳澄湖大闸蟹具有良好的内在品质，除了具有清水大闸蟹"青背、白肚、金爪、黄毛"这四个一般特征外，还表现为十肢矫健、蟹肉丰满、肉质膏腻、口感微甜、营养丰富。早在古代，阳澄湖大闸蟹就曾令无所食客为之倾倒，并被人们公认为是蟹中之王。阳澄湖大闸蟹的品质是多方面因素长期综合作用的结果，有阳澄湖特殊的地理位置，发达而相对独立的水系，曲折多褶的湖岸，延伸宽阔的岸滩，平坦质硬的湖底，适中的水深、稳定的水位、充沛的水源、舒缓的水流、良好的水质，有适宜大闸蟹生长的气候条件，有水草、螺丝、蚬子、野生小鱼虾等丰富多样的饵料资源，有标准化的养殖技术，是这些综合因素打造了阳澄湖大闸蟹这个品牌。

早在夏禹治水时期，已有巴解以火光诱蟹而成为天下第一食蟹人的传说。20世纪60年代以前，大闸蟹在长江口近海产苗，长成幼蟹后，逆长江洄游，生长在长江下游一带的湖河港汊中。该阶段，完全依赖生殖洄游、自然生长、自由捕捞、国家收购的形式来完成阳澄湖大闸蟹的生产周期。每年的秋末冬初，成熟个体洄游到浅海中交配繁殖，卵于翌年3—5月孵化，蟹苗从海水中迁入淡水发育成幼蟹，逆长江而上，经长江支流进入阳澄湖生长育肥，沿湖渔民用丝网、鱼簖自由捕之。年复一年，周而复始。该阶段生产水平落后，产量低而不稳定，但河蟹规格比较大，一般单个在4两以上；阳澄湖区渔业管理体系尚未真正形成，产品销售渠道主要是国营水产供销部门。

20世纪60年代末至90年代初。由于水利工程建设，沿长江拦坝筑闸，基本切断了河蟹的生殖洄游通道，蟹苗无法进入阳澄湖。与此同时，随着科学技术的进步，人们采用人工移植的办法，将从长江捞取的大眼幼体或幼蟹人为放流至阳澄湖，让其在湖区自由生长，到秋季由沿湖渔民用丝网、鱼簖进行捕捞。这段时期，湖区成立了苏州市阳澄湖渔业生产管理委员会（简称"渔管会"），1985年实行了划湖管理，由渔管会根据沿湖渔业村劳动力状况统一发放捕捞许可证。这一阶段，河蟹销售由统一收购逐步走向市场经济，养成的大闸蟹逐步走出国门，但数量比较少。

20世纪90年代初至2001年。随着河蟹的人工繁育技术取得突破，加之农村产业结构的调整，阳澄湖的网围养殖得到空前发展。1992年，阳澄湖镇16户农民率先在阳澄湖东湖进行网围养蟹试验，取得了较好效益，从而引发了整个湖区的网围养殖风潮。1996年至2001年，围网养殖达到了顶峰，全湖区围网养殖面积达到14.27万亩。由于过度发展湖区围网养殖，湖区生态环境受到影响。再者，市场上阳澄湖大闸蟹销售秩序混乱，全国很多地方的大闸蟹都冒充阳澄湖的牌子销售，造成正宗的阳澄湖大闸蟹卖不出好价钱，阳澄湖大闸蟹的质量效益越来越差，直接威胁到阳澄湖大闸蟹的品牌。

2001年至今。2001年阳澄湖大闸蟹遭遇品牌危机后,政府有关部门开展拆网退湖,逐步恢复生态环境。2005年,阳澄湖大闸蟹实施原产地域产品保护。为了更好地保护阳澄湖的水源水质和生态环境,政府有关部门继续加大对阳澄湖的网围养殖综合整治力度,2007年把网围养殖面积从8万亩压缩至3.2万亩,2016年又从3.2万亩压缩至目前的1.6万亩。围绕提高阳澄湖大闸蟹的安全生产和质量水平,从规范养殖行为着手,对养殖环境、养殖面积、苗种培育、放养数量、饲养管理、使用渔药、起捕时间、上市规格等方面进行科学指导。近年来,年产大闸蟹2100多吨,通过举办文化节、旅游节、美食节,放大阳澄湖大闸蟹的品牌效应,以蟹传情、以蟹会友、以蟹创业,形成了以优质大闸蟹为核心的集养殖、交易、餐饮、度假休闲为一体的产业体系,带动当地农民就业8万余人,年接待游客500余万人次,带动相关行业产值超150亿元。

在做响阳澄湖大闸蟹特色品牌的同时,苏州市水产生产逐步形成长江水域、太湖水域、阳澄湖水域三大特色区域。青虾、罗氏沼虾、南美白对虾、太湖大闸蟹等特种水产养殖全面发展,"江南水乡"特色被充分挖掘。苏州市特种水产养殖发展快、效益高的一个重要原因,就是得益于与科研院所合作,重视特种水产种苗的引进推广。

到2016年底,苏州全市共有各类水产苗种生产企业49家,其中省级9家、市级2家、县级38家,生产品种涉及四大家鱼、鲫鱼、大口黑鲈、青虾、南美白对虾(淡化)、罗氏沼虾、赤眼鳟、泥鳅、黄颡鱼、扣蟹(培育)、澳洲淡水龙虾、花鱼骨、稚鳖、梭鲈鱼、鳜鱼、河豚和鲴鱼等。

"太湖1号"杂交青虾是中国水产科学研究院淡水渔业研究中心培育成的青虾新品种。2008年通过全国水产原种和良种审定委员会第一次会议审定,品种登记号为"GS-02-002-2008"。亲本来源:父本为青虾和海南沼虾杂交种(经与青虾进行两代回交的后代),母本为太湖野生青虾。2009年,苏州市首次从中国水产科学研究院淡水渔业研究中心引进青虾新品种"太湖1号"开展养殖生产试验,开启了苏州市青虾种质资源的更新。2009年,引进F0代虾种574公斤,繁育虾苗3700万尾,示范主混养面积580亩;2010年,引进F0代虾种1050公斤,繁育虾苗1.2亿尾,示范主混养面积1500亩;2011年,引进F0代虾种1605公斤,培育F0、F1、F2亲本28000公斤,繁育虾苗9.8亿尾,示范推广主混养面积2.49万亩;2012年,引进F0代虾种380公斤,培育F0、F1、F2亲本84000公斤,繁育虾苗40.4亿尾,示范推广主混养面积8.86万亩,"太湖1号"青虾新品种覆盖了全市青虾主养面积的35%和混养面积的20%。2012年之后，每年引进"太湖1号"F0代虾种2000～2500公斤用于培育和更新"太湖1号"亲本，确保"太湖1号"青虾良种的覆盖率。

"优鲈1号"是中国水产科学研究院珠江水产研究所选育的大口黑鲈新品种。该品种是以国内4个养殖群体为基础选育种群，采用传统的选育技术与分子生物学技术相结合的育种方法，以生长速度为主要指标，经连续5代选育获得的大口黑鲈选育品种，也是世界上第一个大口黑鲈选育新品种。"优鲈1号"于2010年通过全国水产原种和良种审定委员会审定，品种登记号为"GS－01－004－2010"。大口黑鲈"优鲈1号"的生长速度比普通大口黑鲈快17.8%～25.3%，高背短尾的畸形率由5.2%降低到1.1%。2011年，苏州市首次从中国水产科学研究院珠江水产研究所引进大口黑鲈新品种"优鲈1号"，开启了苏州市养殖大口黑鲈的种质更新之路。2013年，苏州市成功突破"优鲈1号"在苏州地区的人工繁殖，当年繁殖本地苗种500万尾。2014年，通过设备设施改造和亲本引进，突破了"优鲈1号"在苏州市的规模化繁殖，当年苗种繁殖量达到5000万尾，示范推广养殖面积1600亩。2015年在总结优化繁殖技术和扩大繁育设施的基础上，进一步突破了"优鲈1号"在苏州市的规模化早繁，当年苗种繁殖量达到2亿尾，基本摆脱了大口黑鲈苗种依赖广东引进的局面，示范推广养殖面积7300亩。2016年"优鲈1号"苗种繁殖量突破3亿尾，全市3万亩大口黑鲈养殖面积中80%被"优鲈1号"新品种覆盖，成为苏州市种质更新速度最快、覆盖面最广的水产养殖品种。

"长江1号"河蟹（新品种登记号为"GS－01－003－2011"）是由江苏省淡水水产研究所历经10年5代选育而成，其基础群体是2000年11月从国家级江苏高淳固城湖中华绒螯蟹原种场收集、保存的长江水系中华绒螯蟹。"长江2号"河蟹（新品种登记号为"GS－01－004－2013"）是由江苏省淡水水产研究所以2003年从荷兰引回的莱茵河水系中华绒螯蟹为基础群体，采用群体选育技术，以生长速度、个体规格为选育指标，经4代选育而获得经济性状优良的中华绒螯蟹新品种。苏州市分别从2015年和2016年开始示范推广"长江1号""长江2号"河蟹。2015年引进"长江1号"大眼幼体1500公斤，培育扣蟹2400万只；2016年示范推广"长江1号"5000亩；2016年引进"长江1号"大眼幼体3700公斤，培育扣蟹4000万只。

二、洞庭碧螺春茶

碧螺春是我国十大名茶之一，早在隋唐时期即负盛名，距今已有1300多年的历史。碧螺春原产于江苏省吴县东洞庭山和西洞庭山，当地民间最早叫它

"洞庭茶"，又叫"吓煞人香"。相传有一尼姑上山游春，顺手摘了几片茶叶，用之泡茶后奇香扑鼻，脱口而道："香得吓煞人！"由此当地人便将此茶叫"吓煞人香"。到了清代，康熙皇帝南巡苏州赐名为"碧螺春"。碧螺春茶以形美、色艳、香浓、味醇"四绝"，向来被人们视为茶中精品，在国内外茶叶市场有着极高的声誉，畅销国内各大城市和港澳地区，远销美国、德国、比利时、新加坡、日本等国家。苏州吴中区东山、金庭洞庭（山）碧螺春茶于2002年经国家质量监督检验总局批准，获得原产地域标志产品保护。

1. 碧螺春鲜明特色形成的重要原因

碧螺春之所以能成为我国名茶中的珍品，其鲜明的特色至少与三个方面密切相关：

（1）独特的自然条件

碧螺春原产于江苏吴县洞庭东山和西山，洞庭东山是一个宛如巨舟般伸进太湖的半岛，洞庭西山是一个屹立在太湖中的岛屿。两山气候温和，年平均气温15.5℃～16.5℃，年降雨量1200～1500毫米，太湖水面水气升腾，云蒸雾润，空气湿润，土壤呈微酸性或酸性，加之质地疏松，极宜于茶树生长。

（2）独特的种植方式

碧螺春茶产区洞庭东西山是我国著名的茶果间作区。茶树和枇杷、柑橘、李、杏、梅、柿、白果、石榴等果木相间交错种植，茶树、果树枝丫相连、根脉相通，茶树在"月月有花、季季有果"花果飘香的果园中生长，茶吸果香，花窨茶味，陶冶着碧螺春茶花香果味的天然品质。

（3）独特的碧螺春采制技艺

碧螺春茶叶的采摘有三大特点：一要摘得早，二要采得嫩，三要拣得净。每年春分前后开采，谷雨前后结束，以春分至清明采制的明前茶品质最为名贵。通常采一芽一叶初展，炒制500克高级碧螺春约需采6万～7万颗芽头，历史上曾有500克干茶达到9万颗左右芽头者，可见茶叶之幼嫩，采摘功夫之深非同一般。细嫩的芽叶，含有丰富的氨基酸和茶多酚。优越的环境条件，加之优质的鲜叶原料，为碧螺春品质的形成提供了物质基础。

制茶前，要对采回的芽叶及时进行严格的精心拣剔，剔去鱼叶和不符标准的芽叶，保持芽叶匀整一致。通常拣剔1公斤芽叶，需费工2～4个小时。其实，芽叶拣剔过程也是鲜叶摊放过程，可促使内含物轻度氧化，有利于品质的形成。一般每天5～9时采，9～15时拣剔，15时～晚上炒制，做到当天采摘、当天炒制，不炒隔夜茶。

传统的洞庭碧螺春由茶农全程手工炒制而成,传统炒制工序有杀青、炒揉、搓团、沥汁、焙干。20世纪50年代初,改去"沥汁"工艺,提高了品质。到70年代,形成了固定工序,即高温杀青、热揉成形、搓团显毫、文火干燥。杀青时,动作要先抛后闷,要"捞净、抖散、杀透、杀均"。炒制特点是:"手不离锅、茶不离锅、揉中带炒、炒中带揉、连续操作、起锅即成",全过程35~40分钟。有专家把碧螺春的采制工艺特点总结为:采摘细嫩、拣剔严格、炒制精致。

2. 碧螺春茶今后的发展方向

随着时代的不断发展,碧螺春茶的发展也有了新的内容。但提高品质是基础,做好工作是前提,增加效益最关键。针对苏州市茶叶产业存在的产业化程度不高、品种混杂、种植分散、质量安全监管难度大等情况,相关部门从生产到销售、从茶园到茶杯,以标准园创建为抓手,采取行之有效的措施,促进茶产业、茶生态、茶经济和茶文化全产业链协调发展。一是做好茶园管理工作,确保源头可控。茶园管理是基础工作,应从茶园肥培管理、病虫害综合防治、绿色防控、耕翻除草、土壤培肥和茶树修剪等方面着手,采用先进适用技术和现代茶叶管理模式,加强关键技术的研究,加强投入品管理,让质量安全管理和监督工作贯穿整个生产周期,确保苏州市茶叶质量源头可控。同时做好衰老茶园及低产受损茶园的改造。二是抓好茶叶标准化工作,全面提高茶叶质量。第一,广泛宣传,强化标准化意识,把标准生产变为生产者、经营者的自觉行动。第二,制定完善相关标准体系,加强标准制定的科学性与可操作性。第三,进一步明确茶叶标准园建设重点,在做好部级、省级茶叶标准园的同时,组织市级茶叶标准园的评审评定及建设工作。第四,逐步形成茶叶质量可追溯体系,加强过程控制和质量监督。三是加强地方品种资源的保护与开发。良种是现代农业生产的要素之一,茶树良种化是实现茶叶优质、高产、高效最根本的途径,要积极争取多方资金,在现有工作的基础上,使地方良种资源的保护与开发工作能正常开展下去。

3. 碧螺春茶品牌带动效应

在碧螺春茶叶品牌的带动下,茶叶这个苏州市重要的特色传统产业有了较快的发展。近10年来,苏州市把茶叶作为城市的特色名片,纳入现代农业"四个百万亩"总体规划、"绿色苏州"生态建设和"文化苏州"茶文化传承的总体部署统筹推进,加快发展。茶产业规模稳步扩大,质量不断优化,效益不断提升,小产业做出了大文章,茶产业具有的"高效、生态、休闲、文化"的综合功能不断凸现。

（1）规模稳步发展，效益明显提升

全市茶园面积由2006年的3.1万亩扩大至2015年底的3.65万亩，年均增加茶园面积500亩。茶叶总产量基本维持在380吨上下，但产值却从2006年的1.47亿元提升到2015年的2.85亿元，翻了将近1倍。2015年名特茶产量、产值分别为198.6吨和2.11亿元，与2006年的173.6吨和1.14亿元相比，产量维持稳定略增，但产值增加了1倍。亩均产值从2006年的4000多元提高到2015年的8000元。茶产业效益明显。

（2）区域特色明显，品种结构优化

苏州市的茶叶主要集中在吴中区，也就是碧螺春茶的原产地。2015年吴中区茶园面积为31300亩，占全市茶园面积的85.8%。另外，高新区2485亩，常熟2007亩，张家港690亩。2015年全市开采茶园34542亩，产量364.1吨，其中名特茶198.6吨，占总产量的54.5%。茶叶以绿茶为主，其中红茶57吨。产值2.85亿元，其中名特茶2.11亿元，占了总产值的74%。苏州的茶叶结构以高档和中档绿茶为主。

（3）推行标准化生产，质量整体提高

随着良种化、标准化、机械化、清洁化在茶叶生产上的逐步普及，全市茶叶质量水平有了进一步提升，茶叶质量安全也得到了保障。苏州市在吴中区东山镇建立了"洞庭地方优良单株品系比较试验园"，在金庭镇建立了"洞庭地方群体种茶树种质资源圃"。选育出的槎湾3号得到了江苏省茶叶品种的审定。苏州市制订了4个市级茶叶标准，4个省级茶叶标准，1个国家级茶叶标准；修订了3个省级标准，1个国家级茶叶标准。建设了常熟有机茶标准化示范区。全市通过"茶三品"认证的基地有65个，面积达3.58万亩；茶产业QS认证企业50个。

（4）积极打造品牌，提高组织化程度

吴中区将"洞庭山碧螺春"地理标志证明商标打造成了中国驰名商标，并以此为契机，对洞庭山碧螺春茶试行了统一包装，采用了"母子商标"管理。其特殊的制作工艺被列入江苏省第二批非物质文化遗产名录，吴中区还获得了中国茶叶学会授予的"中国名茶之乡"称号和中国茶叶流通协会授予的"全国重点产茶县"称号。"洞庭山碧螺春"成为上海世博会指定用茶、中国南北极考察特供产品，并通过欧盟检验标准成功进入国际市场，多次获得国家、省、市评比金奖。苏州市茶叶现有江苏省著名商标10个，市级知名商标18个，省级名牌农产品9个，市级名牌产品10个。"洞庭山碧螺春"以30.94、32.02、34.23亿元的品牌价值分别入选2012—2014年"中国茶叶区域公用品牌价值十强"，确立了其在全国茶叶市场上的品牌优势地位。目前，有年销售额超1000万元的茶叶企业8个，省级龙头企业1个，市级龙头企业7个，组建茶叶专业合作社63家，入股农户10483户，入股茶园面积1.8万亩。

（5）运用科技助推产业可持续发展

在产业发展中始终坚持科技带动，通过不断加强培训推动茶产业科技化水平，推广无性茶苗繁育技术，推广应用节水灌溉技术，采取遮阳网覆盖技术提高茶叶品质，延长茶叶采摘期。全市拥有无性良种茶园面积1万亩，实现机械化管理茶园面积3230亩，节水灌溉面积3500亩，建立自动化连续化生产线8条，产业的可持续发展水平进一步提高。

（6）宣传茶文化，扩大茶销售

"碧螺春茶文化旅游节"年年举办，已成为茶区的品牌节庆活动，且每年的内容和形式十分丰富。开茶仪式中的祭祀典礼和开茶开炒典礼，充分体现了吴文化、茶文化的特点。与中央台合作的"同一首歌走进吴中，相约碧螺春之乡"大型演唱会，通过电视转播，极大地提高了碧螺春的知名度和美誉度。此外，还有"茶叶专家高峰论坛"，"走出去，请进来"科技合作及产销对接，推出"品洞庭碧螺春茶 游吴中太湖山水"精品旅游线路，推荐品碧螺春茶室、茶楼，播放专题宣传片《茶中仙子洞庭碧螺春茶》《春天的精灵》助推旅游和销售，邀请驻华使节及夫人组成的碧螺春茶考察团，"百家媒体看江苏，魅力吴中茶乡行"等活动措施。每年春茶季节，碧螺春产地就沉浸在浓浓的节日氛围中。吴中区通过连续举办"碧螺春茶文化旅游节"，以茶为媒，以节造势，宣传茶文化，迅速提升了"洞庭山碧螺春"的品牌影响力，推动了茶业经济与旅游产业的互动发展，更进一步推动了区域经济的繁荣兴旺。高新区着力打响"旅游新去处，生态高新区"品牌，举办"阳山白龙茶文化节"，推出"赏花品茶享文化"线路，全力打造生态茶乡，开发茶园观光、采茶制茶、品茗泡汤等系列茶乡风情体验项目。常熟剑门、虞山、三峰积极改造原有茶园，美化环境，开发的茶楼在双休日为常熟市民提供了很好的休闲场所。

三、苏太猪肉

苏太猪是一个独具特色的国家级瘦肉型新猪种，于1999年3月通过国家畜禽品种审定委员会的审定，正式定名为"苏太猪"。该项成果先后获得国家科技进步二等奖，农业部科技进步一等奖。苏太种猪被中国畜牧业协会评为"中国品牌猪"称号。

苏太猪的优良特性是：

第一，肉质鲜嫩，肥瘦适度，适合中国人的烹调习惯和口味。苏太猪肌内脂肪含量高达4%以上，肉色鲜红，细嫩多汁，口味鲜美，是其他猪种无法媲美的。

第二，繁殖力高。初产母猪平均胎产仔11.6头，经产母猪平均胎产仔14.5头，保持了太湖猪高繁殖性能的优点，是当今国内外产仔数最多的瘦肉型猪种。

第三，食谱广，耐粗性能好。可充分利用糠麸、糟渣、藤蔓等农副产品作为饲料。母猪日粮中粗纤维含量可高达20%左右，是一个节粮型的猪种。

第四，杂种优势明显。苏太猪178日龄体重达90公斤，胴体瘦肉率达到56.1%；以苏太猪为母本，与大约克或长白公猪杂交生产的"苏太"杂优猪，胴体瘦肉率59.33%左右，164日龄体重达90Kg，窝产瘦肉量达487.08Kg，居世界领先水平。

第五，全身披黑毛，适应中国农民几百年来喜欢饲养黑毛猪的习惯。

目前苏太猪已推广到全国30个省、市、自治区，基本实现了"开发一个品种，培育一个品牌，带动一个产业，致富一方农民"。

苏太猪肉品牌的产业化开发，是由"苏州苏太企业有限公司"进行的。公司下设苏州市苏太猪育种中心（包括苏州市苏太猪原种场、太湖猪原种场）、苏太商品猪生产基地、苏太肉类加工厂、市区50多家专卖店等，公司是科研与生产相结合的科技型企业，也是江苏省农业产业化重点龙头企业，主营猪的育种、推广、猪肉产品研究、生产加工与销售等。公司的猪种质资源"苏太猪"与"太湖猪"被省农林厅列入"江苏省猪种质资源基因库"；太湖猪保种场保护品种分别有国家级保护品种二花脸猪、梅山猪，省级保护品种枫泾猪。保种场被列为"国家级太湖猪（二花脸、梅山猪）保种场""江苏省省级地方猪种基因库"。由公司开发生产的"苏太"猪肉深受苏州市民的欢迎，是苏州的优质猪肉品牌，获得"苏州市重点名牌产品"和"江苏省名牌产品""江苏省名牌农产品""苏州市十大农产品"等，苏太猪肉多次在农展会上获"产品畅销奖"。

目前，苏州苏太企业有限公司对苏太猪的产业化主要做了以下工作：

1. 实施苏太猪产业一体化生产

公司为了给消费者提供既品味鲜美又安全放心的苏太猪肉，通过公司加基地的生产经营模式，建立了苏太猪种苗、饲养、加工、销售一条龙生产体系。由苏太猪原种场提供原种母猪给扩繁场，再由扩繁场供应商品苗猪给无公害商品猪生产基地场。生产基地场由公司实施统一饲养模式、统一安全质量监控、统一收购屠宰加工销售，不从非生产基地场或农户中收购商品猪上市销售，从源头上保证了猪肉产品的安全性，从而使苏太猪肉不可能出现瘦肉精猪肉、注水猪肉、垃圾猪肉等劣质猪肉。公司为了保证猪肉产品的安全，对猪肉的生产体系即对种苗、养殖、屠宰加工、销售等全过程实施全面质量监控的生产方式，以确保体系内的猪肉产品无疫病、无违禁药物、药物及重金属残留达标、微生物指标达标等。质量监控主要包括猪场环境控制、猪种质量把关、动物疫病监控、饲料质量监控、屠宰加工环境卫生控制、屠宰环节兽医卫生检疫、猪肉等样品检测、屠宰加工运输专车配送、销售点环境质量控制等，其中对饲料、兽药等投入品进行了重点监控。同时根据国家及行业相关标准制定了企业标准《无公害苏太猪肉生产技术规程》，并制作了生产监控流程图、宣传板等，以利操作执行。另外，公司为了保证猪肉产品的安全卫生，投资1000多万元建起了年产10万头的冷鲜猪肉加工一体化生产线。苏太商品猪实行机械化屠宰，屠宰后的胴体立刻进入冷却室，以阻止微生物的繁殖和生长，冷却后的胴体在低温分割车间进行分割包装，然后用专车配送到市区各专卖店销售。苏太猪肉经过江苏省畜产品质量检验测试中心的产品检测，重金属、抗生素、激素、微生物等指标全部达标，并通过了产品认证，苏太猪肉获得了苏州市首个无公害猪肉产品标志证书，使消费者吃上了肉质鲜美、安全放心的苏太猪肉。

2. 建设省级猪种质资源基因库，使龙头企业走可持续发展之路

公司所属的骨干单位苏州市苏太猪育种中心拥有苏太猪原种场和太湖猪原种场，其中苏太猪原种场为全国唯一的原种场，因此，苏州市苏太猪育种中心被江苏省农林厅授牌为全省首批唯一的"猪种质资源基因库"单位。为了使龙头企业的核心资源——"苏太猪与太湖猪的种质"得到保护与提高，目前基础母猪规模扩大到了1500头以上，同时加强了种猪的选育测定，实施持续选育提高，种猪要经过五次选留测定才留作种用，从而使猪种质量得到了保证，既使中心成为全国苏太猪和太湖猪的引繁中心，又为龙头企业内各生产基地提供了优良的种猪。

3. 苏太猪基地被称为"国家级苏太猪标准化示范区"

苏太猪产销一条龙生产被江苏省质量技术监督局列入"江苏省农业标准化示范区"后，经过公司的努力，示范区建设取得了很好的效果。2008年，苏太猪标准化示范区被国家质监局列入国家级农业示范区，即"国家级苏太猪标准化示范区"。示范区的建设，对发展苏太猪生产基地建设、提升产品质量、扩大

苏太产品影响、壮大苏太产业起到了很好的促进作用。

4. 建设苏太猪商品生产储备基地

由于受到土地、环保等诸多因素的制约，在苏州发展养猪生产的空间已越来越小了，必须跳出苏州、走向外地。苏北大地由于在土地、人力成本、交通运输等方面的优势，十分适合发展生猪生产。为此，公司在苏北盱眙县租用土地 800 亩，租用期为 30 年，作为苏太商品猪生产储备基地，以进一步扩大苏太肉产能，更好地满足苏州及周边市场的需求。目前，已投入 1000 多万元，建设规模为 500 头母猪，实现年出栏商品猪 1 万头以上。

5. 坚持农产品安全质量建设，公司被评为省级"质量诚信企业"

为了生产优质的无公害苏太猪肉，根据公司起草制定的《苏太猪国家农业行业标准（NY 807）》《苏太猪饲养管理操作规程》《无公害苏太猪肉生产技术规程》，组织并要求生产基地实行标准化生产，以标准化生产促进养殖产业化经营，提高养猪生产水平与产品竞争力。苏太优质商品猪生产均实行"五统一"，即实行"统一供种、统一饲养模式、统一技术服务、统一收购屠宰、统一加工销售"，一方面使养殖户解除了销售与技术方面的后顾之忧；另一方面由于配套技术与配套服务跟上，苏太商品猪的生产性能得到了充分发挥，经济效益好，群众喜欢饲养。另外，公司在江苏省畜产品质量检验测试中心的技术指导下，对猪肉的生产体系即对猪的养殖、屠宰加工、销售等全过程实施全面质量监控的生产方式，以确保体系内的猪肉产品无疫病、无违禁药物、药物及重金属残留达标、微生物指标达标等，其中对饲料、兽药等投入品进行了重点监控。公司严格按照《农产品安全质量 无公害畜禽肉安全要求》（GB 18406.3-2001）国家标准，及《无公害食品 猪肉》（NY 5029—2001）等无公害猪肉生产实施的一系列国家农业行业标准，建立了苏太猪种苗、饲养、加工、销售一条龙生产体系，实施全程安全质量监控。苏太猪肉产品经省畜产品质量检验测试中心、苏州市农业行政执法大队、365 食品安全行等抽测，全部合格，并获得农业部颁发的无公害农产品证书，公司也被江苏省质量技术监督局评为省级"质量诚信企业"，并成为苏州市创建"放心消费城市"先进集体。

6. 实施市场开拓，创建苏太猪优质品牌

公司为了开拓市场，维护来之不易的苏太品牌，公司增加了销售人员，加大了宣传广告力度。苏太猪虽有一定的知名度，但为了进一步扩大影响，公司加强了苏太产品的宣传力度，坚持走品牌路线。一是参加各种优质农产品展览会。如多次参加省、市有关部门组织的农产品展览会，既发放各种宣传资料，又展销各种猪肉产品，起到了很好的宣传效果，展销产品经常被展销会授予"产品畅销奖"。二是展销进入社区，方便社区群众。虽然苏太猪肉专卖店在苏州已有50多家，但仍有很多消费者向我们反映在他们附近没有专卖店，或者购买不方便。根据这种情况，每逢星期六，我们派展销人员进入各社区，宣传苏太猪肉的特点，宣传安全无公害知识，展销苏太猪肉产品，方便社区居民，受到了他们的欢迎。三是创办《苏太简刊》，简刊的宗旨是宣传苏太品牌，宣传安全无公害知识。栏目主要有公司动态、产品介绍、荣誉栏、无公害知识、生产质量体系、综合论坛、营养保健、消费者之声、生活小常识等。四是通过新闻媒体进行宣传。如在《苏州日报》上定期撰文介绍苏太品牌猪肉的特点、公司生产质量体系建设、安全食品生产等文章，进一步扩大苏太品牌影响，增强市民安全食品意识。而在《苏州广播电视报》上则进行广告宣传。五是建立苏太网站（网址为www.sutaiqiye.com），宣传介绍苏太产品，进一步扩大公司和产品的影响。通过苏太品牌的宣传，"吃苏太猪肉，品放心美味"已在苏州市家喻户晓，在全省也有较高的知名度。苏太猪肉品牌已成为苏州市场上的优质猪肉品牌。苏太猪肉作为苏州市最著名的猪肉品牌，获得了"苏州市重点名牌产品"和"江苏省名牌产品""江苏省名牌农产品"称号。

7. 选择适合的产业化经营模式

苏太猪是获得国家科技进步二等奖的新品种，公司充分利用苏太猪核心技术，并通过完善相应的配套技术，在全省建立了一级原种场、二级扩繁场、三级商品猪生产场的种猪产业化生产体系；同时，充分利用苏太猪肉质鲜美的优点，通过公司加基地的生产经营模式，建立了苏太猪种苗、饲养、加工、销售一条龙的无公害苏太猪肉生产体系。在猪肉的加工、运输与销售方面，实施连锁经营，建立新型猪肉加工和流通体系，引导市场消费。为进一步稳定提升苏太优质猪肉的质量，公司投资实施冷却肉生产流程建设，至2005年正式启用后，产品全部在0℃-4℃的室温下分割包装，用专车配送到各个苏太猪肉销售网点。各连锁专卖店实行统一规范经营模式，统一装饰格调、统一宣传招牌、统一销售价格，形成了新型猪肉流通体系。公司在苏州市已建立50多个苏太猪肉专卖店。

四、太湖雪丝绸

苏州丝绸，天下闻名。苏州是我国蚕丝业起源地之一。1959年冬，吴江县梅堰袁家埭出土了带有蚕纹装饰的陶器，专家对纹饰进行考证后认为，苏州的蚕桑生产起源于新石器时代晚期，距今已有5000多年历史。汉代以来，凭借宜桑宜蚕的自然条件、利于缫织的水质优势和地处要冲的便捷交通，苏州渐为全国蚕桑丝绸生产和贸易中心之一，并在明清时期达到鼎盛，形成了"出乎胥口，以临震泽"的茫茫桑海和"处处倚蚕箔，家家下渔筌"的农村景象。

苏州还是中国蚕丝业教育、蚕种制造和蚕业合作事业的发祥地。1912年，江苏省立女子蚕业学校在浒墅关创办，后改为苏州蚕桑专科学校，培养了大批蚕桑科技人才。1926年，我国著名蚕丝教育家郑辟疆先生创办了浒关大有蚕种场（现江苏省浒关蚕种场的前身主体），该场的创办揭开了新法制种的序幕，其所产虎牌蚕种因质量过硬被称为"铁种"。1924年，吴江震泽和江苏省立女子蚕业学校推广部合办了蚕丝改进社，这是江苏蚕业合作事业的开端。

鸦片战争后，苏州的蚕桑生产遭受严重破坏。尤其1937年抗战全面爆发后，日本把中国蚕丝业视为竞争对象，实行了"首先要破坏浒关蚕丝业基地"的计划，蓄意摧残苏州的桑园、蚕种及烘茧、缫丝设备，导致苏州蚕业元气大伤。到1949年，苏州全市仅有桑园10万余亩，产茧1836吨，主要分布在吴江、吴县和常熟一带。

新中国成立后，苏州市的桑园面积基本稳定在8万~10万亩。1958年昆山植桑、县县有桑。十一届三中全会以后，苏州市抓住产业结构调整的发展机遇，发挥茧丝绸出口创汇的行业优势，1985—1994年实现了蚕桑产业的10年大发展，1992年达到顶峰，全市有桑乡58个、桑村663个、蚕农12万户、桑园面积19.18万亩，年产蚕茧18017吨，拥有3个蚕种场、4个苗圃场、10个催青室、70座茧站、24家缫丝厂及过百家丝织、印染、真丝针织、丝绸服装企业，为增加农民收入、扩大出口创汇、促进乡镇企业腾飞做出了不可磨灭的贡献。

1995年以后，随着工业化、城镇化进程的加快，国家蚕桑产业发展政策调整以及茧丝行情大幅震荡，加之我省蚕桑管理体制不顺，蚕桑产业遭遇发展"瓶颈"，逐渐步入调整发展阶段。1995—2005年，我省蚕桑生产大滑坡，全省桑园面积下降了60%；苏州市张家港、昆山、常熟、吴中相继在1996年、1997年、2006年和2009年退出蚕桑生产；吴江等地政府通过行政协调，强化蚕桑基础地位，成为江苏省内桑园面积稳定得最好的地区之一。

近年来，按照市委、市府加快发展现代农业的总体部署，相关部门确立"精品蚕业"发展思路，以建设现代蚕桑园区、推动科技进步、创新体制机制、引导综合利用为工作重点，大力推进现代蚕业建设。全市不断优化布局、优化品种、优化品质，推广农桑系列新桑品种，推广"秋丰×白玉"秋种春养技术，推广蚕用环境控制器、桑树电动伐条机、智能测报灯、自动烘茧机等先进适用机械。同时，大力引导推广桑园间作蔬菜、果桑养蚕养禽、炒制桑叶茶、培育蚕蛹虫草等综合利用技术，从而不断提高蚕桑产业综合效益。"太湖雪丝绸"是苏州发展"精品蚕业"中的佼佼者。

  苏州太湖雪丝绸股份有限公司董事长胡毓芳是近年来吴江在发展、重振丝绸产业过程中涌现出的一个具有代表性的人物。在她的带领下，通过10多年的努力，一个只有几名员工的小作坊，发展成为一家集蚕桑种植养殖、生产、设计、销售于一体的专业真丝生产企业，成为江苏省丝绸行业挂牌新三板第一股。胡毓芳的创品牌特色的故事，对新型职业农民和致富带头人的培育，具有典型和示范意义。

  1992年，出身桑农世家的胡毓芳下海经商，然而，创业的艰辛远非常人所能想象，投身商海的胡毓芳先后从事过多个行业，2002年8月，为了实现自己心中最初的丝绸梦，她在震泽茧丝市场租了3间小门面，靠着一张拉绵桌和几名女工，创办了自己的公司。没有行业经验，没有充足资金，胡毓芳却心无旁骛，一头扎进车间，和工人一起边干边摸索。功夫不负有心人，2009年，胡毓芳在苏州开出了首家旗舰店，并迅速打开了产品的知名度，从此，胡毓芳和她的公司在行业里崭露头角。

  传统工艺生产的蚕丝被有两大先天性弱点：一是容易板结发硬，二是使用较长时间后丝绵容易移位、粘合和变形。传统产业唯有创新，才能有出路，为了解决这两大难关，她游遍江浙两省，与丝绸前辈交流学习，与苏州大学蚕桑研究所联合研究探讨。经过共同努力，终于攻克了传统蚕丝被板结发硬、移位变形的两大先天性弱点，彻底改变了蚕丝被的命运，公司规模也随之壮大。但胡毓芳创新的脚步并没有停下来，2011年，她先后成功开创了"蚕丝被全过程无污染手工拉网"制被新工艺，克服了传统蚕丝被不能水洗的难题，发明了伸缩式拉绵台、标准定位扣，让工人无需用尺丈量就能精准拉出相应尺寸的被子。如今，这些发明和技术，已经在震泽蚕丝被企业中普及运用。2012年，胡毓芳与梁雪芳大师刺绣工作室联手，将传统苏州刺绣艺术融入真丝家纺，既凸显文化价值，又提升时尚感；把盛泽的丝绸面料融入产品，开发出100多个真丝家纺品种，把苏州丝绸的特色发挥得淋漓尽致。

  胡毓芳率领团队经过10多年的探索，在一根细细蚕丝上开发专利32项、版权96项、商标权72件，参与制定2项国家标准和1项行业标准，极大地促进了蚕丝被在国内的普及，在国际上打响了苏州丝绸品牌，推动了行业发展。2013年，胡毓芳随国家领导人出访俄罗斯，同年"太湖雪"惊艳亮相土耳其"中国丝绸展"，充分展示苏州丝绸的精湛技艺和悠久文化；2015年，"太湖雪"又成为第53届世乒赛官方唯一指定丝绸品牌，为全球127个国家和地区的嘉宾定制丝绸"国礼"，把承载中国传统文化的丝绸推向世界。胡毓芳还对公司的销售渠道进行了创新，在许多电商平台开设旗舰店，通过跨境电商把业务拓展到世界各大洲。如今在美国、加拿大、俄罗斯等20多个国家和地区，都能感受到苏州丝绸的魅力。

第十七章　财政支农"四两拨千斤"

农业不仅是一个基础产业,也是一个弱质产业。纵观世界农业发展的一般规律,在工业化、城市化初期,农业为工业化、城市化提供劳动力、资金和土地;在工业化城市化中后期,工业反哺农业,城市支持农村。

根据《中华人民共和国农业法》"财政用于农业的总投入增长幅度要高于财政经常性收入的增长幅度"的规定,苏州全市支农投入稳定增长。尤其是党的十八大以来(即2012年以来),全市财政支农投入分别为70亿元、83亿元、93亿元、101亿元、100亿元,为全市"三农"发展提供了有力的资金保障。

一、加大财政投入,为"三农"发展提供有力的资金支持

1. 加强现代农业园区建设,推进农业生产规模经营

从2007年起,市财政每年安排现代农业园区专项资金,从最早的3000万元提高到近两年的6000万元,主要用于农业园区基础设施建设,重点提升国家级、省级农业园区和市"十大园区"综合水平,推进全市现代农业园区建设。据统计,全市农业园区实施各级各类农业项目近万个,各级财政累计投入61亿元。累计建成现代农业园区113.73万亩,为农业主导产业发展提供了有力支撑。同时,积极引导农户、种养大户、农民专业合作社、农业产业化龙头企业、农村集体经济组织和科研推广机构等各类生产经营单位参与示范区建设,吸引社会资本加大对示范区的投入,资金、技术、人才、信息等各种要素持续向农业园区集聚。

2. 加强"菜篮子"工程建设,满足人民群众消费需求

从2015年起,苏州市级财政制订了每年投入3000万~

4000万元,连续3年共投入1个亿的计划,扶持"菜篮子"工程建设,重点是扶持设施蔬菜生产基地建设和"菜篮子"流通体系建设等方面。支持新建、改建扩建蔬菜基地,新建连栋大棚、钢管大棚、防虫网、喷滴灌、育苗专用大棚、保鲜库等设施,提高本地"菜篮子"产品产出能力,为保障市场供应打下了良好基础。同时,苏州市坚持把蔬菜产销对接、直供直销作为促进产业发展、完善流通体系、增加附加值的重要手段。在基地直供、批发直供、产销对接基础上,扶持农副产品配送中心的配送直供,构建新型农产品流通体系和产销对接机制,切实提升苏州城区"菜篮子"产品自给水平。

3. 提升农业保险保障水平,增强农业生产抗风险能力

苏州市从2006年开始在全省首家开展"委托代办"的政策性农业保险,目前实行的是"联办共保"模式,政府和公司各按50%的比例分配保费收入、共担保险风险,从而有效发挥政府公共管理职能和保险公司专业化的风险管控技能。2006年仅水稻保险1个险种,截至2016年底已形成国险、省险、市险、县险4个层次,开单险种33个,全市累计投保农户488万户次,承担农业生产风险保障232.24亿元,为抵御农业自然风险,促进农业增产、农民增收、农村稳定,发挥了积极作用。2016年,苏州市新增4项国家级农村改革试验任务,其中1项是重要农产品收入保险试点。市农险办制定实施细则,以目标为导向将两年的试验周期细化为调研准备、产品开发、实施准备、试点实施、总结评估5个实施阶段、21项工作任务。经过近一年的努力,苏州市提前完成各阶段工作目标,成功开发了具有地方特色的水稻收入保险和生猪价格指数保险,并已向国家保监委提交了备案材料。其中生猪价格指数保险已成功在常熟试点推出,承保生猪10200头;水稻收入保险也在张家港市落地试点。生猪价格指数保险和水稻收入保险的推出,使苏州市政策性农业保险在"保成本""保产量""保价格"的基础上实现了向"保收入"的跨越式发展,将进一步提升农民风险保障,有效化解农业生产风险和市场风险,在保障农户收益、提高农户种植积极性、保障粮食安全等方面具有重要意义。

4. 加强农村生活污水治理,改善农村人居环境

2015年,苏州市启动了新一轮农村生活污水治理工作,力求通过三年的努力,实现重点村、特色村生活污水治理全覆盖,到2017年全市农村生活污水处理率达到80%以上。经过两年多的努力,全市已完成3112个村庄的农村生活污水治理,重点村、特色村生活污水治理率已达85%,农村地区生活污水治理率达75%,为全面实现三年行动计划目标奠定了坚实的基础。2015年,苏州市被

列为全国农村生活污水治理示范市。2016年，农村生活污水治理获评为"苏州市十大民心工程"。

5. 建设水美城乡环境，推进水利水务重点工程开展

为提高阳澄淀泖区防洪除涝能力，提高区域水资源配置水平，2013年经江苏省发改委批复立项，七浦塘拓浚整治工程开工实施。七浦塘工程西起阳澄湖，东至长江，经过相城区、昆山市、常熟市和太仓市，全长43.89公里，总投资32.21亿元，其中市级财政投入6亿元，目前已全线完工投入运行使用。为落实2017年市政府实事项目"三清"工程之"清水工程"，市级财政资金投资7.78亿元，全力打造苏州城市中心区水清流畅的水环境，全面开展控源截污、活水扩面、清淤贯通、生态净水等具体工程。市政府城区水污染五整治（农贸市场、餐饮业、洗车业、建筑工地、改厕）工作已全面铺开，其他城市中心区污水管网完善修复工程正分批有序进行。为确保京杭运河沿线堤防安全、保障沿线居民生命财产安全，经省政府立项，京杭大运河苏州段堤防加固工程各项工作全面启动。项目总投资初步估算73.11亿元。为确保2018年苏州市运河沿线度汛安全，应急段加固工程已先行实施。另外，为保障城区居民饮水安全，总投资11.5亿元的城区第二水源阳澄湖引水管工程相关工作也正在进行中，蠡太路段引水管敷设工程已配合道路施工提前进入实施阶段。

6. 建立健全生态补偿机制，积极推进生态文明建设

2010年7月，苏州市委、市政府出台了《关于建立生态补偿机制的意见（试行）》，对因保护和恢复生态环境及其功能，经济发展受到限制的地区给予经济补偿。2014年4月28日，经市十五届人大常委会第十三次会议第二次审议，全票表决通过《苏州市生态补偿条例》，经省十二届人大常委会第十次会议批准，该条例从2014年10月1日起施行。除吴中区、相城区、高新区、工业园区执行市级统一政策外，各县市、吴江区根据市政府2016年出台的第三轮生态补偿政策，在2016年下半年至2017年三季度末全面完成了新一轮调整，政策基本与市级政策接轨。8年来，全市已累计投入生态补偿资金77亿元。共有103.88万亩水稻田、29.24万亩生态公益林、165个湿地村、64个水源地村、8.97万亩风景名胜区得到了补偿。生态补偿政策的实施，建立了市、区级财政对生态保护重点镇、村进行财政转移支付的稳定机制，在一定程度上提升了生态保护重点地区镇、村提供基本公共服务、保护生态环境的能力，促进了城乡公共服务一体化发展，增强了干部、群众保护生态环境的意识，受到了基层干部、群众的拥护。实施生态保护补偿后，村一级有了稳定的资金来源，结合其他项目建设,开展了河道疏浚、污水处理、村庄绿化、田园整治、乱堆乱放整理、垃圾清理等环境建设,镇、村环境面貌焕然一新。工程建设中形成的工作岗位,解决了部分农民就业,增加了他们的收入。一些因病因残丧失劳动能力的农民得到了适当补贴。部分地方通过对全体农户参股的土地、社区等股份合作社进行分红,使农户获得收益。生态保护地区农户的获得感、幸福感明显增强。

7. 深化城乡发展一体化改革,建立富民强村扶弱脱贫长效机制

围绕着"富民、强村、扶贫",推进城乡发展一体化改革,2012—2017年苏州市级财政投入6.6亿元用于农村集体经济抱团发展富民载体和美丽村庄示范点建设,2015—2017年补助薄弱村公共服务开支8425万元,扶持集体经济薄弱村"造血"载体建设1.3亿元,确保了2016年底实现村村年稳定收入超200万元。财政投资8亿元建立的城乡发展一体化母基金已带动社会资本46亿元,主要投入在城乡基础设施、农民集中安居房和农村公共服务均等化等建设项目上,为城乡一体化建设注入了新的动力。此外,苏州市结合省级农村综合改革项目,全力推动农村公益事业发展,建立了农村公共服务运行维护多元化投入机制,满足村民基本公共服务需求。

8. 推进美丽村庄建设四年行动计划,开启特色田园乡村试点

为进一步巩固村庄环境整治和"百村示范千村整治提升"成果,持续改善农村人居环境,扎实推进美丽村庄建设,2017年完成了10个行政村和350个自然村的建设任务。特色田园乡村建设是贯彻实施"产业兴旺、生态宜居、乡风文明、治理有效、生活富裕"乡村振兴战略的重要抓手,是省委、省政府的重要战略决策。市级首批试点乡村20个(包含入选省级试点的5个村),市财政按项目实施范围内的农户数和补助标准进行奖补,各区每户2万元,每村不低于200万元;各市(县)每户1万元,每村不低于100万元;同时建立多渠道筹集投入机制,通过整合涉农资金、创新投入机制等方式聚焦特色田园乡村建设试点工作。

9. 构建再生资源回收利用体系,促进循环经济的可持续发展

苏州市委、市政府高度重视发展循环经济,积极构建节约型和环境友好型社会。市级财政加大对再生资源体系建设的扶持力度,自2011年至2016年年末,市财政投入总额为3578万元。全市目前已新建元和、白洋湾2个密闭化中心分拣站,狮山路密闭化中心分拣站在建,新建99个回收点,配备92辆流动回收车,成立了962030呼叫调度中心,形成了"固定回收、流动回收、在线回收"的再生资源"三位一体"新型回收模式。目前,以两个中心分拣站为核心辐射周边居住区域，资源得到了有效利用，最大限度地减少了废弃物排放。两个中心分拣站平均每日可处理废纸70吨、废铁50吨、废塑料10吨。据测算，苏州市每年将因此节约煤炭3600多吨，节约电能5000万千瓦小时，节水300万立方米，对于加快转变经济增长方式、促进循环经济的可持续发展、促进生态环境步入良性循环将起到举足轻重的推动作用。

二、新形势下加大财政投入的重点

苏州市财政支农全面贯彻落实党的十九大精神，准确把握新时代社会主要矛盾变化对"三农"提出的新要求，准确把握实施乡村振兴战略明确的重点任务，为实现乡村振兴战略目标做出应有贡献。

1. 加大财政支农力度，确保农业农村投入稳定增长

把农业农村作为公共财政的优先保障领域，坚守只增不减政策底线，落实各项财政支农政策；进一步优化财政支农支出结构，转换财政资金投入方式，通过政府与社会资本合作、政府购买服务、担保贴息、以奖代补、风险补偿等措施，带动金融和社会资本投向农业农村，发挥财政资金的引导和杠杆作用；强化财政支农资金整合，集中力量办大事，将农业项目区建成生产与生态融合、农产品生产与生态休闲观光相结合的示范区，不断延伸农业产业链，提升农业综合效益；健全完善规范透明的资金管理制度，切实提高支农资金投入绩效。

2. 支持推进农业供给侧结构性改革，提升现代农业发展水平

在支持抓好"米袋子""菜篮子""果盘子"生产的基础上，加快推进养殖池塘标准化改造，提升农业绿色生产水平。目前，全市现有养殖池塘面积45.52万亩，为落实环保部和江苏省委、省政府关于太湖水污染治理的相关要求，从2017年起，苏州全市16万亩池塘被列入4年行动计划，按照平均1.5万元/亩的改造标准，预计投入24亿元进行改造。苏州市政府出台《养殖池塘标准化改造实施意见》，资金将主要由各级财政承担。太湖沿岸3公里范围内将重点推进该计划，争取2019年年底前完成。

3. 建设水美城乡环境，推进水利水务重点工程开展

为确保京杭运河沿线堤防安全、保障沿线居民生命财产安全，经江苏省政府立项，京杭大运河苏州段堤防加固工程各项工作全面启动。项目总投资初步估算73.11亿元。为确保2018年苏州市运河沿线度汛安全，应急段加固工程已先行实施。此外，根据《苏州市阳澄湖生态优化行动实施方案（2016—2018年）》，苏州市开展了新一轮生态优化行动，重点突出水源地水质保护，着重解决水体富营养化问题，具体包括保障饮用水安全、严控工业点源污染、强化城镇污水处理和垃圾处理处置、削减面源污染、推进河网畅流、加强生态修复和完善预警监测体系等七大类。2018年投入27亿元，推进调水引流、水系整治、生态保护等工程。

4. 推进生态补偿工作，加快生态文明建设

要按照党的十九大提出的"牢固树立社会主义生态文明观，推动形成人与自然和谐发展现代化建设新格局，为保护生态环境作出我们这代人的努力"，继续加大生态补偿宣传培训力度，提高公众环保意识、生态意识，形成崇尚生态文明的社会氛围。做好对基层的生态补偿政策培训，加强对补偿对象的指导，确保生态补偿政策在基层能够更好地落实。督促落实生态补偿各项规定。加强对各市、区生态保护补偿工作的检查监督，全面落实条例和实施细则中明确的保护责任、资金管理等方面的规定。对个别因土地征用等原因不再承担保护责任的涉农社区，调整补偿政策。严肃查处违法违规行为，不断强化基层生态环境保护的责任意识。推进生态保护地区脱贫致富。在项目资金投入上向生态保护区域倾斜，逐步提高财政资金的补助比例，同等条件下生态保护项目予以优先支持。继续从群众最关心、受益最直接的村内道路、绿化、环境整治入手，支持村庄内部基础设施和公共服务建设。挖掘乡村旅游资源，发展特色旅游、休闲观光和农家乐等产业，促进农民增加收入。

5. 推进美丽乡村和特色田园试点，促进乡村振兴

在新一轮行动计划期内（2016—2020），推进40个行政村整体建成康居特色村，1400个自然村建成三星级康居乡村，有效保持苏州水墨江南、鱼米之乡的特色风貌。"十三五"期间，规划、建设、培育50个左右体现江南风貌的市级特色田园乡村，从中择优重点打造15个左右省级特色田园乡村试点，在全省发挥示范带头作用。

第十八章　实施乡村振兴精准发力

> 党的十九大提出了实施乡村振兴战略，全国"两会"期间，习近平总书记到山东代表团参加审议时，对实施乡村振兴战略发表了重要讲话，强调要扎扎实实把乡村振兴战略实施好。实施乡村振兴战略，是新时代做好"三农"工作的总抓手，是一个关乎全局、关乎根本、关乎长远的重大战略部署，开启了新时代"三农"发展新征程。

苏州市委、市政府清醒认识到，实施乡村振兴，苏州有良好的基础，但也存在很多薄弱环节，发展不平衡、不充分的矛盾在"三农"领域尤为突出，需要更大的改革创新和政策扶持等来推动苏州农业全面升级、农村全面进步、农民全面发展，走中国特色社会主义乡村振兴道路，让农业成为有奔头的产业，让农民成为有吸引力的职业，让农村成为安居乐业的美丽家园。市委、市政府专门召开乡村振兴工作会议，明确指出要坚定地沿着习近平总书记指明的乡村振兴道路前进，率先展现农业农村现代化的现实模样。结合苏州实际，提出实施"七项措施"：

一要坚持走城乡融合发展之路，推动城乡要素合理流动。要盘活土地要素，落实好农村土地承包关系稳定并长久不变的政策，探索宅基地"三权分置"有效实现形式，用好、用足"三优三保"的政策红利。要激活人才要素，加快制定乡村振兴人才引进培育指导意见，促进各路人才"上山下乡"。要放大资金要素，加快形成财政优先保障、金融重点倾斜、社会积极参与的多元投入格局，积极探索工商资本下乡的有效实现形式。

二要坚持走共同富裕之路，千方百计增进农民福祉。要提升农民就业创业水平，放大集体经济富民效应，拓展新型集体经济发展路径。要着力改善农村公共服务，坚持把基础设施建设重点放在农村，加快城乡基本公共服务均等化建设，坚持城乡社会保障一体化目标。

三要坚持走质量兴农之路，着力推动乡村产业振兴。要优化乡村产业布局，更好地发挥科学规划的引领作用。要推动现代农业转型升级，大力推动农业标准化生产，加快农业区域性品牌运营推广，支持农业企业加大研发投入，充分发挥现代农业的生态功能。要发展农业新产业新业态，大力发展"互联网+"现代农业。

四要坚持走乡村绿色发展之路，持续优化农村人居环境。要处理好产业发展与生态保护的关系，正确处理开发与保护的关系，将乡村生态优势转化为发展生态经济的优势，严格保护农村自然生态系统，加强农业面源污染防治，不断健全生态补偿机制。要处理好集中整治与长效管护的关系，在集中整治方面，要突出村容村貌、污水治理等主攻方向；在长效管护方面，要明确主体、完善机制、加强引导，不断巩固美丽乡村建设成果。

五要坚持走乡村文化兴盛之路，积极培育文明乡风。坚持物质文明和精神文明一起抓，形成文明乡风、良好家风和淳朴民风互促共融的乡村文明新风尚。要深入开展农村党员示范户、星级文明户创建活动。要划定乡村建设的历史文化保护线。要以农民群众的需求为中心，编制好苏州市文化设施布局规划。开展好"倡导移风易俗、推进乡风文明"系列活动。

六要坚持走乡村善治之路，推进乡村治理体系和治理能力现代化。一方面，要加强农村基层党组织建设，持续推进农村基层党建"六强六在前"，实施"新时代新接力"农村基层党组织带头人培养计划；另一方面，要健全乡村治理体系，以党的领导统揽全局，创新村民自治的有效实现形式，推动社会治理和服务重心向基层下移，丰富基层民主协商的实现形式，积极推广网格化综合治理模式。

七要坚持走中国特色减贫之路，着力提升精准帮扶成效。要突出对贫困人群和薄弱村两个群体进行再聚焦、再帮扶。在薄弱村帮扶方面，要实施好新一轮薄弱村挂钩帮扶工作；在贫困人群帮扶方面，要聚焦特殊贫困人口精准发力，把老弱病残等特殊贫困人口的基本生活兜起来，强化保障性扶贫。

太仓市以实施"八项工程"为抓手，把重点任务化为工程，从工程中明确举措，从举措中细化指标，从指标中分解落实，合力推动乡村实现全面振兴。一是农业全面升级工程。加快构建现代农业产业体系、生产体系、经营体系，大力发展新主体、新产业、新业态，推动农业实现全面升级。二是乡村生态宜居工程。以城乡空间规划管控为前提，以美丽镇村建设、田园乡村培育为载体，切实改善农村生产生活环境，加快建设美丽宜居乡村。三是乡风文明推进工程。

传承、发展、提升农村优秀传统文化，推动农村公共文化资源向农村倾斜，通过开展善行义举榜、文明家庭（户）评选、推行诚信积分考核等活动和方式，提升农村社会文明程度。四是社会治理创新工程。完善"三级"社会治理体系和农村基层群众自治制度，加快推进乡村治理现代化。推行社区、社会组织、社会工作"三社联动"，加强农村社区服务体系建设。五是村级经济发展工程。建立完善区镇级抱团发展平台，依托"三优三保"，推进强村载体建设，拓展集体经济发展空间。壮大集体经济组织，开展合作社规范化管理专项行动，加强"三资"监管，提升管理质量和经营能力。六是促进农民增收工程。做好就业创业增收文章，健全社会保障服务体系，实现城乡公共服务均等化发展，多途径提升农民获得感、幸福感。七是精准脱贫攻坚工程。加大困难群体精准帮扶力度，启动新一轮村级经济相对薄弱村帮扶工作，通过整合资源要素、创新扶贫方式，支持薄弱村发展强村富民项目，增加集体经营性资产。八是深化农村改革工程。以深化农村产权制度改革、推动城乡要素有序流动、创新财政支农方式、优化农村金融服务等为手段，通过深化改革进一步培育发展动能，激发发展活力。

相城区加快推进农业农村现代化，实现农民增产增收，不断打造美丽宜居的新型乡村。一是以农业为基础，充分挖掘乡村经济潜力，提升区域经济实力反哺农业。规划建设"五大功能片区"，在全面提升区域经济实力的基础上，以工补农，以城带乡，促进城乡融合发展、要素合理流动。促进一、二、三产业融合发展。率先创建全国农村一、二、三产业融合发展先导区，规划建设大闸蟹特色小镇、稻香小镇、两湖综合体和田园综合体项目。加快灵峰牧谷农场、麦田禾盛家庭农场、北桥苏太美丽牧场等"三高一美"项目建设。深入推进农文旅融合发展，全力打造环阳澄湖美食旅游观光带、环太湖休闲观光风景区、环漕湖湿地风景区等。做大做强农业龙头企业，加强农产品产后分级、包装、仓储、物流，努力提高农业综合效益，到2022年，新增省级农业产业化龙头企业5家、国家级龙头企业2家。全面提升现代农业建设水平。编制"四个百万亩"优化布局规划，提升相城区"四个百万亩"空间形态。着力提高阳澄湖、御亭、漕湖生物农产园及高新区循环农业万亩示范区、太平农业基地等"5+3"现代农业园区建设水平，加快形成西部优质种植区、东部高效渔业区、全域生态休闲观光的现代农业总格局。推动农业科技创新，与中国农科院、中国水科院、中国农业大学等大院大所合作建设一批国家院士工作站、综合试验站、博士后工作站和产业创新中心，共建相城区全国乡村振兴科技示范区。大力发展"互联网+农业+金融"，促进以农业大数据为核心的智慧农业发展，支持布瑞克等农业电商企业做大做强（布瑞克入选农业部"全国农业农村大数据示范项目"）。加强农产品质量安全监管，健全农产品质量安全监管体系，到2020年，实现监管、监测"双覆盖"。发挥阳澄湖大闸蟹、渭塘珍珠、"金香溢"大米等品牌优势。

二是以党建为引领，有效激发乡村文化活力，夯实农村基层基础。出台基层党建整体提升三年行动计划，加强基层党建示范点建设，推进"智慧党建"平台建设，把农村基层党组织建成坚强战斗堡垒。采取"支部＋网格"模式，推动党支部扩建至三级网格，推进基层党建网格与社会综治等网格"多网融合"。深化"红色1＋1"帮带行动，选派"第一书记"到村任职，强化干部任用服务乡村振兴的导向性。大力培育乡村人才。深入实施阳澄湖农业人才计划，培育一批能够提升农业科技创新能力、推进农业科技成果转化的农业领军人才。到2020年，引进培育19名阳澄湖农业人才。挖掘培养乡土人才，重视挖掘和培养以"相城十绝"为主要代表的民间工艺和文化艺术传承人、农村"土专家"和"田秀才"以及种植养殖能手等各类人才。提振乡村文明风尚。推进社会主义核心价值观进村入户，大力弘扬以太平书镇、稻香小镇、冯梦龙村等为代表的具有相城特色的书香文化、农耕文化、廉洁文化、乡贤文化、戏曲文化，促进文明乡风、良好家风、淳朴民风互促共融，到2022年，城乡社会文明程度测评指数达到90分以上。完善乡村治理体系。推动乡村善治，增强乡土社会的血缘性和地缘性，健全自治、法治、德治相结合的乡村治理体系，到2020年，所有行政村均开展乡村"微自治"。积极推广"政社互动"经验、"政经分开"试点，理顺村党组织、村委会与集体经济组织的关系，完善农村基层组织治理体制，到2020年，"全科社工"工作机制实现全覆盖，"三社联动"覆盖率超过80%，公众安全感达到90%以上。

三是以生态为基底，整体提升乡村环境魅力。尊重自然，突出生态涵养功能。实施绿化景观与重点湿地建设三年行动计划，编制相城区湿地保护修复实施规划，建设绿化景观工程52项，湿地工程22项，形成以河流为脉络、湖泊—湿地公园—农耕湿地为核心的湿地生态网络。到2020年，全区自然湿地保护率达65%，陆地森林覆盖率达35%以上，阳澄湖创建为国家公园，相城区创建国际湿地城市。响鼓重槌推进农村污染治理。加强农村面源污染防治，全面拆除规模化畜禽养殖场和非法围网养殖，建设区农业废弃物处理中心和动物无害化处理中心，到2020年，全区化肥、农药减施5%，池塘标准化改造1万亩以上。大力推进农村生活污水治理、生活垃圾处理，至2020年，新建污水主管网222公里，农村生活污水处理率达到90%、生活垃圾处理率达到

100%。深入推进生态文明建设、环境保护和污染治理、"散乱污"企业（作坊）淘汰整治等三年计划，到 2020 年，淘汰整治 5000 余个农村"散乱污"企业（作坊），专项整治一批村级工业集中区，全区省级、市级生态村占比达到 80%。统筹协调提档农村基础设施。实施美丽村庄、特色田园乡村建设方案，到 2020 年，重点村、特色村三星级康居乡村全覆盖，4 个行政村整体建成三星级康居乡村，建成 3 个特色田园乡村。以美丽村庄和特色田园乡村建设为抓手，全面提高农村科教文卫体、衣食养住行等公共配套设施建设水平。

四是以富民为根本，持续增强居民经济实力。完善利益联结机制。多种渠道促进富民增收，通过保底分红、股份合作、利润返还等多种方式，让农民合理分享全产业链增值收益。出台加强镇村集体资产管理的意见，巩固农村集体"三资"管理专项治理成果。优化苏州农村产权交易相城分中心职能体系，完善农村资产资源线上交易机制，实现村级集体资产管理信息化、制度规范化。引导扶持集体经济组织联合抱团发展，完善提升股权固化改革成效，优化分红机制，提升分红水平。到 2020 年，农民可支配收入保持每年 8% 以上的增幅。培育新型职业农民。深入实施新型职业农民培育工程，大力支持大学生下乡返乡，以农业创业带动农民就业。到 2022 年，培育新型职业农民 630 名、认定 225 名，创建成全国农村创业创新典型区。精准实施扶贫攻坚。实施困难群体帮扶三年行动计划，因户施策、精准帮扶，到 2020 年，确保 574 户 1265 人农村低保对象脱贫，人均收入达到 2 万元。继续开展好"阳光扶贫"结对帮扶，重点帮扶农村困难群众 1212 户。加大经济薄弱村扶持力度，到 2020 年底，提高经济薄弱村村均收入水平达到 250 万元。

五是以规划为龙头，保障乡村振兴推进有力。规划先行。树立城乡融合、一体设计、多规合一的理念，制订《相城区实施乡村振兴城乡融合发展三年行动计划（2018—2020）》，统筹考虑产业发展、人口布局、公共服务、土地利用、生态保护等，增强规划的前瞻性、约束性、指导性和操作性。政策集成。制定乡村振兴战略实施意见，综合施策，多管齐下，在要素配置上优先满足乡村，在资金投入上优先保障乡村，在公共服务上优先安排乡村。设立乡村振兴专项引导资金，发挥财政"四两拨千斤"作用，撬动更多社会资金投入乡村。坚持农村金融改革发展，强化金融服务乡村，把更多金融资源配置到农村建设发展的重点领域和薄弱环节。全面推进村集体经营性资产实行集中经营管理，加强引导村委会回归主业。深入推进农业农村"放管服"改革，大幅压减涉农审批事项，创新优化政府服务。

第三篇

未来苏州农业现代化的愿景展望

改革开放40年来,苏州农业在党和政府的各项"三农"政策激励和市委、市政府的正确领导下,依靠得天独厚的自然条件、精耕细作的生产传统和勤劳进取的广大农民,因地制宜,大胆探索,取得了一个又一个辉煌的成就。特别是近年来,苏州农业坚持以城乡发展一体化为统领,以率先基本实现农业现代化为目标,以促进农业增效、农民增收为落脚点,认真落实"四个百万亩"农业产业布局,在加快推进工业化、信息化、城镇化发展中,扎实推进农业现代化,主导产业布局基本形成,综合生产能力显著提高,转型升级步伐明显加快,产品质量安全全面加强,农村生态环境不断优化,农业产业水平大幅提升,现代营销主体加快培育,发展体制机制不断完善,传统的"鱼米之乡""丝绸之府"在新的时期再次绽放出新的光彩。

当今的苏州农业,无论是从发展的形态上看,还是从综合的指标上看,各方面都走在全省乃至全国现代农业发展的前列,已经达到了基本现代化水平,不仅为沿海经济发达地区的农业发展提供了不少有益的经验,更为苏州工业化原始资本的积累做出了极其巨大的贡献。

当然,我们也应清醒地认识到,作为沿海经济发达地区的苏州,其农业现代化的总体发展水平与中等发达国家和先进地区的农业现代化相比还有不小的差距,在发展过程中还存在不少的困难和问题,要实现农业的全面现代化和高度现代化还有很长的一段路要走,还需要我们进一步统一思想、提高认识,积极学习和借鉴发达国家和先进地区成功的经验和做法,做到学以致用、取长补短、扎实举措、奋力拼搏,脚踏实地解决好当前遇到的一个个困难和问题,努力探索并全力走出一条具有苏州特色的产出高效、产品安全、资源节约、环境友好、功能多元的现代农业发展之路。

第十九章　发展目标

展望未来,苏州现代农业发展前景更加美好。苏州地处长三角世界级城市群的核心区域,苏州农业未来的发展方向应该是都市现代农业。对苏州来说,未来农业有三个功能要更加突出:一是生态功能,必须走绿色发展的道路,要更加注重生态农业、循环农业;二是供给功能,要优先保证苏州市民的"米袋子""菜篮子""果盘子"和部分的"奶瓶子";三是富民功能,要扩大在生态旅游、休闲旅游、文化体验、康养基地、农业电商等方面的典型示范效应,使之成为农民增收致富的新渠道。农业现代化水平不断提高,从注重数量为主转到质量效益上来,从主要依靠物质要素投入为主转到依靠科学技术进步和提高劳动者素质上来,从依赖资源消耗的粗放经营为主转到促进农业的可持续发展上来,从生产导向为主转到消费导向上来,从以注重农业自身发展为主转到乡村全面振兴上来。坚持以保障农产品有效供给、实现农业可持续发展为主要目标,以夯实农业基础、提高农业综合生产能力为主攻方向,以保障农产品质量安全为关键环节,以加快科技进步和改革创新为根本动力,以尊重农民主体地位为基本遵循,切实把农业发展转到依靠科技进步、提高劳动者素质和管理创新的轨道上来,努力提高土地产出率、资源利用率和劳动生产率,严格按照高水平农业现代化发展蓝图去谋划和推进现代农业,着力打造苏州优质高效的农业、科技创新的农业、服务都市的农业、富民惠农的农业和传承文明的农业,确保到2020年,全市农、林、牧、渔业总产值达到490亿元,农业科技进步贡献率达到72%,现代农业园区建成面积130万亩,高标准农田占耕地比重达到68%,建成50个左右市级特色田园乡村并择优重点打造15

个左右省级试点，农业机械化水平达到90%，陆地森林覆盖率达到30%，自然湿地保护率达到60%，城乡居民收入差距缩小在1.9∶1以内。农业基础设施、产业发展、规模经营、科技进步、现代营销、生态环境保护、社会服务、新型职业农民培育和支持保障水平等方面取得积极进展，实现农业生产的机械化、标准化、生态化、规模化、产业化、信息化，推进农业发展方式向产品质量安全、生态环境良好、土地产出高效、传承农耕文明转变，走出一条具有苏州特色的农业现代化发展道路，为全市改革、发展、稳定大局奠定坚实基础。苏州农业将努力打造成"五大农业"：

一、优质高效的农业

苏州农业的生态价值和社会价值已超越了生产价值，加上苏州本身人多地少，只有发展优质高效农业，走生产精致、技术精准、节约集约之路，才能有效提高土地利用率、劳动生产率、单位农用地产出率，才能让有限的耕地产出更多的优质农产品，才能实现农业增效和农民增收。要发展好优质高效农业，一是要开展好规模化种养殖，构建好新型农业经营体系，鼓励发展专业合作、股份合作等多种形式的农民合作社，鼓励有条件的农户流转承包土地的经营权，让农业种养殖大户承包更多的土地。只有这样，才能发挥高效农业的集约化作用，减少投入成本，提高耕地产出效益。二是要紧紧依靠科技力量，无论是种植业还是养殖业，优质良种都是决定农业生产成败的关键所在，只有种植（养殖）适合本地的当前国内外最优的品种，才能提高产量、确保质量、增加效益。为此，农业部门要把良种的推广作为头等大事，通过建立试验示范基地等方式向农民展示其成果，鼓励农户及时引种。有了良种还要有良法。一个优质良种在实验室里是成功的，但到了农民的田里却要打折扣。原因就是很多农民没有掌握跟良种配套的栽培管理方法。因此，农业专家要下大力气培训农业科技人员，一级一级抓，直到教会农民为止。三是优质高效农业的核心是农业增产、农民增收，要根据实际情况，宜粮则粮，宜菜则菜，宜果则果。农业部门不要给农民下达指令强行规定种什么、养什么，一切要围绕市场需求来组织农业生产。农业部门应该提供及时准确的农业信息服务，搞好农业政策性补贴，大力推进农业保险，切忌当指挥，而要做保姆。

二、科技创新的农业

不断深化农业科技体制改革，加快构建现代农业科技创新体系，充分发挥科技创新在提升农业效益、促进农民增收中的引领支撑作用。要推动科技农业发展，一是要不断强化农业科研院所的创新主体地位，通过农业科技创新联盟这一平台，努力推进区域性关键技术中试、新品种示范、推广服务以及科技培训与转化等工作；二是要持续加大农业科技创新投入力度，确保财政对农业科研投入的增长速度不低于同期财政支出的增长速度；三是要加强农业科技创新人才队伍建设，着力优化人才结构，健全人才管理机制，重视科研团队体系建设，努力造就一支规模宏大、结构合理、素质优良、发展均衡、优势明显的人才队伍；四是要加快农业科技国际合作与全球化布局，立足"两种资源、两个市场"，以产业核心技术和战略资源为重点，推进国外先进技术、先进管理经验、高素质人才和种质资源引进，同时推动技术、装备、标准、人才、服务走出国门，提升农业科技国际合作与创新能力。

三、服务都市的农业

在发展方式上，依托城市、服务城市、留有空间，用城乡一体化的思路配置资源，在基础设施、信息资源、科技手段、人才优势等方面加快实现城乡对接。在功能形态上，不忽视农产品生产功能，深度开发农业的生态功能和生活功能，提高生存环境质量，促进城乡一体发展和一、二、三产融合发展。在发展规划上，要少拆迁多改造、少征用多提升、少索取多给予，优化农村产业空间布局，突出农村基础设施的城乡一体规划与建设，强化乡村基本生活功能完善，美化田容田貌，呈现江南农村新气象。在推进发展上，不是简单地把"田园"整理成"公园"，而是田园、山水、乡村、社区相结合，建"山水苏州""田园城镇"，进一步强化农业农村作为城乡居民休闲观光目的地的功能，挖掘农业绿化、美化、净化的生态功能，把城镇与农村、农田串联起来，实现城镇与山水一体、田园与村庄融合的良好生态格局，呈现江南"鱼米之乡"新风貌，全面提升农业现代化给城乡居民带来的幸福感和获得感。

四、富农惠民的农业

苏州城乡之间、农与非农之间、农民与市民之间的差距还比较明显。发展富农惠民的农业，就是要发挥城乡发展一体化优势，在农业基础设施、信息资源、科技手段、人才培养等方面加快城乡对接，充分发挥山水田园和优质地方农业种质资源优势，强化农业综合生产能力建设，加大新品种、新技术、新模式推广应用力度，加快农业新型经营主体培育，努力发展高效设施农业，着力推进"互联网+"现代农业发展，全力推进农业一、二、三产业深度融合，积极打造社会影响大、市场潜力广、附加值高的"苏"字头农产品，以此来服务市民、富裕农民，让广大农民在发展中得到更多的实惠，过上美好幸福的生活。

五、传承文明的农业

苏州是我国水乡农耕文化的重要发祥地之一,历史悠久,源远流长,内涵丰富,博大精深,富有江南水乡特色的农耕文化图景比比皆是。传承和弘扬好苏州的农耕文化,有利于拓展农业功能,促进休闲农业和乡村旅游发展、推动美丽乡村建设,让农业更强、农村更美、农民更富。要进一步开拓创新,不断丰富内容,着力把农耕文化节打造成文化传播、交流合作、招商引资、壮大产业和繁荣商贸的平台,让农耕文化在发展现代农业、建设美丽乡村中得以进步和升华。努力传承和弘扬江南水乡特色的农耕文化,就是要把精耕细作的优良传统与精准智能的现代科技有效结合起来,合理布局山水、田园、乡村和社区,实现城镇与山水一体、田园与村庄融合,让苏州传统农耕文化与现代社会文明相互交融、交相辉映,呈现江南水乡新特色。

第二十章　彰显特征

通过《乡村振兴三年行动计划（2018—2020）》的实施，农业现代化水平不断提高，苏州现代农业呈现出以下五方面显著特征。

一、生态优美

城乡规划互相协调，产业布局合理优化，城市更像城市，农村更像农村。围绕最佳宜居城市建设，进一步增加森林资源、优化空间布局、提高质量效益，基本建成一个山清水秀、绿树成荫、鸟语花香的"绿色苏州"。促进生态循环型、土地节约型农业全面发展，农产品质量、农业生产生活环境全面改善。大力推进特色田园乡村建设，要重点突出特色产业、特色生态、特色文化，实现田园生产、田园生活、田园生态的有机结合，让我们的现代化成为有根的现代化。

二、生物集聚

广泛应用农业生物科技，通过高科技人才和高技术农业项目的引进，在水稻新品种的培育、优良种质资源的保护利用开发、农产品质量的改善提高、农业生态环境的优化美化等方面取得新的突破，加快形成高效低碳生态产业链，以高新技术创造出高附加值的农业产业，使苏州逐步成为生物农业的示范窗口和重要集聚区。

三、产业融合

把农业高质量发展放在更加突出位置，促进城乡生产要素有效流动，资源配置趋于合理，全面增强优质农产品生产能力，大力发展农产品精深加工，持续推进农业现代服务业发展，积极培育和发展农业新产业、新业态、新模式，构建农业一、二、三产业融合发展体系，拓展农业发展新空间，提高农业的综合效益。

四、营销现代

大力发展农业专业组织,建立现代农业营销模式,加强农产品物流体系、储备体系建设,提高农业市场化营销水平。积极培育现代农业市场主体,扶持发展农业上市公司。推进品牌建设,形成一批有较大影响力的"苏"字头农业特色品牌优势。

五、文化休闲

坚持传统文化与现代文明相结合,将农业纳入文化、休闲、旅游、观光发展大环境,让苏州农业和农村再现"稻海麦浪、碧波鱼跃、水清岸绿、蔬果飘香"的独特风貌,既充分展示江南水乡优美的田园风光,又呈现出先进和谐的现代文明,塑造苏州"鱼米之乡"新天堂。

第二十一章　新的挑战

苏州市高速发展的工业化、城镇化，使农业的发展空间受到明显制约，要素资源、生态环境的瓶颈较为突出，农业产值占GDP的比重较低，农民增收压力增大。从全局来看，农业还是"四化同步"的短腿，农业和农村还是全面小康和现代化建设的短板。苏州在加快推进农业现代化建设、实现"四化同步"的过程中，还存在着不少困难和问题，既有外部环境造成的，也有农业内部自身的，根据目标导向和问题导向，主要表现在以下几个方面：

一、党和国家对做好"三农"工作要求更高

从上级的要求看，从2004年起中央连续15年把1号文件锁定在指导农村的改革和发展上，凸显了党和国家对"三农"工作的持续高度重视

2014年12月习近平总书记在视察江苏时的重要讲话，明确要求江苏要"带好头、领好向"，嘱托江苏"力争在全国率先实现农业现代化"。江苏省委、省政府要求苏州各个方面要走在全省前列，当好先行军、排头兵。党的十八大提出新型工业化、信息化、城镇化、农业现代化同步发展，对苏州农业生态环境效应和农产品供给侧结构性改革的要求十分迫切。党的十九大明确提出实施乡村振兴战略，加快推进农业农村现代化。苏州与坚持高质量发展，坚持农业农村优先发展，坚持质量兴农、绿色兴农，坚持走中国特色社会主义乡村振兴道路，让农业成为有奔头的产业，让农民成为有吸引力的职业，让农村成为安居乐业的美丽家园的目标还有较大的差距。

2018年是贯彻党的十九大精神、实施乡村振兴战略的开局之年，是以农村改革为发端的改革开放40周年，是决胜全

面建成小康社会、实施"十三五"规划承上启下的关键一年。做好2018年和今后一个时期农业农村经济工作总的要求是：全面贯彻党的十九大精神，以习近平新时代中国特色社会主义思想为指导，坚持稳中求进工作总基调，践行新发展理念，按照高质量发展的要求，以实施乡村振兴战略为总抓手，以推进农业供给侧结构性改革为主线，以优化农业产能和增加农民收入为目标，以保护粮食生产能力为底线，坚持质量兴农、绿色兴农、效益优先，加快转变农业生产方式，推进改革创新、科技创新、工作创新，大力构建现代农业产业体系、生产体系、经营体系，大力发展新主体、新产业、新业态，大力推进质量变革、效率变革、动力变革，加快农业农村现代化步伐，朝着决胜全面建成小康社会的目标继续前进。苏州城乡一体化发展和经济社会结构的深刻变化对创新农业发展体制机制、优化农业产业结构体系、加快转变农业发展方式、推动农业转型升级的要求，相比以往任何时候都更高。苏州需要在农业现代化上补短赶超。

二、苏州农业农村现代化还有很长的路要走

对照江苏省农业现代化6大类（农业产出效益、农业科技进步、农业产业化经营、农业物质装备、农业生态环境、农业支持保障）22项（农林牧渔业增加值、粮食亩产、高效设施农（渔）业面积比重、农民人均纯收入、农业科技进步贡献率、持证农业劳动力占农业劳动力的比重等）监测指标要求，到2016年底，苏州还有家庭农场占比、新型职业农民培育程度、设施园艺比重、生猪大中型规模场比重、种植业"三品"比重、渔业"三品"比重、农业贷款增长幅度与贷款总额增长之比等3大类7个指标的实现度低于85%，其中生猪大中型规模场比重、渔业"三品"比重、农业贷款增长幅度与贷款总额增长之比等3个指标的实现度还低于75%，种植业"三品"的实现度仅为46.3%，由此不难看出，苏州农业现代化还存在许多短板和薄弱环节，实现党的十九大提出的农业农村现代化还有一段很长的路要走。

三、农业高质量发展亟待解决的问题

一是农业产业经济较为薄弱。农产品以生鲜销售和初加工为主，产品精深加工不足，农业综合效益还不高。农业龙头企业、农民合作社、家庭农场等新型经营主体对产业带动和农民增收作用不够强。

二是标准化、生态化的生产体系还没有完全建立起来。随着工业化、城镇化的加快推进，土地开发强度、人口和工业密度增大，农村耕地资源越来越少，生态环境承载力约束趋紧，农业面源污染治理任务依然繁重，化肥、农药过量施用的现象还客观存在，保护和改善生态环境的任务仍然十分艰巨。

三是农村人才比较匮乏。农村吸引和留住人才的机制还没有真正建立起来，村庄空心化、老龄化现象比较普遍，农业从业者结构、农村人口结构亟待优化，农业专业技术人才知识结构、工作方法有待提升。新型农业经营主体占比还不大，农业经营机制的活力还不强。城镇化的加快发展，使得大量农村劳动力向城市转移，转而从事二、三产业，导致农村劳动力数量不断下降。目前，全市直接从事农业生产的本地农民只剩20万左右；而直接从事农业生产的本地农民中，只有不到15%的人受过高中以上文化教育，大部分人年龄偏大、文化较低、观念老化，接受新事物、新技术、新知识的能力较差，严重制约了农业生产水平的提升，而新型职业农民的培育需要一个过程，对于如何进行新老农民的顺利过渡还在摸索过程中。

四是农业服务还不能适应不断变化的需求。农业供给侧结构性调整还在探索之中，消费需求向产品品质和精神需求方面的升级很快，供给一方还停留在原有的满足数量和品种上，难以适应新的消费需要。经营性服务组织实力弱、服务供给不足，且服务内容与经营主体需求之间存在较大差距。社会化服务体系发展环境有待进一步优化、领域有待进一步拓展，政府购买服务形式少、覆盖面窄。

五是农业科技水平不高，创新能力不强。公益性农业服务机构引领支撑作用较弱，基层农技推广机构运行机制不够灵活，农业公共服务体系队伍存在后继乏人问题，现有的农业科技教育推广体系不适应现代农业的发展需要。

六是农村基础设施和文化建设相对滞后。农村公共服务、基础设施投入相对不足、布局分散，非美丽村庄建设区、非主干道周边、非农业园区区域农村环境卫生较差；被撤并镇短板突出，管理力量薄弱，公共配套功能弱化，产业经济衰退，集镇业态萎缩，成为盲区；有三分之一左右的基本农田建设标准不够高，道路、沟渠、水利等配套设施较差，特别是高标准果茶园比例较低，农田废弃物收集运输设施设备欠缺，适用于蔬菜、果树、茶叶的新型农机少。农业生产受天气、市场等因素影响依然较大。

四、农业现代化发展的保障机制还需要进一步完善

一是要强化组织领导。各级党委、政府要不断强化农业现代化"重中之重"意识，主动适应经济发展新常态，正确把握农业农村发展新趋势，科学谋划、系统设计、整体推进。党政主要负责同志要亲自抓农业现代化发展工作，分管负责同志要具体抓，市委农办和市农委、水利、国土、财政等相关部门要各司其职主动抓，形成党政齐抓共管、部门协调联动、工作整体推进的强大合力。

二是要强化投入保障。要强化各级政府促进农业农村发展的支出责任，建立财政支农资金稳定增长机制，确保财政用于农业现代化发展的投入不断增加。要探索适应市场化要求的管理体制和运营机制，充分发挥财政资金的引导和撬动作用，带动金融和社会资本、工商资本更多地投入农业领域。要采用投资基金、担保、贴息、债券等方式，不断拓宽农业投融资渠道。要完善农业保险保障体系，加强气象为农服务体系建设，有效降低农业的自然风险和市场风险。

三是要强化制度供给和政策配套。要解决农村融资比较困难、工商资本投入农业产业意愿不强、设施农用地指标难以解决、农房翻建政策和需求矛盾较为突出等问题。各级党委、政府和有关部门要切实重视基层、关心基层、支持基层、服务基层，调动各方力量，形成政策向基层倾斜、服务向基层覆盖的良好局面。要加强以党组织为核心的农村基层组织建设，以农村基层服务型党组织建设为抓手，选优配强村党组织领导班子，强化镇、村便民服务网络建设，在服务中增强党组织的创造力、凝聚力、战斗力。要稳定和加强基层农技推广等公益性服务组织，健全经费保障和激励机制，采取购买服务等方式，鼓励和引导农业专业合作社、现代农业园区、农业龙头企业等开展农业社会化服务，为农民提供机械化收种、专业化防治、精准化施肥、智能化灌溉、品牌化营销等各种专业化服务。

四是强化督查考核。各地组建农业现代化发展规划落地督查考核领导小组并建立问责制度，一把手亲自抓督查考核，对重点任务完成情况进行阶段性督查，及时发现问题、提出整改意见。强化农业现代化发展规划落地督查考核结果的应用，将督查结果与干部评先评优、职务任免等结合。制订明确的农业现代化发展规划落地工作重点任务落实时间进度和质量要求，对没有及时完成或完成不到位的予以通报，对整改不到位的实行问责。

五是强化解决举措。要积极营造全社会支持农业、理解农业、关心农业的良好氛围，密切关注并努力解决好影响农业现代化发展的系统性战略性思维问题，尤其涉及农业工业化发展理念、农技与农机配套率和保障率、新型农业经营主体的培育壮大等方面的矛盾，必须有更具体、更实在、更有力的措施。

第二十二章 新的举措

下一步，苏州要自觉践行创新、协调、绿色、开放、共享的发展理念，进一步强化农业生态、生产、生活功能定位，突出富民优先、生态发展、科技创新、节约集约和统筹兼顾原则，紧紧围绕党的十九大提出的乡村振兴这个总要求，咬定推动现代农业建设迈上新台阶、力争率先实现农业现代化这个总目标，始终坚持把保障粮食等重要农产品有效供给作为农业现代化建设的首要任务，始终坚持把改革创新作为农业现代化建设的强大动力，始终坚持把促进农民增收作为农业现代化建设的中心任务，加强农业供给侧结构改革，充分发挥多种形式农业适度规模经营的引领作用，着力发展科技农业、培养职业农民、建设生态农村，加快提高农业物质装备和技术水平，加快构建以"生产发达、生态优美、生物集聚、产业融合、营销现代"为主要标志的现代农业发展体系，力争到2020年率先实现农业现代化。重点落实好补短板措施和创新工作，具体做好几个方面：

一、加强基础设施建设，提高农业的综合生产能力

1. *加强农业保护区建设，大力推进高标准农田、标准化鱼池建设*

把保护和发展"四个百万亩"作为优化资源配置、调整产业结构、保障生态空间的重要抓手，高起点整体规划农业发展，注重农业规划与城市总体规划、新一轮土地利用总体规划等的衔接，加快形成优质水稻、特色水产、高效园艺、生态林地的主导产业格局。强化对优质水稻、特色水产、高效园艺、生态林地"四个百万亩"的保护和发展，对经批准调整为非农业用途的土地，必须坚持先补偿后占用的原则，用地单位应重新提供可用于同类型农业生产用途的土地。对占用水稻和蔬菜用地的，按一补一的原则进行等量补偿。重新提供的土地的生产条件应达到原被占用土地的生产条件；低于原生产条件的，应提供恢复原生产条件所需的建设资金。推进高标准农田（鱼池）建设，制定高标准农田（鱼池）建设规划及实施方案，加快农业基础设施改造提升，整合农业资源开发、农业产业园区、万顷良田、高标准农田、标准化鱼塘、农田水利建设等各类项目资源，加大基础设施投入，逐步建成集中连片的高标准农田和标准化鱼塘。"十三五"期间，新增高标准农田27万亩，建成标准化鱼塘30万亩。推进农田水利现代化发展，以提高防洪除涝和供水能力为重点，实施城乡防洪保安工程，继续实施农村河道疏浚工程和排灌设施更新改造工程，推进农村小型水利工程建设，深化农村水利工程建设与管理体制改革，完善基层水利管理与服务体系。到"十三五"末，有效灌溉面积达到95%以上，农田水利现代化水平达到92%以上。

2. 加强农业设施装备水平，主要农作物基本实现全程机械化，高效设施农业达到一定比例，农业信息化适应农业现代化需要

加快农业基础设施改造提升，利用农业、水利、林业、科技等综合措施，推进高标准农田水利设施逐步全覆盖，建成高产稳产农田，提高土地生产能力。大力发展设施农业，以政府资金为引导，吸引和鼓励社会资本投资农业设施建设，重点发展连栋大棚、钢架大棚、食用菌工厂、避雨栽培、无土栽培、防虫网栽培、喷滴灌系统、工厂化养殖等高标准设施农业，推广适用型、可控型、环保型、科技型农业设施装备，切实提高农业设施化发展水平，"十三五"期间，全市设施农业面积达到42万亩左右，设施渔业面积达到39万亩左右。完善农机具购置补贴政策，加强农机与农艺有机融合，提高主要粮食作物生产全程机械化水平。突破蔬菜园艺和油菜生产全程机械化"瓶颈"，重点推广高效植保机械、低温烘干机械、新型特色农机，着力改善农机作业舒适度，提升高效设施农业生产机械化水平。统筹推进农产品产前、产中、产后机械化设备建设，提高粮食烘干、仓储、加工的机械化程度，"十三五"期间，农业综合机械化水平达到90%。丰富现代农业园区发展内涵，在农业主导产业相对集中连片的区域，按照发展水准高、科技含量高、服务水平高、综合效益高的标准，通过提升农业基础设施和农业装备、优化调整产业结构、推广应用先进科技、创新经营管理机制等途径，促进现代农业园区可持续发展。巩固提升国家级现代农业园区发展水平，不断丰富内涵，拓展内容，确保在全国继续保持领先位置。坚持"政府引导，市场主导，资本化运作"的原则，研究制定扶持农业园区发展

的政策和措施,适度吸引工商资本、民间资本、外商资本投资农业,增强农业园区带动"四化同步"发展的能力。"十三五"期间,农业园区面积占到全市耕地面积的55%以上。以互联网为基础,充分应用大数据和云计算,加大农业信息化软硬件基础设施建设力度,扎实推进农业物联网技术应用和农村电子商务发展,健全完善农村电子商务、农业地理信息、农产品质量监管、农业辅助决策系统等服务和管理平台,在广大农村全面普及互联网加快农业信息高速公路建设,加快提升农业智能化生产、现代化管理、科学化决策水平。"十三五"期间,全市新增物联网应用示范基地20个左右,初步构建市、县(市、区)两级具有信息采集、分析、加工、存储、交换、传输等功能的农业信息服务综合平台。

3. 加强耕地质量建设,加大土壤改良和土壤污染治理,确保农产品生产区的土壤健康、肥沃

(1) 大规模建设高标准农田

根据高标准农田建设总体规划安排,逐级分解高标准农田建设任务,统一建设标准、统一上图入库、统一监管考核。建立政府主导、社会参与的工作机制,以财政资金引导社会资本参与高标准农田建设,充分调动各方积极性。加强高标准农田后期管护,按照谁使用、谁管护和谁受益、谁负责的原则,落实高标准农田基础设施管护责任。高标准农田建设情况要统一纳入国土资源遥感监测"一张图"和综合监管平台,实行在线监管,统一评估考核。

(2) 实施耕地质量保护与提升行动

全面推进建设占用耕地耕作层剥离再利用,切实督促建设单位落实责任,将相关费用列入建设项目投资预算,提高补充耕地质量。将中低质量的耕地纳入高标准农田建设范围,实施提质改造,在确保补充耕地数量的同时,提高耕地质量,严格落实占补平衡、占优补优。加强新增耕地后期培肥改良,综合采取工程、生物、农艺等措施,开展退化耕地综合治理、污染耕地阻控修复等,加速土壤熟化提质,实施测土配方施肥,强化土壤肥力保护,有效提高耕地产能。

(3) 积极稳妥推进耕地轮作休耕

加强轮作休耕耕地管理,不得减少或破坏耕地,不得改变耕地地类,不得削弱农业综合生产能力;加大轮作休耕耕地保护和改造力度,优先将其纳入高标准农田建设范围。因地制宜实行免耕少耕、深松浅翻、深施肥料等保护性耕作制度,提高土壤有机质含量,平衡土壤养分,实现用地与养地结合,多措并

举保护提升耕地产能。

（4）加强耕地质量调查评价与监测

建立健全耕地质量和耕地产能评价制度，完善评价指标体系和评价方法，定期对全市耕地质量和耕地产能水平进行全面评价并发布评价结果。完善土地调查监测体系和耕地质量监测网络，开展耕地质量年度监测成果更新。

二、加大供给侧结构性改革力度，提高农业综合功能

1. 优化农业结构

充分挖掘各地资源禀赋和比较优势，积极推进农业结构优化调整，着力打造以优质水稻、特色水产、高效园艺、生态林地和规模畜禽为主导的现代农业产业体系。

（1）构建现代粮油产业体系

推进良田、良种、良法的有机结合，加快技术集成，引进推广具有优良食味、适宜产业化开发的优质水稻、小麦、油菜等品种，确保"十三五"期末优良品种覆盖率超过90%，测土配方施肥技术和病虫害专业化统防统治覆盖率均达到80%以上。优化调整优质粮食生产布局，建成一批旱涝保收、全程机械化的优质粮油生产基地，确保110万亩水稻上图落地后得到永久性保护。

（2）构建现代园艺产业体系

突出园艺种苗供应、园艺作物标准园创建、园艺机械示范推广、蔬菜三新技术应用，实施标准化栽培，健全种植业标准体系，提升园艺生产机械化水平，推动园艺作物"品种改良、品质改进、品牌创建"，推进设施园艺转型升级和全程质量控制。发展优势蔬菜园艺品牌，形成一批有影响力的优势蔬菜园艺产业集群，通过农村电商平台、农超对接、农贸市场，实现优质蔬菜的本地化生产、本地化配送、本地化营销，扩大本地蔬菜的市场竞争力。稳定花果茶生产面积，调优品种结构，保护开发地方茶果良种资源，适度引进开发外地优良品种，倡导林果间作、林茶间作等种植模式，实现茶果产业转型升级。大力发展特色苗木花卉产业，全面提高花卉苗木综合效益。

（3）构建现代渔业产业体系

以科技创新为支撑，以促进农（渔）民增收为目的，处理好发展渔业生产与环境保护之间的关系。统筹兼顾，突出重点，大力推进池塘标准化建设，推广应用渔业机械装备，提升现代渔业园区内涵，促进渔业发展方式从"数量增长型"向"质量效益型"和"绿色环保型"转变。积极做好太湖、阳澄湖围网整治工作，全面完成省、市下达的围网拆除任务。大力发展优势种质资源，水产良种覆盖率90%以上。全面推进水产生态健康养殖，加快形成渔业生产、加工和休闲服务业"三业"融合协调发展新格局。到2020年，水产品主要产区全面实现标准化生产，全市产地水产品质量抽查合格率达到98%以上。

(4) 构建生态畜牧产业体系

加快调结构、促转型，推进畜牧业空间布局、产业结构、生产方式的战略性调整。进一步优化畜禽养殖布局，严格执行禁养区、限养区和适养区管理制度，积极引导和推广农牧结合、种养结合、发酵床养殖等生态健康养殖模式，减少区域农业面源污染负荷。加强畜禽良种工程和生态畜牧业示范基地建设，提高畜禽业综合生产能力。加强畜产品安全基础设施建设，健全完善动物疫病监测预警、动物防疫、动物卫生监督、动物无害化处理及动物产品安全追溯等保障体系，提高重大动物疫病综合防控和畜产品质量安全监管能力，保障畜产品安全供给。到2020年，全市规模畜禽场养殖排泄物综合利用率达98%以上。

(5) 构建产业融合发展体系

注重农产品精深加工产业发展，拉长农业产业链，提升农业附加值；结合美丽乡村建设，推动农旅融合发展，拓展农业多重功能；推进"互联网+"农业在农业营销上的加快应用，培育发展农业新形态。通过农业产业结构的不断优化调整，着力形成品质安全、适销对路、具有市场竞争力的农产品供给体系。

2. 强化科技创新

围绕推动苏州现代农业建设迈上新台阶，大力实施科教兴农、科技强农战略，着力构建适应苏州现代农业发展的新型农业科技创新和农技推广服务体系，为苏州成为现代农业的领跑者注入源源不断的科技核动力。"十三五"期末，全市农业科技贡献率达到72%。

(1) 加强农业科技集成创新

紧紧把握国内外农业科技发展趋势，着力提升农业科技源头创新和集成创新能力，坚持前瞻性、公益性科技研究与集成应用研究相结合，加大科技创新力度，加快形成一批自主创新成果，引领支撑苏州都市型现代农业发展。与国家、江苏省现代农业产业技术体系相衔接，整合农业科技资源，建立以农业部门、科研院所、高等院校、农业园区、农业企业等为主体的农业科技创新联盟。建立以"四个百万亩"主导产业为主体的现代农业产业技术体系，培育壮大20个左右市级农业科技创新团队。围绕农产品质量安全、生态环境保护、粮食生产、农产品物流配送等农业高新技术和产业关键共性技术，开展有效的协同攻关、技术集成和产学研合作。

（2）强化科技领军人才培养

加大鼓励、引导、扶持力度，从国内外引进一批高层次现代农业科技领军人才，支持科研院所、高等院校的各类人才和科技特派员在农业科技领域创新创业。强化现代农业科技公共服务平台建设，重点推进省、市级重点试验室及农业科技创新工程中心等农业科技创新平台，完善研发、创新装备，提升科技创新能力。将农业科技创新作为财政投入优先领域，引导金融信贷、风险投资等进入农业科技创新领域。进一步明晰知识产权，创新成果转化机制，探索完善科研成果权益分配激励机制。

（3）加快农业科技推广应用

与国家、省、市各级农业科技推广项目深度对接，成立市级农业重大技术推广团队。加快构建"一主多元"农技推广体系，推进农业优新品种主体化、高新技术普及化、高效模式多元化，提高重大技术推广效率和覆盖面。以现有国家、省级农业示范园为基础，建设一批科技水平高、辐射范围广的现代农业科技示范基地。建立农业科技服务云平台，提升农技推广服务效能。不断改善农技服务软硬件条件，有效稳定公益性农技推广服务队伍。依托地方农业高校开展校区结对科技为农服务等，加快科技进村入户，提升农业生产水平。

（4）突出农业种质资源保护

制定市级农业种质资源保护条例及管理细则，从立法层面加大对农业种质资源的保护力度。建立地方优质种质资源保存圃（场），设立专项保护资金，重点保护苏州太湖猪、太湖鹅、阳澄湖和太湖大闸蟹、湖羊等名、特、优、新农产品及珍稀濒危农业生物物种资源，确保地方种质资源收集、保存、评价及新品种选育工作的顺利进行，更好地发挥地方特色农产品优势，提高我市农业种质资源的科技创新竞争力。

3. 加大品牌建设

健全完善农产品质量安全监管协调合作、检打联动、风险预警和应急处置机制，加大结果通报和问题查处力度，对监督抽查发现的不合格产品和单位，确保做到100%通报和100%查处到位。大力开展农业投入品、农产品（水产品、畜产品）等的专项执法，加大巡查整治力度，全面提高农产品质量安全监管能力，确保不发生重大农产品质量安全事故。积极实施农产品品牌战略，重点推进大闸蟹、苏太猪、太湖鹅、湖羊、太湖"三白"、水八仙、碧螺春、白沙枇杷、洞庭杨梅、优质稻米、香青菜等"苏"字号著名农产品品牌战略，加大产品开发和宣传推介力度，着力培育一批市场份额大、信誉度高、影响面广、具有苏州地方标准的优质品牌农产品,大幅度提高地产农产品的品牌化率。

三、加快培育现代农业经营主体,提高农业经营管理水平

1. 积极构建符合苏州实际的多元化经营制度

不断完善和总结多种经营模式,鼓励和扶持有利于提高农业产出水平、有利于稳定农业经营机制,同时更加符合苏州现代农业发展方向的经营模式。大力推进专业大户经营模式,以一批种养能手、职业农民为主体,通过土地流转开展适度规模经营;大力推进股份制经营模式,农民将土地入股,成立股份合作社,实行转包经营,除土地流转收益外,所得利润再按股权实行二次分红;大力推进合作社经营模式,由一批农户自主联合起来,成立专业合作组织,分工合作,共享信息,共同开拓市场;大力推进龙头企业经营模式,积极培育一些资金雄厚、技术先进的农业龙头企业,形成"公司+基地+农户"模式,带动农民共同致富;大力推进合作农场经营模式,以村为单位,组建合作农场,盈利所得一部分支付农民土地流转费用,结余部分用于发展壮大村级集体经济。形成百花齐放的局面,总结经验,因地制宜推广发展。

2. 加快发展以本地农民为主体的家庭农场

发展家庭农场,是稳定和完善农村经营制度的有力举措,是培育新型农业经营主体的重要方面,也是推进适度规模经营的有效载体,具有重要意义。目前,在全市范围已涌现了张家港市吴健、太仓市友其、吴江区五月田、相城区朱伟琪等一批具有广泛代表性和示范性的家庭农场。要进一步示范引导,将精耕细作的优良农业传统与发展家庭农场有机结合,鼓励家庭农场发展"精细"农业,适当延长租赁期或承包期,加快解决家庭农场政策扶持不明朗、融资困难等问题,促进其稳定经营,防止"一哄而起""旧版翻新"。

以优先选择本地中青年培育为重点,以培养生产经营型、专业技能型、社会服务型新型职业农民为主线,以开展涉农类学历教育、继续教育和在职培训为主要形式,加快培育一支年龄结构合理、专业层次分明、技能领先实用、有文化、懂技术、会经营、善管理的新型职业农民队伍。"十三五"期间,每年培育新型职业农民1500名以上,每个农业县级市(区)定向培养青年职业农民200人左右。在土地流转、技术支持、项目立项、政策扶持等方面给予优先,简化手续、优化服务,推进农民专业合作社依法建社、依章办事、规范发展。指导农民专业合作社完善运行机制,规范生产经营行为,建立统一的生产操作规程,规范使用农业投入品,提升标准化生产水平。到"十三五"末,再培育一批经营规模大、服务能力强、产品质量优、民主管理好的农民专业合作社。坚

持"循环经济"发展理念，培育壮大一批起点高、规模大、特色优、竞争力强、辐射带动广的农业龙头企业和企业集群。充分发挥资源、科技、产业、组织和规模经营优势，吸引与扶持一批国内外知名农产品加工企业总部在苏州市聚集，从事粮油、果茶、蔬菜、动物、水产品深加工。加大财政扶持、信贷支持、税收优惠力度，鼓励大型涉农企业朝着农业全产业链转型或上市。"十三五"期间，新增省级以上农业龙头企业10家左右。

3. 着力推进多层次的社会化、专业化服务

美国、荷兰等国家及我国台湾地区农业经营方式先进，其之所以成功，是因为它们无一例外地具有高度发达的社会化、专业化服务体系，农业服务业分工明细而且高效。因此，要一切从实际出发，加快构建体系健全、运行高效，政府性公共服务与社会化专业服务相结合的服务体系，努力提高生产经营水平和科技服务水平。政府公共性服务重点完善镇、村两级基层公共服务机构，健全公共服务平台，建设标准化服务中心；社会化服务重点培育发展农资经营、种子种苗、施肥用药、农机作业、病虫防治、动物诊疗、产品营销等社会化、专业化服务组织，着力解决土地流转后出现的农业服务新问题，不断提高农业的组织化、规模化和产业化水平。

一是完善农业专业化服务结构体系。不断完善市（区）、镇（街道）、村（社区）三级公共农业技术服务机构，积极构建专业合作社、农业企业等社会化服务组织，建成农业产前、产中、产后的全程专业化服务体系。充分利用现有设施、装备、场地，为经营主体、普通农户提供新技术引进示范、农业生产机械、农产品加工流通、农业信息咨询、动植物疫病防控、农业互联网、农产品质量检测、农村金融保险等优质生产经营服务，规范建设农资连锁经营与技术服务网络，打造农业机械化作业服务的大型区域综合服务示范点，到"十三五"末，全市镇、村级农业专业化、标准化服务机构实现全覆盖。二是加强社会化专业服务组织建设。打造社会化服务组织综合服务示范点，建立社会化专业服务组织的考核和奖励机制。进一步整合农业信息服务的方式、内容和渠道，完善现代农村金融制度，促进金融支持农村产业结构调整，为苏州率先形成城乡经济社会发展一体化新格局提供有力的金融支撑。每年组织对全科农技员、乡镇农技人员、社会化专业服务组织的技术骨干进行知识更新轮训。三是提升农业专业化服务专业水准。在每个县区和重点乡镇各建立1~2个农业科技示范基地，开展先进科学技术和先进专业化服务模式示范，为本地专业化社会服务组织就地学习、就地观摩提供基地。支持鼓励农业科研院所和高等院校涉农专业

技术人员、专家教授以及大学生村官、种养大户、农机手等领衔创办、参与创办各类农业专业化服务组织，与社会化服务组织建立以技术为核心的利益共同体，增强专业化社会服务组织的智力支撑能力。

四、加强农产品质量安全建设，提升农产品质量管控能力

坚持安全生产、质量检测、执法监督多管齐下，全面提升农产品安全生产能力和质量水平，切实保障食用农产品质量安全，有条件的地方积极创建全国农产品质量安全示范县（市）。

1. 加强标准化生产

全面推广应用农业标准化生产技术，大力发展生态健康养殖，提高农产品标准化生产水平，从源头上把好农产品质量安全关。严格农业投入品使用，推广使用低毒高效农药、兽药和无污染添加剂，鼓励施用有机肥，坚决严禁使用国家明令禁止使用的农药、兽药和其他有害化学物质。严格实施"三品"基地动态管理制度，对达不到标准的基地进行淘汰，确保产地质量安全水平。对生产环境明显达不到农产品质量安全生产要求的区域，按照法律的规定，禁止从事农产品生产。

2. 强化产地准出

在农产品生产基地、企业和合作经济组织，推行农产品生产记录档案制度，记录生产基地环境、农业投入品使用、田间管理等档案资料。严格落实生产者主体责任，开展无公害农产品生产基地和企业自检工作，对不合格农产品禁止上市。依法加强对生产过程的监管，扩大检测范围，增加监测频次，定期、不定期公布抽检结果，确保上市农产品质量安全符合国家有关标准和规范要求。

3. 严格市场准入

切实加强对进场农产品有毒有害物质残留检测，建立健全票据索证制度。推行"产地与销地""市场与基地"的对接与互认，明确生产者、经营者和市场开办者的责任。建立质量安全可追溯制度，推进互联网＋可追溯体系建设，完善质量安全信息系统，健全产地农户、生产企业、流通企业的质量安全信用系统，努力实现农产品从产地到销地、从线上到线下每个环节的可追溯。

4. 强化产品检测

积极推动检测体系建设，提高市、市（区）、乡镇、现代农业园区、规模基地、批发市场、农贸市场和超市卖场等的综合检测和自检能力。进一步增强农产品安全监测和动物检疫能力建设，重点加强城区生猪的检疫检测，保障检测队伍和必要的检测设施设备。严格把好不合格农产品的处置关，决不让问题农产品流入市场。到"十三五"期末,市、市(区)、县级以上现代农业园区和规模基地产地产品自检率100%,乡镇拥有检测能力占比达到90%以上,全市农产品产地综合检测合格率达到98%以上。

五、加大生态农业建设力度,提高绿色可持续发展能力

坚持生态优先战略,突出绿色发展、循环发展、低碳发展理念,加快形成人与自然和谐共处的都市型现代农业发展新格局。

1. 推进绿色苏州建设

按照最佳宜居城市建设要求,以进一步增加森林资源、优化空间布局、提高质量效益为重点,突出抓好河湖林网构建、绿色通道提档、生态片林建设、村镇环境美化、果茶苗木增效和森林质量提升,加快形成环湖环城沿江绿带、沿路沿水绿色走廊、山水田园镇村绿化有机结合的现代林业生态体系,着力构建一个布局合理、物种多样、水绿相融、景观优美、具有苏州特色的现代林业生态系统,力争到"十三五"期末,全市陆地森林覆盖率提高到30%以上。

2. 加强湿地保护管理

进一步加强"环太湖湿地保护区""北部沿江湿地保护区""阳澄淀泖湿地保护区"和"南部湖荡湿地保护区"建设,着力抓好沿长江滩涂湿地保护、沿河流湿地林带完善和湖泊河流滩涂湿地植被恢复工作,提升湿地公园建设水平,对所有湿地保护小区都建立保育方案,逐步建立起湿地生物预警、预测和评价体系,到"十三五"期末,全市自然湿地保护率达到60%。

3. 突出种质资源保护

制定市级农业种质资源保护条例及管理细则,从立法层面加大对农业种质资源的保护力度。建立地方优质种质资源保存圃(场),设立专项保护资金,重点保护苏州太湖猪、太湖鹅、阳澄湖太湖大闸蟹、湖羊等名、特、优、新农产品和珍稀濒危农业生物物种资源,确保地方种质资源的收集、保存、评价及新品种选育工作顺利进行,更好地发挥地方特色农产品优势,提高我市农业种质资源的科技创新竞争力。

4. 抓好农业面源污染治理

加快推广科学施肥、安全用药、绿色防控、农田节水等清洁生产技术与装备,改进种植和养殖技术模式,实现资源利用节约化、生产过程清洁化、废物再生资源化。创新政府支持方式,引导社会资本参与园艺作物标准园、畜禽标准化养殖场和水产健康养殖场建设,大力扶持新型农业经营主体率先开展标准化生产。深入实施现代生态循环农业示范基地建设,积极探索高效生态循环农业模式,以种植业减量化利用、畜禽养殖废弃物循环利用、秸秆高值利用、水产养殖污染减排、农村生活污染处理等为重点,扶持和引导以市场化运作为主的生态循环农业建设。采取财政扶持、税收优惠、信贷支持等措施,加快培育多种形式的农业面源污染防治经营性服务组织。鼓励农业产业化龙头企业、规模化养殖场等,采用绩效合同服务等方式引入第三方治理,实施农业面源污染防治工程整体式设计、模块化建设、一体化运营。

5. 实施耕地质量保护

以保障苏州粮食安全、农产品质量安全和农业生态安全为目标,落实最严格的耕地保护,研究制定苏州市级耕地质量保护条例、耕地保护补偿机制、耕地质量等级标准、土地休耕试点。树立"量质并重、用养结合"的耕地保护理念,构建耕地质量保护提升长效机制,守住耕地数量和质量红线。重点开展土壤肥力保护提升、土壤重金属污染生态修复、耕地质量调查监测与评价、占用耕地耕作层土壤剥离利用等四大耕地质量保护工程。

6. 发展生态循环农业

一方面要注重总结与推广苏州传统农业中适于生态农业的经验和做法,比如合理轮作、种植绿肥、施用有机肥等农民十分熟悉并且愿意接受的措施;另一方面,加紧研究与大力推广先进的生态农业新技术,如生物农药、生物化肥、秸秆还田等;再一方面,大力发展水稻测土配方施肥、蔬菜防虫网和节水灌溉、水产循环水健康养殖、生猪"发酵床"养殖等多种生态模式,注重种养结合,内部循环,实现农业各产业之间"整体协调、循环再生"。

7. 挖掘农业生态功能

针对苏州人多地少、资源环境压力大的市情,高度重视生态环境保护工作,注重发挥农业生态功能,切实把水稻田保护放在科学发展的突出位置。目前苏州永久性保护水稻面积100万亩以上,要让水稻田发挥在区域生态调节中的重要作用,成为"美丽苏州""鱼米之乡"的重要支撑和发展亮点。同时,要加快"绿色苏州"建设,宜林则林、宜花则花、宜茶则茶、宜果则果,构建多层次、自然演替、结构稳定的植物群落,提高生物多样性,打造区域生态"氧吧",提升城市形象。要加大原生态湿地保护力度,"退化湿地"要通过实施湿地保护恢复工程,加快恢复湿地生态功能,促进环境改善。

8. 拓展休闲观光功能

大力发展以绿色、休闲、参与、体验为基本特征的休闲观光农业,将适宜的自然条件、丰富的动植物资源、旖旎的田园风光、多彩的农村生活体验等有机结合起来，形成形式多样、环境优美、功能配套的农村旅游新亮点，充分展示新形象，增强吸引力。同时，积极寻找农耕文化、民俗文化、人文历史与现代农业的结合点，让人们学习和体验优秀传统文化、现代科学知识，有效保护和发展苏州水乡特色、田园风光，为现代农业发展增添一道道"苏州"风景。到"十三五"末，全市休闲农业从业人员3万人左右，年接待人数2000万人次以上，营业收入超过35亿元。

六、加大体制机制创新力度，增加农业现代化新动能

坚持以土地、资金、技术、人力等现代生产要素资源在城乡间的优化配置和重新组合为核心，优化完善土地流转、投融资、科技支撑及人才培养四大机制，促进苏州都市型农业发展，使之成为区域经济发展的"增长极"。同时，要尊重农民意见，根据市场变化研究，农业农村现代化过程中迫切需要解决的问题，使出台的政策既符合农民期盼，又符合时代要求。

1. 完善土地流转机制

在稳定农村土地承包关系的基础上，坚持依法、自愿、有偿原则，以流转、股份合作等形式，引导农村土地承包经营权向农业园区、专业大户、家庭农场、村办农场、土地股份合作社有序流转，推进土地适度规模经营，促进农业产业升级与结构调整，推动农业生产经营模式创新；建立健全土地流转信息服务、操作流程、纠纷调处和风险防范体系，加快建立完善土地评估定价机制和收益分配机制。全面完成农村土地承包经营权确权登记颁证工作，并按国家和省的要求，在过渡期后将其纳入不动产统一登记范围。设立市级农村产权交易中心，构建市、市（区）、镇（街道）三级交易网络与监管平台，推动农村产权流转公开、公正、规范运行。

2. 创新投融资机制

充分发挥市场作用，建立良好的投融资机制，解决农业发展资金"瓶颈"问题；完善税收优惠政策、财政支持政策、金融扶持政策和民间资本投入政策，引导各类主体以资金、设备、技术入股等方式投向农业产业化经营，形成多层次、多渠道、多元化的投融资机制；鼓励农业企业进入资本市场，通过创业板、新三板和主板上市，吸引更多的社会资本、工商资本投资农业，保障现代农业的持续、健康发展。

3. 强化科技支撑机制

依托区域科技创新与推广主体，围绕科技成果转化，重点实施一批重大农业科技项目，构建科技与产业的双向互动格局，加快单纯数量型农业向质量效益型农业的转变进程；建立农业科技创新基地、示范基地、中试基地和生产基地，构建从农业科技的研发、应用到田间地头推广、示范的农业科技产业化链条；建立完善农业科技研发、推广与服务体系，重点解决农技进村入户"最后一公里"问题，并通过技术的外溢效应和辐射作用，推动农业科技应用水平不断提高，提升农业综合生产力。

4. 健全人才培育机制

充分运用激励机制和利益分配机制，引进和培育农业科技研发、推广、应用和管理的专业人才与农村致富带头人；鼓励支持高校毕业生和各类优秀人才投身现代农业建设，加快建成年龄结构合理、专业层次分明、实用技能领先的新型职业农民队伍；切实开展农民创业就业培训，扶持农民创办农业企业，帮助农民适应农业产业政策调整、农业科技进步、农产品市场变化，逐步提高农业生产经营水平，以新型农民创业带动农村劳动生产力转移就业，实现农民持续稳步增收。

5. 完善农业现代化发展机制

（1）投入有保障

要加大惠农强农支持力度，财政支出进一步向农业农村倾斜，确保用于农业农村的总量、增量均有提高。市、市（区）要建立财政专项资金，明确资金使用内容，优化投资结构。要发挥强政府作用，将市场无法解决的农业基础设施建设、农业科技研发、生态建设、农产品质量安全、农技队伍建设等，主动纳入政府服务范畴，持续加大政府投入，为现代农业发展提供强有力的保障。制定鼓励引导工商资本参与农业现代化的指导意见，落实和完善融资贷款、配套设施建设补助、税费减免、用地等扶持政策。

（2）保护有"底线"

要实施用途管制，对一般性的开发用地，坚决不占用"四个百万亩"面积；对现有的征用地提高开发强度，节约集约利用土地，提高用地效益。要严格执行"占补平衡"机制，对确实因为重大公共建设项目需要征收、占用"四个百万亩"面积的，经职能部门审批同意后，在区域范围内按"占一补一"的标准进行补偿。

（3）考核有制度

要进一步健全完善现代农业监测评价指标体系，分级评价各地农业现代化进程和《十三五现代农业发展规划》实施情况，定期发布评价结果，推动现代农业健康持续发展。要强化现代农业发展责任落实和目标考核，建立工作动态评估体系，健全督查督办和奖惩激励机制，切实加大监督检查，强化问责和激励制度，确保现代农业重点领域发展、重大项目推进等落到实处，为进一步提升农业现代化水平作保障。

参 考 文 献

习近平. 新时代中国特色社会主义思想三十讲. 北京：学习出版社，2018.
陈锡文. 走中国特色农业现代化道路.《求是》第 22 期，2007.
王荣，韩俊，徐建明. 苏州农村改革 30 年. 上海：上海远东出版社，2007.
蒋宏坤，韩俊. 城乡一体化的苏州实践与创新. 北京：中国发展出版社，2013.
蒋来清. 苏州农业志. 苏州：苏州大学出版社，2012.
吴沛良，诸记录，蔡恒. 农业现代化工程读本. 南京：江苏人民出版社，2013.
王荣. 苏州之路："两个率先"的实践与思考. 苏州：苏州大学出版社，2006.
洪银兴，王荣. 改革开放三十年：苏州经验. 苏州：古吴轩出版社，2008.
吴沛良，蔡恒. 力争在全国率先实现农业现代化——江苏全面开启农业现代化新征程. 南京：江苏人民出版社，2012.
沈石声. 苏南模式在苏州的实践. 北京：人民日报出版社，2010.
罗荣渠. 现代化新论——世界与中国的现代化进程. 北京大学出版社，1993.
卢良恕. 现代农业发展与社会主义新农村建设. 社会主义新农村建设高层论坛，2007.
孟焕民，陶若伦，赵晓红. 十二年坚持生态首位—相城区生态文明建设的实践与启示. 2013.
苏州市政府关于印发苏州市"十三五"现代农业发展规划的通知. 2016.
江苏省统计局、江苏省农业委员会、中共江苏省委农工办、中共江苏省委研究室、国家统计局江苏调查总队. 关于发布 2010、2011、2012、2013、2014、2015 年江苏省农业现代化进程监测报告的通知. 2011—2016.
孟焕民，徐伟荣，陶若伦，卢水生. 苏州农村较大型集中居住区调查.2009.

孟焕民.讲好农业现代化的"苏州故事".决策参考第15期(总第61期),2017.

苏州市农村经济研究会调研文(1989—2001).2001.

苏州城乡一体化改革发展政策文件汇编(2008—2014).2014.

全国农业现代化规划(2016—2020年).2016.

朱建强.苏州市生态补偿机制的探索.苏州农村通讯2014年第1期,2014.

吴沛良.现代农业建设迈上新台阶.南京:江苏人民出版社,2015.

徐建明,周玉龙.城乡一体化建设—苏州的实践与思考.北京:红旗出版社,2011.

中共苏州市委员会,苏州市人民政府.《关于实施乡村振兴战略加快推进城乡融合发展的意见》.2018.

苏州市委、市政府.关于印发《乡村振兴三年行动计划(2018—2020年)》的通知.2018.

后 记

值此改革开放40周年之际，《农业现代化的苏州故事》终于出版了。这是改革开放以来第一部比较系统全面地总结苏州农业现代化实践与探索的专著。由于国家和地区的情况各不相同，实现农业现代化的道路还在不断探索之中，我们试图把苏州农业现代化探索过程中发生的故事以及带给我们的思考与大家进行分享，希望能为苏州乃至全国的农业农村现代化提供一点有益的借鉴。

本书是由苏州市农村经济研究会和苏州市农业委员会历时两年多合作完成的。在编写过程中得到了苏州市委朱民副书记、市政府蒋来清副市长的重视和支持，并分别作了批示，市农委主任吴文祥对本书的编写也十分关心。苏州市农村经济研究会会长孟焕民同志是这部专著的总主持人，他确定了专著的总体思路、篇章架构、主要内容，拟定了专著的提纲，并对专著进行了统稿、终审。

苏州市农业委员会和苏州市农村经济研究会组织专门力量开展编写工作。参加本书文稿写作的吴正贵、宋浩、周为友、俞广建、施金元、韩永林诸同志（按姓氏笔画排序），克服了编写工作与日常工作的矛盾，很多同志放弃了正常的节假日休息，数易其稿，确保了编写任务的按期完成。秦建国同志负责初稿写作的协调并撰写了部分章节，倪春鑫同志对初稿进行了统稿并撰写了部分章节。苏州市农业委员会的各处（室）和事业单位以及苏州市各市、区农业行政部门等单位为专著提供了丰富的典型材料和图片资料；苏州日报报业集团、吴江墨风文化笠泽风文学工作室、苏州市社科联也给予了帮助支持，在此一并表示衷心的感谢。

在本书写作过程中，写作人员参考和引用了相关的文献资料,吸取了专家学者的部分思想观点,未能在书中逐一注明,敬请谅解,并向他们表示诚挚的谢意。

农业现代化是一个十分复杂的过程,各种因素作用往往交织在一起,许多方面尚在探索中,加之各篇章的立足点和侧重点有所不同,各篇章之间在内容上可能存在一定的重复、交叉,虽然我们在审稿中尽力做了协调统稿工作,疏漏之处恐仍难免,欢迎广大读者批评指正。

苏州大学出版社为本书的出版提供了大力支持,编辑、校对等同志辛勤工作,在最短的时间里完成了书稿的编排和出版工作,在此表示衷心的感谢。

编　者

2018 年 7 月

图书在版编目(CIP)数据

农业现代化的苏州故事/孟焕民主编;苏州市农业委员会,苏州市农村经济研究会编. —苏州:苏州大学出版社,2018.10
 ISBN 978-7-5672-2595-4

Ⅰ.①农… Ⅱ.①孟… ②苏… ③苏… Ⅲ.①农业现代化-研究-苏州 Ⅳ.①F327.533

中国版本图书馆CIP数据核字(2018)第188543号

书　　名:	农业现代化的苏州故事
主　　编:	孟焕民
责任编辑:	刘　海
装帧设计:	吴　钰
出版发行:	苏州大学出版社(Soochow University Press)
出 品 人:	盛惠良
社　　址:	苏州市十梓街1号　邮编:215006
印　　刷:	苏州工业园区美柯乐制版印务有限责任公司
E-mail:	Liuwang@suda.edu.cn　　QQ:64826224
邮购热线:	0512-67480030
销售热线:	0512-67481020
开　　本:	787 mm×1 092 mm　1/16　印张:17.5　插页:8　字数:303千
版　　次:	2018年10月第1版
印　　次:	2018年10月第1次印刷
书　　号:	ISBN 978-7-5672-2595-4
定　　价:	68.00元

凡购本社图书发现印装错误,请与本社联系调换。服务热线:0512-67481020